SV
international
SCHWEIZER
VERLAGSHAUS

TIERDOKTOR DAVID TAYLOR

JUMBO TUT DER STOSSZAHN WEH

und andere, höchst merkwürdige, gefahrvolle
und humorige Fälle aus der
Praxis des Tierdoktors

Aus dem Englischen von Rosemarie Winterberg

SV INTERNATIONAL
SCHWEIZER VERLAGSHAUS
ZÜRICH

Die englische Originalausgabe
erschien 1985 unter dem Titel «Dragon Doctor»
bei George Allen & Unwin, London

Printed in Switzerland by Meyer Druck AG Jona, CH-8645 Jona

ISBN 3 7263 6495 1

Für Hannelore,
die es geduldig hinnimmt, wenn in der Küche
Schlangen herumliegen und im Garten
Seelöwen Klistiere bekommen.

INHALT

TÜRKISCHE KUR FÜR NINA

Wie Garnelen, die ihre Felsenschlupflöcher verlassen, wenn die letzten Strähnen Tageslicht sich im dunklen Meer verlieren, tauchten um die Plaza Gomila die Touristen auf. In Stimmung gebracht von süßem Sprudelwein und Rum mit Cola, aufgetankt mit einem Essen, das entweder gefälscht spanisch oder imitiert englisch oder ein unmöglicher Kompromiß zwischen beiden mit zuviel Öl und zuwenig Knoblauch war, krebsrot, frisch geduscht und Düfte verströmend, machten sie sich auf zu den Kneipen, die ihnen das Gefühl gaben, gar nicht von zu Hause fort zu sein, und den Diskotheken, die genauso aussahen, tönten und rochen wie ihre Gegenstücke in Birmingham, Düsseldorf oder Kopenhagen. Sie waren bereit für die Abenteuer der Nacht – die flüchtigen Romanzen mit den goldfarbenen Skandinavierinnen und den dunklen jungen Männern, Saison-Satyrn in Kelleruniformen, im hüftbetonten Aufzug von Disc-Jockeys und im Blazer der Fremdenführer. Sie waren bereit für die scheußlichen Cocktails, die ein Hausherr in Barnsley oder Bielefeld nicht einmal tot anfassen würde. Sie waren bereit für die Hausierer mit Goldschmuck, Lotterielosen, Blumen und Fotos mit einem traurig dreinblickenden Äffchen, für den Singsang (wobei unsere Meute und «Viva España» die deutschen Kerls am andern Tisch mit ihren «Neunundneunzig roten Luftballons» jeweils übertönten), den Wein, den aus dem *porrón* zu trinken ihnen der Kellner vergeblich beizubringen versuchte, und den entsprechenden Kater, den sie morgen am Strand ausschlafen würden. *Nicht* bereit waren sie für das große Tier, das, vom Valium «high» wie ein Papierdrachen, übers Pflaster torkelte. Sein glattes Fell glühte purpurrot und gelb im grellen Schein der Neonlichter von Pacos El-Topless-Bar. Ein 150 Kilo schwerer, ausgewachsener weiblicher Patagonischer Seelöwe – das war schon etwas, worüber es sich nach Hause zu schreiben lohnte!

Nina, die Seelöwin, schlurfte voran. Wir, ein paar meiner Freunde vom Marineland in Palma Nova und ich, scheuchten sie von hinten weiter.

«Oh, sieh doch, dieses, dieses ... was ist es, Erich? Schnell, ein Foto! Nein, ist das putzig! Ob es wohl angespült worden ist?»

Die Touristen machten der wie ein Raupenfahrzeug vorbeischaukelnden Nina Platz. Sie schenkte ihnen keinen Blick.

«Darf ich sie streicheln?» fragte ein Mädchen im weißen Minirock und dazu assortierten nivea-überkleisterten Sonnenbrandflecken.

«Lieber nicht», warnte ich.

«Ach, schade – sie ist reizend!»

Was die Feriengäste nicht wußten – in dem Neongeflimmer konnte man nichts Ungewöhnliches sehen –, war, daß Nina einen fürchterlichen Hieb ans Kinn abbekommen hatte; wäre sie einen Augenblick vor dem hellerleuchteten Eingang der Besame-Disco stehengeblieben, so hätten sie vielleicht die fast kokett verzogene Unterlippe bemerkt; das einzige äußere Zeichen, daß Ninas Kiefer bei einer Meinungsverschiedenheit zwischen Liebenden zu Bruch gegangen war. Billy, der massige Patagonier im Mähnenrobben-Zuchtbecken von Marineland, war, wie die meisten seiner Art, ein recht anmaßender Macho, stolz auf seinen rassigen Kopf und den bulligen Nacken mit der schmucken Pelzkrause. Während die Kalifornischen Seelöwen schmale, aristokratische Gesichter haben, sind die Züge ihrer südamerikanischen Vettern breiter, eher ländlich-behäbig. Billy sieht gemütlich aus mit seiner Stupsnase, seinen großen, intelligenten Kulleraugen und seinem Repertoire an schnüffelnden, schnaubenden und kehlig lachenden Geräuschen, die nicht schlecht in den Rauchsalon eines Herrenclubs passen würden. Aber reife Bullen aller Seelöwenarten sind Zuchtmeister, die ihren Harem die Überlegenheit des echten Chauvi spüren lassen. In der viktorianischen Welt von Billy und seinesgleichen gilt für weibliche Wesen: «Du redest erst, wenn du angesprochen wirst, du kennst deinen Platz, du wartest, bis die Älteren und Besseren fertig sind, und Widerspruch gibt's nicht!» Nina muß an diesem Nachmittag etwas gesagt oder getan haben – zurückgemault vielleicht? –, das den Alten rot sehen ließ. Billy, der nie viel Federlesens macht, versetzte Nina einen Puff mit seinem wuchtigen Schädel. Es folgten keine zermalmenden Bisse – schließlich handelte es sich nicht um einen ernstlichen Kampf –, aber der Hieb hatte Ninas Gesicht knallhart an der Seite getroffen. Ohne einen Ton – ich habe es noch nie erlebt, daß ein Seelöwe vor Schmerz schrie, stöhnte oder heulte –, zog sich Nina zurück, und als Seelöwentrainer Marcus kurz danach vorbeiging, sah er sofort, daß es ihr schlecht ging. Sie brachte das Maul weder richtig auf noch zu, und von ihren Lippen rann ein dünnes Bächlein Blut. Marcus bot ihr einen Hering und dann eine Makrele an. Er versuchte es mit einem frischen Tintenfisch. Nina, sonst mehr Vielfraß als Feinschmecker, drehte den Kopf weg und legte sich im Schatten nieder.

Eine halbe Stunde später war ich zum Londoner Flughafen unterwegs, um die letzte Maschine nach Palma zu erwischen. Nina war ein Geschenk der großen «Sea World» von San Diego, USA, und eines der nettesten Geschöpfe in Marineland. Direktor Robert Bennett wollte, daß ich sofort käme. Man durfte nicht zulassen, daß Nina etwas geschah. Nur sah es ganz danach aus, als wäre es bereits geschehen. Und Robert befürchtete Schlimmes – zu Recht, wie sich herausstellen sollte.

Nachdem ich den Anruf bekommen und den Kernpunkt des Falles erfahren hatte, nahm ich mir, wie üblich, während des zweistündigen Fluges nach Mallorca Zeit, die Möglichkeiten zu überdenken. Meine Reisen lassen mir meistens genügend Zeit für solches Theoretisieren; natürlich hängt viel davon ab, ob man mir sinnvoll und akkurat berichtet hat, aber im allgemeinen habe ich es mit Profis zu tun, die es gewohnt sind, Tiere objektiv zu beobachten. Hysterisches Schreien oder Weinen am anderen Ende der Leitung kommt kaum vor. Jedenfalls reichen die Informationen aus, um vor meiner Ankunft alles durchzukauen. Ich kann die zur Wahl stehenden Anästhesiemethoden und Medikamente überdenken, ihre Dosierung, Nebenwirkungen und Gegenindikationen für die betreffende Tierart, kann mir überlegen – falls ich den Ort kenne –, wo und wie der Patient am besten zu untersuchen, zu operieren, zu hospitalisieren ist, und so weiter. Und ich kann im Geist die verschiedenen diagnostischen Möglichkeiten und ihre Behandlung vor mir ausbreiten und ordnen wie ein Spiel Karten.

Es war 1983, und ich war noch immer der tierärztliche Feuerwehrmann der internationalen Zoowelt. Habe Narkosepistole, komme sofort. Andrew war seit zehn Jahren mein Partner, und die Praxis dehnte sich immer mehr aus, sie umfaßte die reichste Vielfalt seltener und kostbarer Tiere von Grönland bis Afrika, von Arabien bis Fernost. In Europa waren wir ständig unterwegs entlang einer Linie, die von der Ostsee in südlicher Richtung durch Deutschland verlief und sich in der Schweiz in zwei Wege teilte: einen südwestlichen durch Frankreich und Spanien und einen südöstlichen bis zum Absatz des italienischen Stiefels. Auf der Landkarte wäre es sinnvoll gewesen, unseren Sitz in Zürich zu haben, dem Angelpunkt unserer Praxis. Doch Andrew hing nun einmal an Yorkshire und seinem Haus bei Keighley, wo er jederzeit von Manchester oder Leeds aus abfliegen konnte, und ich hatte mich gemütlich in Lightwater eingenistet, zwanzig Autominuten vom Londoner Flughafen Heathrow entfernt. Unser Assistent Chris Furley beendete gerade sein viertes Jahr am Al-Ain-Oasis-Zoo an der Grenze zwischen Abu Dhabi und Oman und entwickelte sich rasch zu einer Autorität auf dem Gebiet der winzigen, entzückenden arabischen Gazelle. Nein, ich konnte mir unsere Emigration in die Schweiz nicht vorstellen. So wanderten meine

Gedanken, als die Iberia-Maschine die englische Küste überflog, dorthin zurück, wo alles angefangen hatte, in den einst rührigen Manchester-Zoo Bellevue – heute ein Ödland langweiliger Wohnsiedlungen mit banalen Straßennamen wie «Ellen Wilkinson Crescent» statt wie früher «Wallaby Walk». Ach, die Tiger und Elefanten und Bisons, die für mich noch immer dort herumstreiften! Manche ihrer Gebeine werden wohl von den zudringlichen Bulldozern exhumiert worden sein. Als eines der letzten Zoogebäude war das alte viktorianische Seelöwenhaus niedergerissen worden – die Hochburg, als ich Mitte der fünfziger Jahre mit der Zoomedizin begann, der formidablen Frau Schmidt und ihrer Jungens, einer Gruppe Kalifornischer Seelöwen, die sie einmal mit einem archaischen Wurmmittel versehentlich vergiftete. In all den Jahren seither hatte ich in der ganzen Welt kranke und verletzte Seelöwen untersucht und kramte nun in meinem Gedächtnis nach den Fällen von Kopf- und insbesondere Mundverletzungen.

Die Zähne eines Seelöwen sind scharf und stark und seine Kiefermuskeln kräftiger als die jeder Bulldogge. Ich hatte schon unzählige Bißwunden als Folge von Mund-zu-Mund-Kämpfen zwischen streitenden oder auch bloß gereizten Tieren gesehen. Manche aufgerissenen Lippen, abgebrochenen Zähne und eingedrückten Wangen hatten eine sorgfältige Behandlung mit Antibiotika zur Bekämpfung späterer Infektionen erfordert. In Seelöwenmäulern wimmelt es nur so von Keimen. Ich halte ihren Biß sogar für «schmutziger» als denjenigen von Menschen, Krokodilen oder Schimpansen, und diese Spezies tragen in ihrem normalen, gesunden Mund eine erschreckende Auswahl von Bakterien und anderen Organismen, die schon bei der kleinsten Wunde eine Krankenhausbehandlung notwendig machen. Denn die Möglichkeit einer Blutvergiftung ist noch größer als bei den Bissen von Kleinaffen, obwohl auch gesunde Äffchen oft die Erreger von Scharlach, Diphtherie und rheumatischem Fieber in ihrem Maul beherbergen. Seelöwenbisse an Menschen behandle ich stets mit großem Respekt – im

Gegensatz zu den meisten Notfallstationen in Krankenhäusern, die Seelöwen im allgemeinen in dieselbe Klasse wie Hunde einteilen und es bei Penicillin und einer Spritze gegen Starrkrampf bewenden lassen. Dabei sind die Keime in einem Seelöwenmaul potentiell noch weitaus gefährlicher als jene, die beispielsweise zu dem von den früheren Walfängern und Seehundhäutern so gefürchteten «Walspeckfinger» oder der «Sealhand» führen. Diese Bakterie (oder Bakterien – es könnten zwei sein, davon eine noch nicht identifiziert) ruft eine dermaßen schmerzhafte Entzündung der Bißstellen hervor, daß Männer sich schon den Finger oder die Hand abgehackt haben, nur um die rasende Pein loszuwerden. Heutzutage bekämpfen wir solche Infektionen erfolgreich mit Tetracyclinen. Ich konnte mich an etliche Fälle erinnern, in denen ein Seelöwe sich bei einer Kabbelei den Kiefer ausgerenkt hatte. Das behebt man wie bei den Menschen, indem man ein starkes Beruhigungsmittel verabreicht und dann den verrutschten Kinnbacken wieder einhängt, zuweilen mit einem gezielten Hieb. Früher war die Betäubung von Robben, der Familie der Seehunde, Seelöwen und Walrosse, eine furchtbare Plage. Einem kraftstrotzenden Tier, das viele Minuten lang den Atem anhalten kann, eine Maske anzulegen, war erst recht ein Problem, wenn es um Verletzungen im Gesicht ging. Und Barbituratinjektionen hatten sich als sehr riskant erwiesen. Bei meinen ersten Fällen von schiefgeklopften Seelöwen hatte ich kurareähnliche Drogen verwendet, die gleich wirken wie die Pfeilgifte südamerikanischer Indianer, nämlich die Muskeln lähmen, nicht aber die Schmerzen tilgen. So unvollkommen diese Methode auch war, hatte sie mir doch bei mancher Gelegenheit erlaubt, das schnelle Manöver des Kiefereinklinkens auszuführen. Gebrochene Kiefer waren etwas anderes. In zwanzig Jahren hatte ich lediglich zwei Seelöwen mit einer solchen Verletzung zu sehen bekommen. Einer, ein gestrandetes Jungtier, das man mit einem glatten Bruch an der Stelle, wo die beiden Unterkieferknochen an der Kinnspitze zusammentreffen, an einem mexikanischen Strand aufgefunden hatte, erholte sich gut, nachdem wir den rechten und linken Eckzahn mit rostfreiem Stahldraht zusammengebunden hatten; zuerst waren in die Außenseite der Zähne kleine Rillen geschliffen worden, damit der Draht festsaß. In den fünf Wochen, bis der Bruch verheilt war, sah der Kleine, wenn er seine Fische verschlang, wie ein Schulkind mit Zahnspange aus.

Der zweite Fall war ein ganz anderes Paar Stiefel gewesen. Ein Psychopath, mit einer 22er-Büchse bewaffnet, war in den kleinen Küstenzoo Cleethorpes in Lincolnshire eingedrungen und hatte wild auf ein halbes Dutzend Tiere geschossen, bis der Alarm ausgelöst wurde und er die Flucht ergriff; zurück blieben mehrere tote Schwäne, ein tödlich verwundeter Affe und ein Seelöwenbulle mit einem blutenden Loch in der Seite des Gesichts und einem deutlich schiefen Unterkiefer. Als ich eintraf, ihn zu untersuchen, war er in eine Ecke seines Innenkäfigs hinter zwei dicken Holzbrettern abgesperrt worden, wo er sich nicht besonders wehrte. Sein Gesicht war bereits stark geschwollen, und er hatte seit fast vierundzwanzig Stunden nichts gegessen oder getrunken. Durch einen Spalt zwischen den Bretterwänden konnte ich ihm eine Spritze Phencyclibin verpassen. Das setzte das große Tier zwar außer Gefecht, war aber keineswegs ein ideales Betäubungsmittel für einen Seelöwen. Sein Körper zitterte ständig, das Fleisch war verspannt. Für diese schwierigen Patienten hatten wir aber damals nichts Besseres. Um ihn etwas zu entspannen, gab ich ihm Atropin und in die Vene Pentothal, doch er zitterte weiter. Sein Kiefer war zackig gebrochen, wo die Kugel eingedrungen war. Nicht der Ort für einen Gipsverband oder eine Schiene – ich mußte operieren. Es war gar nicht einfach, bei einem Patienten, der nicht aufhörte zu zittern, Skalpell und Zange zu handhaben, aber bald war der Kiefer geöffnet und der gebrochene Knochen bloßgelegt. Die 22er-Kugel lag verformt an der Stelle, wo sie zwischen den beiden Teilen des zerschmetterten Kiefers stekkengeblieben war. Unter solchen Umständen gebrochene Knochen zusammenzuflicken, ist Schreinerarbeit:

Möbelreparatur an lebendem Gewebe. Ich fügte die beiden Knochenteile zusammen und fixierte sie mit Hilfe einer länglichen Vitalliumplatte, die auf jeder Seite mit drei Vitalliumschrauben am Knochen befestigt wurde. Das ständige Bibbern des Seelöwen machte es überaus schwierig und mühsam, die ersten zwei Schrauben präzise anzusetzen und mit einem sterilen rostfreien Schraubenzieher einzudrehen, aber schließlich schaffte ich es doch, und weil der Bruch in einem spitzen Winkel verlief, wickelte ich anschließend dünnen Stahldraht um den Kieferknochen, um ihm noch besseren Halt zu geben. Ich arbeitete im Seelöwenhaus, das man mit einem Desinfektionsmittel ausgewaschen hatte – eine luxuriöse Krankenstation oder einen Operationssaal wie im Londoner oder Madrider Zoo gab es in Cleethorpes nicht. Alle Instrumente waren sterilisiert und gehörten zu meiner orthopädischen Ausrüstung, die ich von Flamingo Park mitgebracht hatte. Als die Knochen zusammengefügt waren, sprühte ich die Wunde mit antibiotischem Puder aus, bevor ich sie mit Katgut und zuletzt die Haut mit starkem Nylonfaden zunähte. Da ich wußte, wie leicht sich bei Seelöwenwunden, ja, sogar beim Einstich einer Spritze Infektionen bilden, so bakterienverseucht ist die Haut, versetzte ich dem bewußtlosen Tier zum Abschluß eine massive Dosis Breitspektrum-Antibiotika in die Hinterbacke.

Nach der Operation brauchte der Seelöwe viel Zeit, um aufzuwachen. Das Phencyclibin verzog sich nur langsam aus dem Kreislauf, und es dauerte mehr als anderthalb Tage, bis er voll bei Sinnen war und sich herumbewegte. Aber gut ging es ihm nicht. Die Schwellung im Gesicht nahm zu statt ab, aus der Wunde sickerte eine übelriechende Flüssigkeit, und er bekam hohes Fieber. Noch mehr Antibiotika, diesmal andere, wurden ihm eingespritzt. Ich zog ein paar Stiche aus der Naht, um den Ausfluß zu verbessern. Umsonst – der Zustand des Patienten verschlechterte sich rapide. Den Grund dafür fand ich im Bericht des Labors, das ein paar Tropfen der stinkenden Flüssigkeit untersucht hatte: Sie war vollbeladen mit einer bösartigen, sich unheimlich schnell vermehrenden Bakterie, die gern an feuchtwarmen Orten lebt wie etwa in Blumenvasen (dort in Ihrem Chrysanthemenstrauß auf dem Fenstersims haben Sie ziemlich sicher gerade jetzt ein paar davon) und natürlich überall in und an einem Seelöwen. Es ist die Art von Erregern, die in Krankenhäusern manchmal ganze Abteilungen verseuchen, so daß man sie vorübergehend schließen muß, und die auch schon, mit verheerenden Folgen, in Fläschchen mit Salzlösung eingedrungen ist, wie man sie in Operationssälen verwendet. Diese Bakterie hat die ersten Herztransplantationen verhext, indem sie sich vergnügt in einem Körper ausbreitete, der von den Medikamenten geschwächt war, die man gegeben hatte, um der Abstoßung des neuen Herzens entgegenzuwirken. Ihr Name ist Pseudomonas – sie sollte sich in späteren Jahren als einer meiner schlimmsten Feinde erweisen, wenn ich mit den Krankheiten von Meeressäugetieren rang, und war total resistent gegen alle Antibiotika, die bis dahin entdeckt worden waren. Eine Woche nach der Operation war der Seelöwe an der von dieser Pseudomonas-Mikrobe bewirkten Blutvergiftung gestorben. Meine erste Reparatur an bloßgelegten Knochen eines Seelöwen ließ mich niedergeschlagen und ängstlich vor jedem weiteren radikalen Eingriff bei dieser Tierart zurück.

Vor meiner Abreise nach Mallorca hatte ich Robert gebeten, mit einer der kleinen Tierkliniken in Palma zu verabreden, daß ich bei meiner Ankunft einen Röntgenapparat benutzen könne. So kam es, daß wir an diesem warmen Abend einen valiumgeladenen Seelöwen übers Straßenpflaster scheuchten. Ich war vom Flughafen zum Marineland gerast und hatte sofort gesehen, daß Ninas Kiefer vermutlich gebrochen war. Ich hatte ihr den Tranquilizer verabreicht, und dann fuhren wir sie mit dem Transportwagen in die Stadt. Nina, ein gescheites und rücksichtsvolles Tier, schleppte sich selbst vom nächstmöglichen Parkplatz bis zur Klinik. Robert und ich bildeten die Nachhut, und Marcus ging neben ihr und trug ein Sperrholzbrett bei sich, um ihr den Weg zu versperren, falls es ihr etwa einfallen sollte, auf einen Sprung in Tito's Nachtklub nach den Showgirls zu sehen. Der spanische Tierarzt hatte alles für uns bereit, sogar ein vollständiges Chirurgenbesteck für den Fall, daß ich Instrumente brauchen sollte. Nina blickte sich um und sah mit ihrem schiefen Maul wie ein Kind aus, dem in der Folterkammer des Zahnarztes kläglich zumute ist. Um sie röntgen zu können, mußte ich ihren Kopf völlig still auf den Platten haben. Das Valium hatte sie schön beduselt, aber um sie für ein paar Minuten außer Gefecht zu setzen, brauchte es etwas anderes. Marcus holte ein Nylonnetz aus dem Wagen. Wir warfen es über sie und hielten sie sanft auf dem Sprechzimmerboden fest. Durch die Maschen spritzte ich ihr eine kleine Dosis schnellwirkendes Ketamin. Die ganze Zeit mußte ich an den Seelöwen von Cleethorpes und sein trauriges Ende denken. Heutzutage haben wir Antibiotika, die mit Pseudomonas fertigwerden, doch die Möglichkeit einer Infektion durch resistente wasserliebende Bakterien nach einer Operation drohte hier noch immer. Lieber Gott, bitte, laß auf dem Röntgenbild bloß eine nette, simple Verrenkung erscheinen! Drücken – drehen – DRÜCKEN – klick! Damit wäre alles vorbei. Nina würde nur noch ein paar Tage Aspirin brauchen. Und statt zwei, drei Stunden lang zu operieren, könnten wir nach Genova hinausfahren zu würzigen Schnecken und einer Flasche Muga-Wein.

Natürlich kam es anders. Auf dem Röntgenbild sah Ninas Unterkiefer wie ein auseinandergefallener Scheiterhaufen aus. Billys Kopfnuß hatte dem Knochen einen vielfachen Bruch zugefügt – mit Betonung auf vielfach. Bestürzt erklärte ich Robert die Situation: Stahlstifte, Klammern, Vitalliumplatten, Nägel und Draht nützten hier nichts. Der Kiefer war praktisch ein Brei. Dieses Chaos von Scherben und Splittern bloßzulegen, wäre reine Zeitverschwendung. Mein Freund war fassungslos. Auch er hatte auf eine Verrenkung gehofft, aber doch vermutet, daß ein Eingriff notwendig sein könnte. Wir hatten ja in der Vergangenheit schon viele Stunden lang gemeinsam gerungen und heikle Fälle erkrankter Meeressäuger gepflegt. Nur damit, daß ich sagen könnte: «Es ist nichts zu machen!», damit hatte Robert nicht gerechnet.

Euthanasie war etwas, was wir noch nie gemacht oder auch nur besprochen hatten. Wir hatten bei den Seehunden, Seelöwen, Delphinen und auch bei den Papageien, Alligatoren und Biberratten von Marineland stets alles und jedes versucht.

«Sind Sie sicher?» murmelte er. «Sie meinen, wir müssen sie entweder verhungern lassen, weil sie außerstande ist, zu fressen, oder sie abtun?»

Ich blickte auf den schlafenden Seelöwen nieder, der auf dem Boden ausgestreckt lag und sich zu regen begann, da die Wirkung des Ketamins nachließ. «So ist es», antwortete ich finster. «Es gibt keine Möglichkeit, dieses idiotische Puzzle zusammenzuflicken! Nichts tun ...» Nichts tun gegen Frakturen. Nina schlug ein feuchtes braunes Auge auf und schaute trübselig zu uns hoch. Und wenn ich nun nichts tat, nichts *tun konnte* im physischen, chirurgischen Sinne, und sie einfach nur pflegte? Ihr Vitamine, Minerale, gewebebildende Hormone gab (von der Art, wie sie olympische Athleten nicht nehmen sollen) und einfach abwartete? Aber wie sollte sie mit diesem zerschmetterten Maul Futter aufnehmen? Konnte sie auch nur genug Wasser einsaugen, um ihren Durst zu löschen? Ich hatte schon viele wilde Vögel gesehen mit alten Brüchen, die ohne tierärztliche Hilfe ganz gut verheilt waren, nur mit einem Zuzwinkern von Mutter Natur, das offenbar die Raubtiere ferngehalten hatte, bis das Glied wieder funktionstüchtig war. Es gibt zahlreiche Fossilien von Säbelzahntigern, Hirschen und Riesenfaultieren mit soliden Schwielen aus Knochensubstanz, die sich um gebrochene Beine und Schädel gebildet hatten. Am nachhaltigsten erinnerte ich mich an das Experiment, das man Jahre zuvor in Südafrika bei Rindern mit gebrochenen Beinen durchgeführt hatte. Solche Verletzungen galten als chirurgisch irreparabel, und auch heute noch werden Rinder und Pferde mit schweren Beinbrüchen normalerweise getötet. Die südafrikanischen

Rinder dagegen überließ man in einem weiten Gelände, wo es das ganze Jahr über Gras und Wasser zur Genüge gab, einfach sich selbst. Nach zwei Jahren wurden die Überlebenden zusammengetrieben und untersucht. Erstaunlicherweise war ein großer Teil der Ausgesetzten am Leben und marschierte, wenn auch nicht durchwegs in perfekter Gangart, auf geheilten Gliedern herum. Zeit und Ruhe (Vierbeiner haben ja den Vorteil, auch auf drei Beinen noch gehen zu können) waren die einzige Behandlung gewesen.

Aber der Kiefer eines Seelöwen war wohl doch etwas anderes als die Beine von Wildvögeln und Rindern. Und ich hatte noch nie von einem Seelöwen gehört, sei es ein moderner oder ein versteinerter, den man mit einem natürlich geheilten Kieferbruch angetroffen hätte. Immerhin ...

«Wissen Sie was», sagte ich zu Robert. *«Wenn,* und es ist ein großes Wenn, wir irgendwie Wasser und genügend Nahrung in sie hineinstopfen können, um Leib und Seele zusammenzuhalten – es wäre der Mühe wert, eine Türkische Behandlung zu versuchen.»

«Türkische Behandlung?»

«Einfach gar nichts tun – außer ihr etwas zu verabreichen, was die Knochenbildung fördert.»

«Wie wollen Sie ihr Nahrung eingeben?»

«Lassen Sie sie jetzt in den Wagen verladen und nach Marineland zurückbringen, und dann geben Sie mir zwei Dinge: den alten Seelöwenkäfig und Pauline.»

Wir schoben das Netz unter der noch beduselten Nina durch und trugen sie hinaus, zur hellen Begeisterung eines deutschen Feriengastes, der uns mit unserem «Fang» vorbeigehen sah und seiner Frau zurief: «Sieh her, Gretchen, ich hab' dir doch gesagt, daß es im Mittelmeer noch Fische gibt. Schau nur, da kommen die hiesigen Fischer mit einem ganz großen heim!» Der «ganz große» winkte ihm zur Bestätigung mit einer schläfrigen Flosse artig zu.

Pauline Johann, ein immer fröhliches Yorkshire-Mädchen und selbst eine tüchtige Delphin- und Seelöwenbetreuerin, war mit Marcus, dem Seelöwentrainer von Marineland, verheiratet. Ich hatte schon oft beobachtet, wie unbefangen und geschickt sie mit den Tieren umging, nicht zuletzt auch, wie sie das Seelöwenjunge Jock mit der Flasche aufzog. Sie hatte Jock durch die Koliken und Magenverstimmungen des Säuglingsalters gepäppelt, sein milchloses «Milch»-Rezept aus püriertem Hering, Öl und Wasser fein abgestimmt und ihn in der oft heiklen Entwöhnungsperiode immer wieder ermuntert, in der unbeholfene Tiere manchmal wochenlang mit ganzen Fischen zwangsgefüttert werden müssen, bis sie begreifen, daß sie ja eigentlich die «Löwen der See» sind – Unterwasser-Adler, die mühelos und elegant auf Fischschwärme und Tintenfische hinunterstoßen und bis zu 15 Kilo Lebendfutter im Tag verschlingen. Pauline verstand sich auch darauf, Delphine, die in ihren Eßgewohnheiten recht stur sein können und tagein, tagaus nichts als Hering, Hering und wieder Hering haben wollen, zu einer gesünderen, abwechslungsreicheren Diät aus Makrelen, Kapelanen, Sprotten, Tintenfischen und Weißfischen zu bewegen. Kurz, sie besaß das Geschick gewisser Großmütter, die ihre Enkelkinder immer dazu bringen, ihr Grünzeug zu essen. Ich wollte Nina in einen Behandlungskäfig für Seelöwen stecken, ein eigens angefertigtes Gerät, das wie ein riesiger Toasthalter aussieht, und sie längere Zeit dort lassen – möglicherweise einige Wochen. In dem Käfig kamen wir jederzeit leicht an sie heran, konnten sie mit dem Schlauch abspritzen, damit ihre Haut in guter Verfassung blieb, und vielleicht, vielleicht gelang es Pauline, ihr winzige Stückchen Fischfleisch ins übel zugerichtete Maul zu schmeicheln.

In Marineland wurde Nina also in den Käfig gebracht, und nach einer Spritze mit Vitaminen und Schmerzmittel ließen wir sie den Rest ihres Valiumräuschchens ausschlafen. Am nächsten Tag erklärte ich Pauline genau, was sie zu erreichen versuchen sollte: eine noch so kleine Menge Flüssigkeit, ein noch so winziges Milligramm Fisch auf Ninas Zunge zu befördern – ohne ihren Kiefer zu berühren und ohne das Tier zu drängen. Den Seelöwen auf die Idee zu bringen, die Nahrung einzusaugen, zu schlürfen. Robert entband Pauline aller übriger Pflichten, damit sie sich ganz auf diese Aufgabe konzentrieren konnte. Das Yorkshire-Mädchen bewaffnete sich mit einer Schüssel weicher Heringfilets und einem Wasserkrug mit Gummischnabel und machte sich voll Begeisterung ans Werk. Am Ende des ersten Tages hatte sie rein gar nichts erreicht. Ihr sanfter Zuspruch, ihre Angebote an Leckerbissen und kühlen Wasserspritzern, alles war mit höflicher Gleichgültigkeit zurückgewiesen worden. Nina drehte vor den Fischstückchen den Kopf weg, ließ das Wasser von der Kinnspitze abtropfen. Aber wenigstens ließ sie Pauline mit den Fingerspitzen ganz nah an ihre Schnauze kommen, ohne sie zu bedrohen. Wenn Robert oder ich oder sonst jemand sie mit einem Häppchen in der Hand verlocken wollte, brüllte sie uns an, wurde ausfällig und schnappte gelegentlich sogar nach uns, trotz des gebrochenen Kiefers. Bei dem heißen Wetter fürchtete ich, sie könnte innerlich austrocknen. Ich drehte die beweglichen Stangen des Käfigs nach innen, so daß Nina sanft, aber unnachgiebig festgehalten wurde, und gab ihr Flüssigkeit. Während sie vorn entrüstet tutete und die Augen rollte, pumpte ich ihr hinten mit einer Klistierspritze mehr als zwei Liter Glucose-Salzlösung ein.

Der nächste Tag brach hell und heiter an, in mehr als einem Sinne. Als ich im Marineland eintraf, begrüßte man mich mit der Neuigkeit, daß Nina sich von Pauline ein kleines Scheibchen Makrele auf die äußerste Zungenspitze hatte legen lassen. Mühsam, umständlich und ohne die Hilfe normaler Kieferbewegungen hatte sie das bißchen Fisch irgendwie nach hinten befördert und verschluckt. Und was noch besser war: Sie hielt Ausschau nach mehr! Ich ging mir das anschauen. Pauline saß auf einem Schemel vor dem Käfig und beobachtete das Seelöwenweibchen intensiv, dessen Nase sich wenig mehr als eine Handbreit von ihr entfernt auf der anderen Seite der Gitterstangen befand. Dieses Auge-in-Auge vermittelte den Eindruck einer intimen Zwiesprache – wie auf der

Couch eines Seelöwenpsychiaters oder in einem zoologischen Beichtstuhl, bei der Pauline leise redete und das Tier lauschte und schnüffelte. Ja, Nina hörte zu, aber man sah ihr an, daß sie hin- und hergerissen war zwischen dem Hunger und dem schlimmen Schmerz in ihrem Maul. Da war das grauschimmernde Häppchen, still und geduldig hingehalten von den Fingern, die beinahe ihre Schnauze berührten. Nina starrte die Finger an, dann Pauline. Aber ach, sie wußte nur zu gut um die geheimnisvolle neue Qual beim Öffnen des Maules. Besser, man widerstand der unerträglichen Versuchung. Sie schaute weg, als brächte Paulines fester Blick sie in Verlegenheit. Der Makrelenduft stieg aufreizend in die feine Nase – die war auf jeden Fall nicht gebrochen. Nach ein, zwei Sekunden blickte Nina von neuem auf Pauline und dann auf diese verlockenden Finger. Vielleicht ... vielleicht, wenn man die Zunge bloß ein kleines bißchen reckte, wenn man den heftig schmerzenden Kiefer zuerst ganz, ganz langsam, ganz, ganz wenig sinken ließ und dann den Kopf hob ... Die Finger kamen noch näher. Der Fisch, mmh, der Duft dieser Makrele aus Cornwall! Sie war so frisch wie in dem Moment, als sie von den Scilly-Inseln hergebracht worden war. He! ... Die Finger hatten den Fisch tatsächlich an die Zunge gelegt, so ganz sachte. Ja, es war gerade eben möglich, ihn zu nehmen. Und ... schlucken! Ein zuckender Schmerz, aber der Geschmack! Wieder die Finger, ein neuer Geruch. Was war das? Ach so, damit der Fisch besser rutschte! Pauline hatte den nächsten Bissen mit himmlischem Lebertran geölt. Der zweite Schluck war gerade um dieses kleine Stückchen leichter.

Es dauerte den ganzen Vormittag, aber bis zur Mittagspause hatte Pauline einen ganzen Fisch, abzüglich Gräte, Knochen, Kopf und Eingeweide, häppchenweise an Nina verfüttert. Und der Seelöwe hatte gelernt, Wasser vom tröpfelnden Krug zu trinken. Als die Nacht anbrach, war das fürstliche Total von zwei Fischen – 300 Gramm aufbauender Nahrung – erreicht. Nicht viel, aber doch genug, um mir das Gefühl zu geben, wir hätten mehr als nur eine geringe Chance in dem Kampf. Und das Gefühl war gerechtfertigt, wie sich herausstellte: Am folgenden Tag brachte Pauline Nina dazu, mit etwas weniger Mühe, 500 Gramm Fisch, zu sich zu nehmen. Sie sog auch Wasser aus einer rinnenden Schlauchleitung, die man über ihren Kopf hielt; nur aus der Schüssel zu trinken, das schaffte sie nicht. Von da an machte das Paar ständig Fortschritte; nach zehn Tagen schob Pauline dem Seelöwen 8 Kilo Hering- und Makrelenstücke ins Maul, einige davon mit Vitaminen und Hormontabletten vollgestopft, und die waren in weniger als einer halben Stunde verschlungen. Ninas körperlicher Zustand besserte sich, und nach und nach öffnete und bewegte sich ihr Maul immer mehr, obwohl der Unterkiefer deutlich nach links verschoben war, so daß der Fangzahn auf dieser Seite außerhalb der Oberlippe hochragte.

«Das ist unsere kleinste Sorge», sagte ich zu Robert, während wir zusahen, wie Nina nach vierzehn Tagen den Käfig verließ, als ich sie für fit genug befand, um in ein normaleres Quartier zurückzukehren, wenn auch nicht ins gleiche Becken wie der brutale Billy. «Sollte der Zahn in dieser Position zu Unannehmlichkeiten führen, kann ich ihn immer noch ziehen oder abfeilen und füllen – aber erst, nachdem wir diesem Kiefer noch viele Wochen Zeit gelassen haben, zurechtzukommen.» Irgendwie wuchsen die wirren Bruchteile des Kiefers mit Ablagerungen weicher neuer Knochenmasse zusammen, die sich immer mehr verhärtete. Die bemerkenswerte Heilungskraft eines Wildtieres – sie ist viel größer als die von domestizierten Geschöpfen, einschließlich des Homo sapiens – wurde uns an diesem Beispiel vorgeführt. Zwei Monate nach dem Unfall war Nina wieder normal, abgesehen von dem seitwärts verschobenen Kinn. Sie konnte die Kiefer aufsperren, kauen und Futter verschlingen wie eh und je und tummelte sich ohne Anzeichen irgendwelcher Behinderung mit ihren Kameraden auf dem Land und im Wasser. Nichts zu tun war in Ninas Fall mit Sicherheit die richtige Behandlung gewesen, und ein schönes Nebenprodukt war die tiefe Freundschaft zwischen dem großen

Tier und der jungen Frau, die es buchstäblich «auf dem Zahnfleisch» über den Berg gebracht hatte. Wenn Sie in Palma Nova ins Marineland gehen, halten Sie Ausschau nach dem Seelöwen mit dem schiefen Grinsen und dem Zahn im Freien – das ist Nina.

1984 hatte ich Gelegenheit, dieselbe Therapie der meisterhaften Untätigkeit bei einem anderen Seelöwen anzuwenden, diesmal einem Patagonier-Weibchen, das meinem Schweizer Zirkusfreund Roberto Gasser gehört. Auch es war von einem massiven Bullen schwer verletzt worden und hatte mehrfache Frakturen am Unter- *und* Oberkiefer davongetragen. Ein seltener Zufall hatte es gewollt, daß er in dem Moment zuschnappte, als das Weibchen das Maul öffnete, und einer seiner Eckzähne war durch den Gaumen in die Nasengänge gedrungen. So eine Wunde hatte ich bei einem Seelöwen noch nie gesehen. Der Zwischenfall ereignete sich, als Gasser mit seinen Tieren im Madrider La-Scala-Club auftrat. Wieder hatte ich die ideale Pflegerin und Helferin zur Hand, die dem Seelöwen langsam und liebevoll das Essen beibrachte: meine gute Freundin Liliana Monsalve, die Tierärztin des Madrider Zoos. Gassers Patientin wurde ins Selöwenhaus im Zoo de la Casa de Campo und dort in eine «Privatabteilung» mit eigenem Wasserbecken verbracht. Da die Frakturen, im Gegensatz zu Ninas Fall, nicht nur mehrfach, sondern wegen des eingedrungenen Zahnes auch offen waren, bestand ein großes Infektionsrisiko, das zu Osteomyelitis (Knochenmarksentzündung) und Blutvergiftung führen konnte. Wieder beschränkten wir uns darauf, die notwendigen Vitamine, Minerale, Schmerzmittel und Aufbauhormone zuzuführen, und außerdem verabreichten wir dreimal täglich eine Dosis des Antibiotikums Gentamycin, um Pseudomonas und Genossen abzuwehren. Daneben bestand für Liliana die Hauptlast der Pflege darin, das Vertrauen des Tieres zu gewinnen und ihm liebevoll kleine Fischhäppchen aufzudrängen. Das Seelöwenweibchen war in dieser Beziehung eine harte Nuß: Die Verletzungen am Maul waren so schlimm, daß das arme Geschöpf zweieinhalb Wochen lang nicht ein einziges Stückchen Nahrung akzeptierte. In dieser Zeit magerte es so sehr ab, daß es wie ein Ledersack voll Knochen aussah. Immerhin nahm es Wasser auf. Es tauchte zwar kaum je in seinen Swimming-pool, liebte es aber, wenn man ihm mit einem sachten Wasserstrahl Gesicht und Maul besprühte. Ich fragte mich allmählich, ob meine «Türkische Kur» mit dem Hungertod des Tieres enden würde. Endlich, am achtzehnten Tag, wurde Lilianas Geduld belohnt: Der Seelöwe nahm sein erstes Scheibchen Makrele. Von da an machte er Fortschritte wie seinerzeit Nina. Ich ließ ihn allerdings noch weitere fünf Wochen lang zur Beobachtung im Zoo, bis er wieder rund und glänzend war und ganze Makrelen auffing, die man ihm zuwarf und die er mit einem Schlenker des Kopfes geschickt drehte, um sie mit dem Kopf voran herunterzuschlucken, wie es Seelöwen immer tun. Und in diesem Fall erholte sich das Tier ohne sichtbare Verzerrung am Maul oder Kiefer.

Ich will mit all dem durchaus nicht einer *Laissez-faire*-Methode bei der Behandlung von tierischen Knochenbrüchen das Wort reden. In der Regel ist ein chirurgischer Eingriff lebenswichtig und muß so schnell wie möglich vorgenommen werden, aber unter den besonderen Umständen von praktisch inoperablen Frakturen im Kopf eines Meeresbewohners wie des Seelöwen sollte man nie die Hoffnung und das Beten aufgeben – manchmal wird man erhört.

EIN TAG IN DER WÜSTE

«Es muß faszinierend sein, in der ganzen Welt herumzureisen und sich alle möglichen seltenen Tiere anzusehen – was für ein fabelhafter Beruf!» Wie oft habe ich das schon gehört! Meine Standardantwort vom «grüneren Gras auf Nachbars Wiese» ist nicht nur ein schlagfertiger Versuch in Bescheidenheit. In diesem Augenblick schreibe ich am Ende eines weiteren langen Tages in der Arabischen Wüste in der Nähe der Oase Buraimi; ich bin im Al-Ain-Zoo für meinen Assistenten Chris Furley eingesprungen, der auf Urlaub ist. Wieder einmal erledige ich als Zooarzt problematische Arbeit an exotischen Tieren. Da kommen Erinnerungen hoch an die längst vergangenen Zeiten im Flamingo-Park in Yorkshire und im Bellevue in Manchester, sogar an die Allgemeinpraxis als grüner junger Veterinär an der Milnrow Road in Rochdale – aber vor dem Hintergrund einer Mischung aus den feudalen Zuständen von Tausendundeiner Nacht und dem rauhen modernen Arabien der OPEC, des militanten Islams und der mit Pepsi-Cola-Dosen übersäten Autostraßen, auf denen nachts Kamele schlafen, welche die vom Asphalt zurückbehaltene Wärme suchen und für tödliche Verkehrsunfälle unter den neumodischen Mercedes- und Toyotakarawanen sorgen.

Es ist wichtig, die besten Abschnitte des Tages, die paar wenigen Stunden nach Tagesanbruch und bei Sonnenuntergang, voll auszunutzen. In diesen Zeiten ist die Luft kühl und seidig und der Himmel wie Perlmutter hinter Gaze. Meine Glieder, die sich in der Gluthitze zwischen 9 und 16 Uhr wie durch Melasse bewegen, funktionieren dann normal. Aber die kühlen Tageszeiten sind es auch, in denen ich Patienten narkotisieren kann, die in den weiten sandigen Koppeln – drahtumzäunten Wüstenflächen – operiert werden müssen. In der Tageshitze einen chirurgischen Eingriff vorzunehmen, außer in einem absoluten Notfall, wäre tollkühn. Ein bewußtloses Tier, dessen hitzeregulierende Zentren im Gehirn unter der Wirkung einschläfernder Drogen untätig sind, kann sich so überhitzen, daß seine lebenswichtigen Organe buchstäblich kochen. Schlangen und andere Reptilien, die die wohltuenden Ultraviolettstrahlen des Sonnenlichts benötigen, dürfen morgens nur bis neun oder halb zehn Uhr für ihre heilenden Sonnenbäder ins Freie gebracht werden. Später riskieren selbst die in diesem dürren Land heimischen Sandrasselottern, in der Weißglut zu Tode gegrillt zu werden. So heiß ist es während eines großen Teils des Jahres, daß sogar die Fliegen nur im tiefen Schatten überleben und die Stechmückenlarven in den Trinkwasserbehältern von der Wärme des Wassers getötet werden. Einzig den blutsaugenden Zecken, die im Sand und im Fell ihrer Wirtstiere untertauchen, gelingt es, am Leben zu bleiben und die Infektionskrankheiten, die sie in ihrem Saugapparat tragen, unter Hirschen, Antilopen und anderen Herdentieren zu verbreiten. So beginnt denn ein typischer Arbeitstag im Morgengrauen mit dem Ruf des Muezzins von der Moschee, die eine Meile von meinem Fenster entfernt steht. Dahinter ragt jäh und ohne Hügelvorland eine Bergkette schief aus dem Wüstenboden. Dikker roter Tee, ein Brei aus braunvioletten Bohnen, ein paar eingelegte Oliven und eine kleine Scheibe arabisches Brot bilden mein Frühstück, dann fahre ich in dem knochenschüttelnden Daihatsu mit Vierradantrieb die 16 Kilometer zum Zoo.

Der Al-Ain-Zoo ist einmalig – ein Wüstentierpark, den ein einzelner Mann konzipiert und verwirklicht hat: Otto Bulart, ein österreichischer Ingenieur mit großer Tierliebe, aber ohne jede zoologische Ausbildung. Der Zoo, 450 Hektar vorwiegend flaches, steiniges Wüstengelände mit kärglichem, brackigem Wasser tief unter dem Sand, wurde in mühevoller, fünfzehnjähriger Arbeit zum Leben erweckt, mit Wäldchen aus niedrigen Bäumen, mit Büschen, Grasflächen, Straßen und klimatisierten Gebäuden. Hier werden Pinguine, Gazellen, Colobusaffen, Tiger und Gorillas gehalten – Säugetiere und Vögel aus allen Erdteilen. In den riesigen sandigen Gehegen ganz außen, wo Besucher selten hinkommen (es ist zu weit zu gehen in der Hitze), leben alle möglichen Huftiere in einem Umfeld, das bei einigen Arten, den Oryxantilopen und Gazellen etwa, ihren natürlichen Lebensbedingungen sehr nahekommt. Es hat auch Mißerfolge gegeben: Das europäische Rotwild wird von Parasiten befallen, die in seine Blutzellen eindringen und, wie Chris und ich glauben, aber noch nicht beweisen können, von Zekken übertragen werden. Die afrikanischen Bongo-Antilopen, in Wäldern heimisch, haßten das Wüstenklima in Arabien und hielten gesundheitlich nicht durch, während Geparde, die ihr Privatleben gern im hohen Gras verborgen halten, es glatt ablehnen, sich in den nackten, flachen Dünen ihres Geheges zu vermehren. Doch der Zoo kümmert sich nicht nur um seine eigenen Bewohner, sondern leistet den Menschen und Tieren des Emirats Abu Dhabi notgedrungen noch tausend andere Dienste. Die unzähligen Beduinenscheichs der Region fühlen sich berechtigt, zu jeder Tages- und Nachtzeit mit Falken oder Gazellen vorbeizukommen, wenn sie Probleme haben, und gratis Medizin zu beziehen (einen Mann mit genügend Milbenspray für fünfzig Falken oder antibiotischer Salbe für sein Kamel zu versorgen reißt ein erhebliches Loch in unser mageres Medikamentenbudget); das lokale Krankenhaus schickt jeden Sonntagmorgen einen Angestellten heraus, um Blut abzuholen, das wir einer Gruppe Schafe entnehmen, damit sie dort Blutagarplatten für ihre bakteriologische Abteilung präparieren können; die Polizei bringt ihre neuangekommenen Deutschen Schäferhunde, die meistens mehr heimwehleidend und vom Wüstenleben bedrückt als klinisch krank sind, und die einheimischen Nomaden zerschneiden geschickt unsere Umzäunungen, um ihre Ziegen und Kamele in unseren Koppeln weiden und Futter suchen zu lassen. Ärzte kommen in den Zoo und bitten um Rat für exotische Krankheiten, Araber fragen nach Meerschweinchen und Kaninchen für ihre Falken, Frauen von Erdölleuten wollen Tollwutspritzen für Hunde, die nie nach England zurückkehren werden. Und es kommen listige Verkäufer von schlechtem Heu und unverschämt teuren, ungeprüften Medikamenten aus Indien und Pakistan, nach arabischem Gold gierende Tierhändler aus aller Welt, Adlige mit unerbetenen Geschenken wie Adlern, Straußen oder Tigern, die sie uns unangemeldet vors Tor legen, und afghanische Gastarbeiter mit entzündeten Wunden, die sie nach schlechten Erfahrungen mit den syrischen oder ägyptischen Ärzten in der Stadt lieber vom englischen Tierdoktor behandelt haben möchten.

Um 7 Uhr beginnt meine erste Runde: Ich fahre durch den ganzen Zoo, schüttle allen die Hand und sehe nach, ob es während der Nacht Geburten, Todesfälle oder Unruhen gegeben hat. Die 150 Zooangestellten sind ein Sammelsurium von Indern, Pakistanis, Afghanis, Iranern und Belutschen. In gewissem Sinne sind sie alle reiche Leute. Obwohl sie um einiges schlechter bezahlt werden als ihre europäischen Kollegen, verdienen sie hier in einem Monat mehr, als sie in ihrem heimischen Dorf in einem Jahr zusammenbrächten. Die meisten haben sich zu Hause mit dem Wohlstand, den sie über die Geldwechsler hinschicken, schöne Häuser gebaut, und wenn sie alle zwei Jahre ihre Familien besuchen, werden sie als die Jasons ihrer Gesellschaft gefeiert. Das förmliche Händeschütteln muß, über den Morgen verteilt, wohl eine Stunde in Anspruch nehmen. Jeder tut es. Wenn es also 150 Menschen an 365 Tagen im Jahr tun, bedeutet das, daß im Al-Ain-Zoo per annum rund 325 Wochen lang Hände geschüttelt werden! Um die Tiere weit draußen im leuchtenden Sand und gleißenden Licht der Koppeln zu überprüfen, benutze ich ein Fernglas. Ein Paar Wiedehopfe, König Salomons Boten nach dem Koran, fliegt über den Himmel. Im Gehege der südafrikanischen Oryxantilopen steht ein Tier abseits von den übrigen, den Kopf gesenkt, als träumte es vor sich hin. Der Rest der Herde unterbricht das Luzernefrühstück und beobachtet mich, als ich den Jeep anhalte und dicht an den Zaun trete. Das Fernglas läßt mich einen dunklen Flecken und eine tomatengroße Blase an der Flanke des abgesonderten Tieres erkennen. Es ist ein Bock, der offenbar von einem Rivalen aufgespießt wurde. Die Blase bedeutet, daß das Horn in den Bauchraum eingedrungen ist. Acht Schmutzgeier sitzen wie Geschworene in einer Reihe teilnahmslos auf der Umzäunung und betrachten das verwundete Tier, große Geduld in den Mienen. Ich rufe den indischen Wärter – er kommt herüber und salutiert mit militärischer Präzision (er wurde in der britischen Armee ausgebildet), und ich schicke ihn nach dem Verwalter und zwei weiteren Leuten. Während er davontrabt, bereite ich mich im Jeep auf eine Notoperation vor. Die Kühlbox im Jeep ist am Zigarrenanzünder angeschlossen und gibt sich alle Mühe, einen Grundvorrat an wichtigsten Medikamenten vor dem Verderben zu bewahren. Auch sterilisierte Garnituren von Instrumenten sind da drin, kein Luxus, aber genug, um bei der Mehrheit der Unfälle auf dem Zooschlachtfeld schneiden, Blut stillen und nähen zu können. Ich fülle eine Aluminium-Flugspritze mit einem Teelöffel voll Etorphin und lade das Gewehr damit.

Mit etwas Glück sollte ich auf knapp 20 Meter an den Bock herankommen, bevor er wegläuft. Die Distanz ist kritisch, denn ich muß eine Platzpatrone der richtigen Stärke wählen. Ist die Schußkraft zu groß, die Distanz zu klein, kann das ganze Projektil mit Nadel, Zylinder und Plastikmantel in den Körper des Tieres dringen und mehr Schaden anrichten als eine Kugel. Ist die Patrone zu schwach, landet die Spritze im Sandboden, und ich stehe da mit dem dummen Gesicht eines Zirkusclowns, dessen Schießprügel ein kleines Fähnchen mit dem Wort BÄNG abfeuert. Ich wähle eine blaue Patrone und schiebe sie in den Zwischenraum hinter der Spritze. Der Bock dreht den Kopf, ohne ihn zu heben, wie ich das Gatter öffne und auf ihn zugehe – nicht direkt, das wäre viel zu provokativ, sondern in einer Richtung, die an ihm vorbeiführen würde. Ich beobachte ihn bloß aus den Augenwinkeln und tue so, als wäre er das letzte Tier auf Erden, das mich interessiert. Hundert Meter. Fünfzig. Fünfundzwanzig. Ich bleibe stehen. Die hübsche graue Antilope aus der Kalahari-Wüste mit dem schwarzweißen Harlekingesicht und rückwärts geneigten Spießhörnern hat sich noch nicht bewegt. Der ominöse dunkle Fleck an der Seite ist tatsächlich Blut und die Blase eine Handvoll glänzendes ausgetretenes Bauchgewebe. Erst jetzt wende ich mich dem Tier direkt zu, hebe langsam das Gewehr, spüre eine Fliege, die hoffnungsfroh mein Ohr umbrummt (kann es nicht riskieren, jetzt nach ihr zu schlagen), ziele und drücke ab. Mit einem harten Knall löst sich der Schuß, und die Oryx springt weg. Aber nicht schnell genug. Von einem winzigen Widerhaken an der Nadelspitze festgehalten, geht die Spritze mit und blitzt wie ein silberner Strahl im Morgenlicht; ihren Inhalt hat sie beim Aufschlag in den gerundeten Hüftmuskel gejagt. Der verwundete Bock rennt etwa hundert Meter weit, hält inne, dreht sich halb nach mir um, sein Maul beginnt sich mahlend zu bewegen: Das Betäubungsmittel hat das Gehirn erreicht. Jetzt geht er weiter, aber diesmal mit abgezirkelten, hohen Schrittchen. Einige seiner Herdengenossen bemerken die absonderliche Gangart und bewegen sich auf ihn zu, um nachzusehen, was los ist, und ihn dann wahrscheinlich anzugreifen. Ungewöhnliches Verhalten wird in solchen Herden bestraft. Während der Schweiß in meinen Augen brennt, laufe ich auf die Gruppe zu und schwenke wild die Arme. Sie weichen zurück. Jetzt ist der Wärter wieder da, zusammen mit zwei afghanischen Kollegen aus anderen Gehegen. Der langsam trottende Bock bricht plötzlich in den Knien ein, sinkt mit der Brust auf den Boden, dann gibt auch sein Hinterteil nach.

«La, la – geht noch nicht hin!» rufe ich den Wärtern zu. Die Droge muß zuerst voll wirksam sein. Ich erinnere mich an einen Deutschen, der ein wenig zu ungeduldig auf eine Ostafrikanische Oryx (eine nahe Verwandte der Südafrikanischen und mit ebenso tödlichen Spießen bewehrt) zugelaufen war, nachdem man sie mit einem Pfeilgeschoß narkotisiert hatte. Als er ankam, versuchte

das erst halb bewußtlose Tier auf die Füße zu kommen, warf dabei den Kopf heftig zurück und durchbohrte dem Mann mit einem Horn die Leiste.

Bis ich bei ihm war, hatte er aus der aufgerissenen Oberschenkelarterie, die buchstäblich aus dem klaffenden Loch in seiner Hose hing, schon mehr als einen halben Liter Blut verloren. Seine unbedachte, überstürzte Annäherung an ein gefährliches Tier in einem Zustand, in dem sich für dieses die Welt schwindelnd dreht, während (bei Verwendung von Etorphin) seine Geräuschwahrnehmung sich noch *verschärft,* kostete mich eine recht schmucke Safarijacke, die ich sofort für eine Aderpresse in Stücke reißen mußte.

Sobald ich sicher bin, daß die Antilope «für die Welt gestorben» ist, mit Ausnahme vielleicht, wie gesagt, des Gehörsinns, gebe ich das Zeichen, und wir treten hinzu. Schnell reinige ich mir die Hände mit antiseptischer Flüssigkeit aus dem füllhalterähnlichen, eigentlich für Leichenbestatter hergestellten Seifenspender, den ich in der Brusttasche trage. Dann prüfe ich die Augenreflexe, die Lage der Zunge, die Atmung (langsam und flach) und das Herz. In Ordnung, jetzt die Wunde. Der Stoß ist in der Tat durch die Haut, alle Muskelschichten und das Bauchfell gedrungen. Die «Blase» ist ein Ball aus blutverschmiertem Darmnetz. Vorsichtig ziehe ich das Gewebe auseinander, um nach größeren Blutgefäßen oder eingeklemmten Darmschlingen zu suchen. Keine. Meine Passagierfliege hebt von meinem Kopf ab und begibt sich, ohne Dankeschön zu sagen, zu dem Zufallsbankett. Die Geier auf dem nahen Zaun trippeln mit den Füßen und recken erwartungsvoll die Hälse. Sie sind mitgekommen, um so dicht wie möglich beim Tatort zu sein, und sehen aus wie eingekleidete, wenn auch ziemlich verhutzelte Medizinstudenten, die einer chirurgischen Demonstration beiwohnen. Ich öffne mein Besteckpaket und benutze die mit einem sterilen grünen Stoffviereck bedeckten Handflächen eines der Afghanis als Instrumenten-Rollwagen. An einem Teil des ausgetretenen Gewebes klebt Sand – ich darf keine Zeit verlieren, und da sich Sand nicht abwaschen läßt, schneide ich die Stelle weg.

«Batil kresha» (ich *glaube,* das heißt «Flasche öffnen» in dem Kauderarabisch, das hier die Umgangssprache ist), sage ich, und zumindest der zweite Afghani scheint meine Handbewegung zu verstehen. Er nimmt den Deckel von einer Flasche mit Salzlösung. Ich zeige auf die Wunde, und er gießt etwas davon auf das exponierte Gewebe. Die Flüssigkeit rinnt über den Bauch hinunter und verschwindet im Sand. Ich deute auf meine Haare – er grinst und schüttet mir den Rest der Flasche in einem köstlichen Bächlein über den glühenden Kopf. Für den Augenblick ein wenig abgekühlt, stopfe ich das Darmnetz in die Bauchhöhle zurück und weite dann die Wunde mit einem Skalpell etwas aus, um besser ins Innere sehen zu können. Ich bemerke kein Anzeichen innerer Blutungen oder weiterer Verletzungen. Der Verwalter ist eingetroffen, und ich bitte ihn, drei Tuben Penicillin/Streptomycin-Eutersalbe, die man normalerweise für die Behandlung von Milchdrüsenentzündung bei Rindern verwendet, in das Loch im Bauch auszudrücken, ohne die Wunde zu berühren. Nachdem das getan ist, beginne ich mit dem Nähen: Die Bauchfell- und Muskelschichten hefte ich mit dreifach geknoteten Einzelstichen aus dickem Katgut zusammen. Der Verwalter legt weitere Antibiotikasalbe auf. Ich habe vom Knien im heißen Sand den Krampf in den Beinen. Mit Hilfe von Nadelhaltern steche ich Löcher in die zähe Haut und ziehe die Wunde mit Vicrylfaden, der sich mit der Zeit von selbst auflösen wird, fein zusammen. Ein gründliches Besprühen mit madenabwehrendem Sulfonamidpuder, und die Operation ist vorüber. Atem und Blutzirkulation sind unter der Wirkung des Etorphins jetzt sehr schwach, Maul und Zunge violett verfärbt. Macht nichts – das Gegenmittel wird das schnell beheben. Die Instrumente werden zusammengelesen, und ich heiße die Männer zurücktreten. Fünfzehn Sekunden nach einer kleinen Spritze in die Halsader der Antilope holt das Tier plötzlich tief Atem, schnaubt und springt auf die Füße. Kaum merklich schwankend, geht es gemessen

auf die Herde zu. Während ich zum Jeep zurückwandere, bemerke ich, daß die Geier verschwunden sind.

«Der-herr, der-herr, meine Herren!» bedanke ich mich bei den Wärtern. Weiteres Händeschütteln, dann kann ich meine Morgenrunde fortsetzen. Es ist 8.35 Uhr, die ersten Zoobesucher kommen. Ich muß jetzt ins Bärenhaus, um nach einem Jungtier zu sehen, das beunruhigend viel reines Blut im Urin hat. Ich vermute einen Blasenpolypen, kann aber erst operieren, wenn das Kleine stärker ist. Zweimal täglich fange ich es mit einer Seilschlinge an einer Stange ein und gebe ihm seine Spritzen sowie eine Glucose-Salzlösung-Infusion. Beim Bärenhaus wirft ein fetter Araber mit verdrossenem Gesicht, rotem Turban, der wie ein Berliner Pfannkuchen aussieht, und sandfarbener Disch-dascha mit Steinen auf die Braunbären, ohne sich um die Proteste eines jungen keralanischen Wärters zu kümmern. Ich halte den Jeep an und wäge die Lage ab. Nach seiner Kleidung ist er eindeutig ein Omani und kein Scheich. Scheichs *dürfen,* wenn sie wollen, mit Steinen schmeißen oder vom nächstbesten Wärter das Öffnen eines Käfigs verlangen, damit sie einen hübschen Vogel mitnehmen können, der ihnen gefällt, oder einen, der eine gute Beute für ihre Falken abgäbe. Scheichs dürfen Tiere mit Stöcken puffen, Blumen abreißen, mit ihren Mercedes in den Teilen des Zoos herumfahren, die nur für Fußgänger erlaubt sind, und Affen brennende Zigaretten zustecken. Begehren Sie gegen einen Scheich der Ersten Klasse auf, und seine bewaffnete Garde führt Sie gleich ab. Ein unbegleiteter Scheich Zweiter Klasse macht Ihnen, wenn Sie ihm den Spaß verderben, vielleicht das Leben sauer, indem er die Polizei ruft oder sich beim Herrscher beklagt. Und wenn es zu einem Streit kommt, haben Scheichs natürlich immer recht.

«Hören Sie auf, Steine zu werfen!» Ich trete zu dem Omani und drohe mit dem Finger. Er ignoriert mich, sucht rund um seine Füße nach einem weiteren Geschoß. «Hören Sie sofort auf!» Könnte ich nur so passabel Arabisch wie Chris! Hinter dem schwarzen Bart und den buschigen schwarzen Brauen in dem mürrischen Gesicht blitzt ein wilder Blick hervor. «Stopp! ... oder ... oder Scheich Sayd, Scheich Sayd!» schreie ich den Namen des Herrschers der Vereinigten Emirate heraus. Das ist das Beste, was mir einfallen konnte: Der Omani hält mitten im Wurf inne und läßt den Stein fallen. «Scheich Sayd!» wiederhole ich grimmig, speie die Worte förmlich aus. Unter dem Eindruck, Seine Hoheit werde entweder gleich erscheinen oder besitze die Bären oder ich sei ein königlicher Ratsherr, zieht der Omani mit finsterer Miene ab, etwas vor sich hinknurrend, was ich für Flüche halte. Ich nehme mir vor, die Scheich-Sayd-Zauberformel künftig bei allen Steineschmeißern anzuwenden.

«Guter Junge», lobe ich den Wärter, «du hast dein Bestes getan.»

Die Araber setzen sich in solchen Situationen über Vorhaltungen asiatischer Ausländer, die sie ganz allgemein verachten, meistens hinweg.

«Er hat auch die Affen mit Steinen beworfen, Sir, und die Wölfe», antwortet der Wärter. Das Palmwedeldach des Außenhauses der Wölfe droht ständig zusammenzubrechen unter dem Gewicht der vielen kleinen und großen Steine, die von Besuchern nach den armen Tieren geschleudert werden. Ein Glück, daß sie so schlecht zielen, wahrscheinlich wegen ihrer Gewänder und weil sie nicht Cricket spielen.

«Bist du ein Moslem?» frage ich den Jungen.

«Nein Sir – Mar Thoma Christ aus Kerala.»

«Weißt du, warum sie Steine nach den Bären werfen?»

«Nein Sir.»

«Weil es heißt, Allah habe sündige Menschen dazu verurteilt, in Schweine und Affen verwandelt zu werden. Und die Bären halten sie für Schweine mit Haaren.»

Ich beende die Morgenrunde und begebe mich zurück in die Tierklinik und in die Wohltat ihrer klimatisierten Kühle. Philip, der Laborant, gibt mir die Resultate der gestrigen Blutproben eines jungen Gibbons, der Gewicht verliert und andauernd schläft: er hat Leukämie. Ich muß mich rasch entschließen, ob ich einen der neuen chemischen Wirkstoffe ausprobieren will, die man in ähnlichen Fällen bei Menschen anwendet.

«Ein Bote von Scheich Hussain wartet im Büro auf Sie», unterbricht Philip meine Gedanken. «Er sagt, es sei wichtig.»

Ich stöhne laut auf. Wichtig bedeutet wahrscheinlich, daß ich sofort zu einer Reise aufbrechen müsse, die mit dem Wagen und dann womöglich noch mit dem Schiff drei bis vier Stunden dauert, um mir ein Tier anzusehen, das vor einer Woche erkrankt ist oder nach dem Gebären die Plazenta zurückbehalten hat oder von dem der Scheich findet, er wolle es nicht mehr haben und man müsse es irgendwie einfangen und in den Zoo bringen. Soviel zu meinen Plänen in bezug auf das Laristan-Schaf, das unbedingt diesen Vormittag noch untersucht werden sollte. Ich gehe hinüber ins Verwaltungsgebäude, und nach weiterem «Fleischdrücken», wie die Amerikaner sagen, bekomme ich ein winziges Täßchen türkischen Kaffee und ein Glas geeistes Wasser, während ein Dolmetscher sich zu Scheich Hussains Abgesandtem und mir setzt.

«Drei Dinge, Doktor», spricht der Dolmetscher. «Erstens, der Scheich sendet seine Grüße und sagt, er hoffe, daß es Ihnen möglich sein wird, ihn diesen Winter auf die Jagd in Pakistan zu begleiten.» Keine Chance. Die Golfscheichs, besessen auf ihre Sicherheit bedacht, lassen außer ihrem engsten Kreis nie jemanden wissen, wann und wo sie zu einem gegebenen Zeitpunkt sein werden. Sie hüpfen mit der Unberechenbarkeit atomarer Teilchen von Palast zu Palast. Vielleicht würde die Einladung zur Falkenjagd wirklich kommen – aber buchstäblich zehn Minuten, bevor er seinen Privatjet bestieg. Das nützte mir nicht viel, wenn ich in England war und ständig einen Terminkalender mit acht Tagen pro Woche benötigte.

«Zweitens», fährt er fort, «große Neuigkeit: Seine Hoheit ist der stolze Züchter der ersten Houbara-Trappen am Golf. Vier sind gestern auf der Farm in Zaniq ausgeschlüpft. Er dankt Ihnen für Ihren Rat bezüglich der

Fütterung der Kragentrappen und bittet Sie, den World Wildlife Fund, den Londoner und den San-Diego-Zoo zu benachrichtigen.»

«Wundervoll. Bitte übermitteln Sie meine Glückwünsche», antworte ich. Und denke: Humbug. Ich war vor einer Woche auf der Zaniq-Farm. Da gab es kein Anzeichen und kein Wort von irgendeiner Fortpflanzungsaktivität, geschweige denn von eierlegenden Kragentrappen, den von den Beduinen so hochgeschätzten Vögeln. Alle Scheichs gäben ihre Eckzähne darum, der erste zu sein, der diese nervösen, gar nicht so eindrucksvollen Vögel in Gefangenschaft züchtet.

Die Fütterungsempfehlungen, die ich gegeben habe, stammen aus dem Universitätszoo von Tel Aviv in Israel (oder im besetzten Palästina, wie die Scheichs es nennen würden), wo die Zucht gelungen ist. Ich zweifle nicht daran, daß der Scheich im Besitz von vier frischgeschlüpften Küken ist, noch zweifle ich, woher sie gekommen sind. Gerüchteweise habe ich vernommen, daß mehrere Adelsherren hoffentlich befruchtete Eier importierten, die aus Nestern auf dem Indischen Subkontinent entnommen wurden. Die ließen sie dann wie Hühnereier ausbrüten, und hier ist nun also der erste, der das Ganze als sein eigenes Werk ausgibt.

«Drittens», sagt der Dolmetscher, «bittet seine Hoheit um etwas Tigerfleisch.» Wenigstens *etwas* Neues.

«Tigerfleisch?» frage ich. «Wir verfüttern den Großkatzen hier im Zoo nichts Besonderes. Alte Pferde, gelegentlich ein Kamel, gutes Rindfleisch – das meiste holen wir auf dem Markt. Einiges schlachten wir hier.» So sehr ich es hasse, Tiere zu töten, es ist wichtig, daß der Tierarzt oder einer der europäischen Angestellten alle lebenden Tiere erschießt, die zu Fütterungszwecken hergebracht werden – sonst schneiden ihnen unsere moslemischen Wärter auf altehrwürdig islamische Weise die Kehle durch.

«Kann Seine Hoheit aus irgendeinem Grunde kein Fleisch kaufen?» Der Bote des Scheichs und mein Dolmetscher wechseln Worte in schnellem Arabisch.

«Nein, Doktor, Sie verstehen nicht. Seine Hoheit will Tigerfleisch. Fleisch *vom* Tiger, nicht *für* den Tiger.»

«Sie meinen, er will Tigerfleisch essen?» Die Beduinen in dieser Region waren früher großen Hunger gewohnt und verzehrten alles, was ihnen in den Weg lief. Der alte Salem, der Pförtner, hat mich letzte Woche um Hyänenhirn gebeten, um sein Denkvermögen zu stärken. Im *Dictionnaire Des Sciences Médicales* habe ich von einem Pförtner im Jardin des Plantes in Paris gelesen, der im 19. Jahrhundert den Körper eines in der Menagerie an einer Seuche eingegangenen Löwen aufaß, und in neuerer Zeit stand irgendwo etwas von Löwen-, Tiger- und anderem exotischem Tierfleisch, das in Belgien und Westdeutschland zu hohen Preisen für den menschlichen Verzehr verkauft worden sei.

«Ja, einer seiner Söhne hat nächste Woche Hochzeit, und da wird acht Tage lang gefeiert. Tausende von Gästen. Für seine ganz speziellen Gäste will er etwas Spezielles.»

«Tut mir leid, wir haben keine toten Tiger.» Die Tiger in Al-Ain gedeihen prächtig.

«Aber Sie können doch einen töten, Doktor.»

«Nein, können wir nicht.» Der Bote des Scheichs, ein hübscher Beduine mit kurzem Schnurrbart und in makellos weißem Gewand, starrt mich böse an, als ihm der Dolmetscher das mit ziemlich unterwürfigem Lächeln übersetzt.

«Aber Sie haben viele Tiger hier. Seine Hoheit verlangt einen.»

«Es tut mir leid, aber das geht nicht. Die Tiger befinden sich momentan sowieso nicht wohl.»

«Sind sie krank?»

«Nicht eigentlich.» Wieder winde ich mich mit terminologischen Ungenauigkeiten heraus. «Krank nicht gerade – aber wie Sie wissen, bin ich hier fachärztlicher Berater, und da habe ich bei meiner fachärztlichen Untersuchung entdeckt, daß unsere Tiger ein Sterilitätsproblem haben.»

«Sie meinen, sie können sich nicht fortpflanzen?»

«Genau.» Hoffentlich erfährt er nichts von den Jungen, die wir letztes Jahr hatten. «Und das Leiden breitet sich aus.»

«Breitet sich aus?»

«Es geht von einem Tiger zum andern. Sie haben es von Ratten, glauben wir. Und es kann sich weiter übertragen.» Hoffentlich schluckt er das. «Auf jeden, der das Fleisch verzehrt – wie eine Infektion, wie Lebensmittelvergiftung. Ansteckende Impotenz!» Der Bote des Scheichs ist fasziniert. Da ist sein Herr ja gerade noch davongekommen.

«Oh, danke, Doktor – Ihr Rat ist überaus freundlich. Haben Sie dann vielleicht etwas anderes – Elefant, Rhinozeros?» Bestürzt erkenne ich, daß ich noch lange nicht aus der Klemme bin. Ich trinke langsam mein Eiswasser, der Kopf wird klarer.

Nach einigen Minuten des Schweigens sage ich: «Es gibt etwas, was ich für Seine Hoheit tun kann – aber das ist sehr rar, eine einmalige nie wiederholbare Spezialität.» Beide Männer beugen sich mit aufgerissenen Augen vor. «Ich kann seiner Hoheit», fahre ich fort, «Eisbärenfleisch abtreten.»

«Eisbär? Ich wußte nicht, daß wir hier in Al-Ain solche Tiere haben.»

«Haben wir auch nicht – das Fleisch stammt von einem Tier, das ich vor einer Woche geschossen habe, gerade bevor ich hierherkam. Jetzt müßte es seinen allerbesten Reifezustand erreicht haben. Es wird gerade für Seine Hoheit und zwei, drei seiner engsten Freunde reichen.» Ein Halbmond aus leuchtend weißen Zähnen geht auf, als ein Lächeln das Gesicht des Boten teilt.

«Doktor, Sie sind ein feiner Mensch. Das wird Seine Hoheit freuen.» Händeschütteln um und um. Ich stehe auf.

«Moment», sage ich, «ich gehe in mein Laboratorium und hole es.» Ich eile in die Klinik zurück, so schnell es die Hitze zuläßt, nehme meine Schlüssel und laufe in Chris' Bungalow. Im Kühlschrank liegt ein ganzes Chateaubriand, das mich in Choithrams Lebensmittelgeschäft sechzig Dirham gekostet hat. Schnell in Drakkar-Rasierwasser getaucht und dann in eine alte Ausgabe der *Khaleej Times* gewickelt, dürfte es einen interessanten, um nicht zu sagen eisbärischen Hautgout haben. Wer will hier draußen etwas anderes behaupten?

Nachdem der Bote und mein Abendessen der nächsten drei Tage weg sind, gehe ich zum Lunch und halte dann Mittags-Siesta, die bis drei Uhr dauert, auf der Couch im Bungalow liegend, ein Tonband mit Mozart voll aufgedreht, um den Lärm der Zikaden zu übertönen, von denen es in den Schlingpflanzen draußen auf der Veranda wimmelt.

Der Nachmittag und die Hitze liegen schwer wie eine Bettdecke auf dem Zoo. Die Wärter sitzen oder liegen in kleinen Gruppen im Schatten von Büschen. Alle Tiere sind um diese Tageszeit schlapp und lautlos. Zwischen drei und vier geschieht nie etwas – Zeit, um Schreibarbeiten zu erledigen, eingelegte pathologische Proben auszusortieren, die zur fachmännischen Untersuchung nach England mitgenommen werden sollen, und das Narkosegewehr und die Spritzen zu reinigen. Nach vier Uhr beginnt es ein bißchen kühler zu werden, und wie ich aus dem Klinikfenster schaue, sehe ich ein europäisches Mädchen in ärmelloser Batikbluse und Tennisshorts an den Gibbonkäfigen vorbeigehen, eine Kamera über die Schulter gehängt. Ihre Haut ist von der ersten Sonnenbrandphase rosarot – offensichtlich ein Neuankömmling, eine Pflegerin am Tawam-Spital oder die Frau irgendeines Öltechnikers, die auf einen kurzen Besuch gekommen ist und, weil man hier kaum etwas anfangen kann, sich auf ein Stündchen Spazierengehen unter Tieren an diesem weitherum grünsten und schattigsten Ort freut. Für mich ist es ein Notfall. In einer Gesellschaft wie dieser, zu einem großen Teil aus Fremdarbeitern bestehend, die oft jahrelang von ihren weiblichen Angehörigen getrennt sind und zumeist aus Kulturkreisen stammen, in denen Frauen ihren Körper in der Öffentlichkeit fast ganz bedecken, kann so eine junge Dame Unheil anrichten. In Liverpool oder Washington wäre ihr Aufzug an einem heißen Sommertag durchaus angebracht, und niemand würde ihn aufreizend oder gewagt finden. Hier aber sind schon unerfreuliche Dinge geschehen, auch im Zoo. Einige unserer eigenen Angestellten könnten ausflippen, wenn die Besucherin allein in die tiefen Gärten hineinspaziert. Also eile ich hinaus und rufe sie. Die Sache muß taktvoll, aber mit Nachdruck geregelt werden. Es stellt sich heraus, daß das Mädchen tatsächlich eine irische Krankenpflegerin und erst seit einer Woche hier im Krankenhaus ist.

«Ärmel, lange Hose oder mittellanger Rock und jemand zur Begleitung – anders dürfen Sie nie außer Haus gehen», schärfe ich ihr ein und geleite sie zu ihrem Wagen vor dem Haupttor.

Um fünf Uhr scheint es mir kühl genug zu sein, um mich mit dem Laristan-Schaf zu befassen. Der junge Widder ist, den Kopf nach links geneigt, ständig im Gegenuhrzeigersinn im Kreis herumgetaumelt. Jetzt endlich ist es den Wärtern gelungen, das immer noch schnellfüßige Tier mit Netzen einzufangen und in einen der kühlen Quarantäneräume heraufzubringen. Während drei Mann den kräftig gebauten Widder niederhalten, untersuche ich ihn. Er ist in bester körperlicher Verfassung, der Magen voll frisch aufgenommenem Futter. Durchs Ophthalmoskop spähe ich tief in die dunklen Augen. Die rechte Pupille, briefschlitzförmig wie bei vielen Arten, die wegen der Raubtiere auch beim Grasen einen weiten Horizontbogen im Auge behalten müssen, ist viel mehr geweitet als die linke. Mehr noch: Die kleine Scheibe in der Netzhaut, wo der zum Gehirn führende Sehnerv beginnt, ist trüb-verschwommen. Sie muß aufgequollen sein. Während einer der Wärter den Kopf des Tieres hochhält, taste ich mit den Fingerspitzen durch das rauhe Haar hindurch den ganzen Schädel ab. Der Kopf ist hart und staubig, aber nach einer Weile entdecke ich eine Stelle etwa in der Größe eines Fünfpencestücks unmittelbar über dem linken Auge, wo der Knochen dem Fingerdruck nachgibt. Mein Verdacht ist bestätigt. Schatten der Penninischen Berge in Nordengland, der Regen rieselt unablässig auf die Herden schwärzlicher Lonk-Schafe oberhalb von Littleborough, wo ich vor mehr als dreißig Jahren als Student ein Praktikum absolvierte. Ob die arabischen Schafhirten wohl einen Namen dafür haben? In Lancashire nennen sie es Drehkrankheit; das Laristan-Böcklein hat eine Bandwurmzyste auf dem Gehirn.

Ich schicke Philip nach den Instrumenten und anderem Material, während ich die Haare über der weichen Schädelstelle abschere. Bei so einem vollen Magen und ohne die Zeit, das Schaf rund vierundzwanzig Stunden fasten zu lassen, besteht die Gefahr, daß es sich in der Narkose erbricht und dann den Mageninhalt einatmet, was zu einer tödlichen Lungenentzündung führt. Um das Risiko so klein wie möglich zu halten, beschließe ich, statt Immobilon lieber Xylazin zu verwenden, und fünf Minuten, nachdem Philip zurück ist, liegt der Widder schon flach und bereit für den Eingriff da. Schottische Schäfer nehmen solche Fälle zuweilen selber in die Hand, indem sie ein Loch in die Schädeldecke bohren und den flüssigen Inhalt der Zyste mit einem Strohhalm aussaugen – eine riskante Sache für Schaf und Mann, denn die Flüssigkeit enthält die Larven eines Bandwurms, die sich nur zu gern im Menschen einnisten. Nach einem kleinen Schnitt durch die Haut nehme ich eine dünne Schädelsäge und schneide, als wollte ich einen Apfel entkernen, ein kleines Loch in den Schädel. Als ich das ausgesägte Stückchen Knochen abhebe, sehe ich, wie die silbrigweiße Membrane der Hirnhäute unter Druck in das Loch heraufdrängt: die Zyste liegt unmittelbar darunter. Jetzt drücke ich die Nadel einer Spritze sanft durch die Hirnhäute und die Zystenwand. Behutsam den Kolben zurückziehend, hole ich sechs Kubikzentimeter wäßrige Flüssigkeit heraus, dann kommt nichts mehr. Ich lasse die Nadel stecken, nehme die Spritze ab und fülle eine winzige Menge schwacher Jodlösung ein, die ich durch die Nadel in die entleerte Zyste injiziere, um die Parasiten abzutöten. Etwas antibiotischen Puder in das Löchlein in der Schädeldecke gestäubt, eine Reihe Nylonstiche in die Haut geknüpft, und alles ist fertig; das Ganze hat keine zehn Minuten gedauert. Nachdem der Druck von seinem Hirn gewichen ist, dürfte der Widder in ein paar Tagen, die er zur Erholung in der Quarantäne verbringt, wieder putzmunter sein.

Viertel vor sechs; ein alter Beduine steht am Tor mit einer Ziege, die er gegen zwei Enten austauschen will. Die Pförtner diskutieren mit ihm, als ich hinzutrete.

«Eine Ziege, Doktor. Ich habe ihm gesagt, daß wir keine Ziegen wollen», berichtet Omar, der Chefpförtner. Er hat recht, Ziegen sind das letzte, was wir brauchen können. Die Ziegenherden der Beduinen richten genug Schaden an: Sie dringen durch die Zäune ein und bilden ein Seuchenreservoir. Der Beduine mit dem nußbraunen Gesicht und hennagefärbten Bart steht barfuß in einer schmutzigen Disch-dascha draußen, hält ein Zicklein und redet laut und lange. Von Zeit zu Zeit schwenkt er einen ausgemergelten Arm und eine Hand mit langen schwarzen Nägeln und deutet gegen Norden.

«Er sagt, er habe diese Ziege im Hadschr gefunden, Doktor.» Ich horche auf. Also keine Hausziege. Etwas, was der Alte im Westen von Oman aufgelesen hat. Solche Nomaden haben schon einige Male seltene Tierarten tot oder lebendig in den Zoo gebracht. Ich trete näher und will das Zicklein sehen. Es ist ein lebhaftes kleines Ding, vielleicht zwei Monate alt. Gott weiß, wie der Araber es eingefangen hat, verletzt scheint es jedenfalls nicht zu sein. Es ist blaßgelb mit dunklen Streifen an den Schultern und der Wirbelsäule entlang. Der Schwanz ist schwarz, auf den Hinterbacken sind weißliche Flecken, und auch die untere Hälfte der Beine ist weiß. Mein Herz schlägt schneller, als mir klar wird, was ich da vor mir habe. Nein, keine Hausziege – sondern eines der unbekanntesten und faszinierendsten Tiere Arabiens: eine *Capra aegagrus,* eine asiatische Wildziege oder Bezoarziege. Wahrscheinlich war dies die allererste Tierart, die vor über 8500 Jahren in den Bergen Libanons und Palästinas domestiziert wurde. Die scheuen, unglaublich behenden Geschöpfe, die fast senkrechte Felsen erklimmen können, leben heute in den Bergen Griechenlands,

Kleinasiens, des Kaukasus, Irans und Afghanistans. Die steinharten Haarballen, die man oft im Magen der Bezoarziegen findet, gelten bei den Beduinen immer noch als Gegengift und als Heilmittel für zahlreiche Leiden. Diese wildlebenden Ahnen unserer Hausziege sind selten in Zoos zu sehen und wahrhaftig zwei Enten wert. Welch ein Glück, daß er das Tier nicht getötet und gegessen hat – das Fleisch soll nämlich fast wie Wildbret schmecken. Nachdem ich dafür gesorgt habe, daß das Zicklein in der Quarantänestation untergebracht wird, kehre ich in die Klinik zurück. Unterwegs sinne ich darüber nach, daß Ziegen wie diese im ältesten Zoo gehalten wurden, von dem wir wissen, im Tierpark von Tiglatpileser, König von Assyrien um 1100 v. Chr. herum. Es steht geschrieben: «In den Tagen der Kälte, des Frostes und der Regen, in den Tagen des brennenden Sirius fing er in den Bergen von Assyrien und von Khana und in den armenischen Gebirgen männliche und weibliche Wildziegen, männliche und weibliche Hirsche mit Jungen, sammelte sie zu Herden und ließ sie sich vermehren. Er sah diese Herden für so wertvoll wie kleine Rinder an.»

Sechs Uhr fünfzehn. Während der Abend dämmert, mache ich mich zu einer letzten Inspektion auf. Die Tiere genießen die kühle Luft und verschlingen eifrig die letzte Mahlzeit des Tages. Ein paar blaugrüne Bienenfresser pfeilen aus den Büschen, um frühaufstehende Motten zu fangen. Bei meiner Rundfahrt achte ich auf die Außenzäune, halte nach Löchern Ausschau. Ich hoffe, die Füchse und verwilderten Hunde werden heute nacht keinen Einschlupf finden; wir haben in den letzten paar Wochen zu viele Gazellen an sie verloren.

Bei meinem ersten Besuch hier im Zoo, 1979, hatte ich die Tierklinik mit einem anachronistischen Sammelsurium von Medikamenten und Instrumenten ausgerüstet vorgefunden: ein Haufen Dinge, die man nie würde brauchen können, dafür wenige von denen, die selbst für Erste Hilfe unerläßlich sind. Literweise Chloroform (man stelle sich vor, daß jemand wie in einem Gangsterfilm einen Wattebausch damit tränkt und einem Gnu vor die Nase hält!), aber keine anderen Beruhigungs- oder Narkosemittel, unzählige Flaschen Glyzerin (wozu weiß ich nicht) und, das Erstaunlichste von allem, mehrere Paare «Burdizzo Blutlos-Kastratoren» (in einem Vierteljahrhundert habe ich noch kein einziges Zootier kastriert; Fortpflanzung und nicht Entmannung ist ja schließlich der Zweck der Übung). Da war auch eine alte Ultraviolettlampe, die mit einer 12-Volt-Autobatterie betrieben werden konnte. Wahrscheinlich hatte man sie in der Absicht erworben, Scherpilzflechten im Fell von Tieren zu diagnostizieren. Theoretisch leuchtet nämlich der Scherpilz im Schein einer UV-Lampe gelb oder grün auf. Natürlich muß man dazu das Tier in einem verdunkelten Raum haben, und obwohl Scherpilzflechten in Al-Ain selten sind, kann ich mir von den meisten Zoobewohnern nicht vorstellen, wie man sie in einen dunkeln Raum brächte, ohne ihnen eine Vollnarkose zu verpassen und sie aus ihrem Gehege hereinzutragen. Jedenfalls würde ich, wenn ich diese Krankheit vermutete, den Patienten einfach mit einer geeigneten Methode ruhigstellen und Philip ein Büschel Haare oder etwas abgeschabte Haut von der verdächtigen Stelle für eine Kultur ins Labor bringen.

Immerhin, die Lampe gibt mir Gelegenheit, jetzt etwas zu tun, was ich mir schon immer gewünscht habe: Ich nehme sie und eine Laterne mit, wenn ich vom Zoo hinausfahre in die Wüste hinter dem kahlen Kalksteinmassiv des Dschebel Hafit über das flache, steinige, von vereinzelten Klumpen Bartgras *(Cymbopogon)* durchsetzte Land den fernen Dünen entgegen. In der Rub-al-Chali, der riesigen Sandwüste Arabiens, bricht die Nacht schnell und früh herein. Die Sonne, ein Teich aus geschmolzenem rotem Gold, fließt Richtung Mekka ab, und die Dünen, die wie sonnenbadende Schläferinnen im Licht des Tages lagen, nehmen in der kurzen Dämmerung ein noch sinnlicheres, fast erotisches Aussehen an. Die Hänge, Hügel, Biegungen, Mulden und Kämme aus Sand entwickeln eine reiche Palette von Farbschattierungen, Gold, Sepia, Ocker, Henna und Bronze, und ihre zugehörigen Schatten verdunkeln und verbergen sich. Wenn der Chamsin, der heiße Wüstenwind, den Sand jagt, bewegen die Schläferinnen Brust, Schenkel, Wade und Lende in der schimmernden Luft. Der Himmel ist durchsichtig, mit rauchigen Schwaden von Rot, Violett, Blaßrosa und Orange, die eilig dichter werden und verschmelzen, bis alles Finsternis ist. Die Wüste kann nachts furchtbar kalt sein, aber heute verweilt der Chamsin noch. Leben beginnt sich unter dem Mantel der Dunkelheit zu regen. Geschöpfe, die sich aus mancherlei Gründen tagsüber nicht herauswagen, werden jetzt geschäftig. Die kühle Luft bringt Kondensationsfeuchtigkeit als Wasserquelle für Kleinsäuger und wirbellose Tiere. Skorpione verlassen ihre Schlupflöcher, um auf die Jagd zu gehen, und werden ihrerseits von Nagetieren, Füchsen und Hundertfüßern gejagt. Die Sandrasselotter sucht die Wüstenspringmaus, und die Wüstenspringmaus sucht die Samen der Wüstentamariske. Ich lasse den Wagen stehen und gehe zu Fuß beim Licht der Laterne durch ein Wadi. Ich komme an einem von schmausenden Käfern bedeckten Kothaufen vorbei – der Rüppellfuchs, der fledermausohrige Fuchs der tiefen Dünen, war vor kurzem hier. Eine Eidechse mit verblüffend elektrischblauem Kopf flitzt unter einen Stein. Eine Kröte, jawohl, eine Kröte in der Wüste, unterbricht ihr Heuschreckenmahl, als mein Lichtstrahl sie einfängt. Eine Kamelspinne, ein ziemlich großes, fast furchterregendes Geschöpf mit gelbem Leib und roten Kieferzangen, eilt vor mir her. Die Beduinen nennen Kamelspinnen die Reittiere des Skorpions, weil sie glauben, daß Skorpione auf deren Rücken reiten wie Männer auf Kamelen. Oben auf der Düne hat man das Gefühl, verirrt zu sein, in einem schwarzen Meer von Sternen zu treiben. Der Mond ist eine dünne silberne Untertasse, ein heiliger Mond, wie die Zoopförtner mir später sagen werden.

«Als der Prophet Mohammed, Friede sei mit ihm, auf seinem Pferd Al Borak zum Himmel aufstieg, hielt das gute Pferd bei einem solchen Mond zum Trinken inne.»

Vor ungefähr zehn Jahren hat man eine interessante

Entdeckung gemacht: daß alle Skorpione, tot oder lebendig, unter Ultraviolettstrahlen fluoreszieren. Dies auszuprobieren ist der Grund meiner nächtlichen Wanderung in der Wüste. Ich gehe zum Jeep zurück und schließe die UV-Lampe mit einem langen Kabel an die Batterie. Jetzt bin ich im Wadi, lösche die Laterne und schalte die Lampe ein. Ich stehe in einer nebelhaften Kugel aus blauem Licht. Der Sand zu meinen Füßen nimmt eine gespenstisch dunkelviolette Tönung an, und wie ich die Lampe senke, sieht es da aus, als hätte jemand eine Schatztruhe voll funkelnder Juwelen ausgeschüttet; der Boden ist übersät von leuchtenden Opalen. Doch die Juwelen bewegen sich. Es sind Skorpione, Hunderte von Skorpionen, die im Schein der Ultraviolettstrahlen als blaugrüne Tropfen aufschimmern. Ich schwenke die Lampe herum – sie sind überall, in geschäftiger Eile, in Furcht vor den vielen Tieren, die sie jagen. In manchen Wüstengebieten finden sich bis 300 Skorpione auf hundert Quadratmetern, und obwohl man annehmen möchte, sie seien wehrhaft genug mit ihrem Gift, das sie sowohl versprühen als auch injizieren können, und mit ihrer guten Panzerung, führen sie ein gefährliches Leben und verbringen so wenig Zeit wie möglich auf der Erdoberfläche, und dies fast nur bei Nacht. Sie sind nicht nur Kannibalen unter sich, sondern auch die Beute erstaunlich vieler anderer Tiere, die eine Taktik gegen das tödliche Skorpiongift entwickelt haben. Einige, wie Paviane und gewisse Vögel, reißen den Stachel geschickt weg, bevor sie sich am Rest so gütlich tun wie wir uns an einer Garnele. Taranteln, ebenfalls Skorpionliebhaber, sind – wie praktisch! – immun gegen das Gift. Mit Hilfe von Ultraviolettlicht bei der Untersuchung von Kotablagen, in denen unverdaute Skorpionreste weiterhin fluoreszieren, konnten Wissenschaftler die Vielfalt von Skorpionjägern feststellen. Zu ihnen gehören Insekten wie die Gottesanbeterin, Kröten (erstaunlich, wie so weichhäutige Amphibien das schaffen), Echsen, Schlangen, die verschiedensten Vögel, vor allem Eulen, Füchse, Ginsterkatzen, Mungos, Fledermäuse, Spitzmäuse, einige Nagetiere und

Affen. Bei diesem ganzen Pöbel, den sie gegen sich haben, empfinde ich Sympathie für die Horde in die Nacht enteilender Edelsteine.

Ich fahre in die Stadt zurück, um Hanne anzurufen. Sie berichtet, was an Post eingegangen ist und was Andrew macht, erzählt mir, daß es dem Delphinbaby im Windsor-Safaripark, das jetzt sechzehn Wochen alt ist, immer noch bestens geht, und löst das technische Problem, weshalb die Hemden, die ich in Chris' Maschine wasche, einzulaufen scheinen. Wichtiger ist, daß sie mir auf meinen Bericht von dem Braunbärenjungen und seinem anhaltenden Blutverlust hin rät, es einmal mit Epsikapronpulver im Trinkwasser zu versuchen, das sich bei Damen mit überstarker Menstruation so gut bewährt. (Das tue ich dann auch: es funktioniert!) Im Gästehaus Ain-ul-Faydah diniere ich: Humus und schlecht gekochten Fisch. Während des Essens werde ich ans Telefon gerufen. Ein Journalist, Sean Usher von der *Daily Mail,* fragt aus London nach meinen Ansichten über «Klasse» bei Tieren. Was für Tiere ich für «aristokratisch» halte, will Usher wissen. Ich kann Klasseneinteilungen in menschlichen Angelegenheiten nicht ausstehen, aber diese Frage ist ja nicht allzu ernst zu nehmen. Ich erwidere, daß Hirsche, Adler und Falken, Tiger und Schneeleoparden zwar manche der körperlichen Attribute aufweisen, die man traditionellerweise mit «Adel» gleichsetzt – martialisches Gehabe, betont männliches Aussehen usw. –, daß ihnen andererseits aber sogenanntes zivilisiertes Verhalten, die Entfaltung von «Menschlichkeit» und feineren Gefühlen abgeht, die man bei Elefanten, Walen und Delphinen antrifft und die man als Merkmale von Aristokraten der Natur betrachten könnte. Sicherlich wirkt das Eichhörnchen mit seinem konservativen Baugenossenschaftssinn eher wie vornehme Mittelklasse. «Hunde und Katzen?» fragt Usher. Hunde: die so sehr darauf bedacht sind, zu gefallen, und so oft ihren Hintern zeigen – eigentlich sehr bourgeois. Katzen: viel gediegener und stilvoller, sehr selbstherrlich – sagen wir, Intellektuelle des höheren Mittelstandes. Mäuse – das Proletariat der Tierwelt.

Kommunistenfutter. Ratten dagegen viel mobiler im Aufstieg – opportunistisch, flexibel, vielseitig. Erfinderisch und resistent gegen Unterdrückung. Ratten, die Alkohol trinken, sind widerstandsfähiger gegen Strahlungen als solche, die nicht saufen. Es ist durchaus möglich, daß in einem Nachatomkriegszeitalter Ratten die beherrschenden Säugetiere der Erde sind – die Mittelklasse der Zukunft? Der Fuchs – ein Aristokrat, den harte Zeiten getroffen haben. Ein Landedelmann, der wie sein menschliches Gegenstück heute gelegentlich seinen Lebensunterhalt in der Stadt zusammenkratzen muß. Der Wolf – ein Schaf im Wolfspelz. Ein mißverstandenes, geselliges Mittelstandstier mit der unverdienten Reputation eines Räuberhauptmanns. Und schließlich der Hamster. Ein streitsüchtiger Einzelgänger – nichts Adeliges an ihm, einer von den Burschen, die in der Kneipe jedem widersprechen, nur um eklig zu sein. Zweifellos ein Angehöriger der Arbeiterklasse, wenn auch wahrscheinlich einer, der bei den Wahlen für den «Unabhängigkeit für Isle of Wight»-Kandidaten stimmt. Ein albernes Gespräch, aber der Stoff ließe sich zu einer vergnüglichen Nach-Tisch-Unterhaltung ausbauen. Wo würden Sie etwa den Dachs, die Elster oder den Frosch sozial einreihen? An welches Tier erinnert Sie jeder Ihrer Bekannten am meisten? Und so weiter.

Und nun zu Bett. Um zehn Uhr bin ich in meinem Zimmer, und mein Gefolge von Kakerlaken, Gottesanbeterinnen und assortierten, zum Fürchten aussehenden Käfern kommt aus allen Ritzen und Winkeln gekrochen, um mich zu begrüßen. Jetzt kann ich ungestört ein Stündchen lesen, bevor ich das Licht lösche. Der graue Gecko, dessen Welt mein Zimmer ist und der, während ich schlafe, das Krabbelzeug für mich dezimieren wird, klebt an dem bröckelnden Verputz über meinem Kopf und paßt auf, während ich ihm einen Vers oder zwei aus dem eselohrigen Gedichtband vorlese, den ich in der Reisetasche mit mir herumtrage. Er scheint, als Einstimmung auf seine nächtlichen Beutezüge, besonders von Omar Chajjam angetan zu sein.

Man sagt, der Löwe und das Echslein halten Wacht
Am Hof, wo Dschamschid einst frohlockend sich betrank,
Bahram, der große Jäger, auch – der wilde Esel
Stampft über seinen Kopf, doch weckt ihn das nicht auf.

Später laufen und schweben die Fabeltiere Asiens weiter durch meine Träume. Es ist erfrischend, wieder einmal Allgemeinpraktiker in Arabia felix zu sein.

GESCHEITE BÄREN

Eine Kolonne winziger schwarzer Ameisen marschiert in mein linkes Hosenbein, während ich dicht am grauen Stumpf einer toten Akazie kauere. Ich darf mich nicht bewegen, Ameisen hin oder her. Es ist heiß und stikkig in dem abgewetzten, schweißfleckigen Überwurf, den ich mir vor einer Stunde direkt vom Rücken eines Belutschen geborgt habe. In meinem Schoß liegt das schußbereite Gewehr, der glänzende Lauf mit umgebundenen Grasbüscheln getarnt. Der Wind haucht mir ins Gesicht wie aus einer Backofentür; er trägt die schwachen Gerüche von Ziegen und von heißen Felsen. Das ist kein Besuch bei den afghanischen Mudschaheddin am Khyberpaß. Ich warte auf einen Elenantilopenbullen, der 300 Meter von mir entfernt steht, mit wachsam aufgestellten Ohren, geblähten Nüstern, hochgerecktem Kopf. Wird er wohl in den Schußbereich meiner Waffe kommen, damit ich ihn mit einem Pfeil betäuben kann? Er soll nämlich in einen anderen Teil des Zoos verlegt werden, wo ein neu eingetroffenes Weibchen seiner harrt. Er kennt seinen gewohnten Belutschi-Wärter gut, aber ich muß wohl bei aller Verstellung immer noch völlig falsch riechen, aussehen und mich bewegen. Deshalb kauere ich so reglos hier, in der Hoffnung, der Bulle werde glauben, ich sei sein Freund, der gerade seine Gebete oder seine Notdurft verrichtet – so etwas bekommt er ja mehrmals täglich zu sehen. Was tue ich eigentlich hier? denke ich.

Warum verbringen wir unser Leben damit, im weitesten Sinne des Wortes für Tiere zu sorgen? Ich hatte bei Gesprächen nach dem Abendessen schon lange argumentiert, daß es in einer jüdisch-christlichen Kultur keinen logischen Grund gibt, niedrigeren Tieren einen Status, geschweige denn «Rechte» zuzuerkennen. Hat der Mensch nicht vom evolutionären wie vom theologischen Standpunkt aus die Herrschaft über andere Kreaturen? Für Christen ist das einzige «beseelte», nach dem Ebenbild Gottes geschaffene Lebewesen der Mensch. Das Evangelium ist Wegweiser für Menschen, nicht Blauwale, Pandas oder Pekinesen. Natürlich macht da die Evolutionstheorie und die Möglichkeit, daß sich die Seele in der Art eines Körperorgans im Verlauf von Millionen Jahren entwickelt haben könnte, gewisse Schwierigkeiten, und die Schriften von Teilhard de Chardin beschäftigen meinen Geist. Was aber ist, für einen Christen, die Theologie der Tiere – wenn es eine gibt?

Das Thema kam bei der unpassenden Gelegenheit einer Cocktail-Party gestern abend erneut auf. Wieder diskutierten wir über diese immerwährenden Probleme. Warum ist Grausamkeit gegenüber Tieren Unrecht? Weil sie sich verrohend auf den *Menschen* auswirkt, sagen gewisse Theologen – mit anderen Worten, wenn wir Grausamkeit ausüben könnten (und vielleicht tun wir das, wenn wir Insektenspray, moderne Landwirtschaftsmethoden usw. anwenden), ohne selbst zu verrohen, wäre sie in Ordnung. Schließlich befaßt sich der Theologe nur mit der menschlichen Seele. Aber irgendwie haben wir das Gefühl, daß Grausamkeit an sich schlecht ist. Dann sagte eine Dame neben mir etwas, was die ganze Frage zu erhellen schien. Gott, sagte sie, ist Liebe. Das ist der Schlüssel, der Kern, die Summe der christlichen Theologie. Liebe zur Kreatur, zur Welt, zu allem, was wichtig ist, soll uns motivieren. Die Logik unserer Zuwendung zu Tieren liegt darin, stellte sie fest, daß wir als Christen die Gesamtheit der Schöpfung mit der gleichen allumfassenden Ehrfurcht lieben müssen: Steine, Muscheln, Schnecken, Lehm und Regen ebenso wie Delphine und Buschbabys. Die Worte des Apostels Paulus und die Aussagen des Islams, des Buddhismus und Hinduismus zur Heiligkeit aller Dinge stimmen überein. Während ich also jetzt darauf warte, daß die Elenantilope sich endlich entschließt, habe ich das Gefühl, mein Geist sei letzte Nacht dank der guten Dame und dank den Cocktails ein bißchen vorangekommen. Im Augenblick allerdings bringt mein Nachdenken, was die guten Schwingungen zwischen dem Bullen und mir angeht, nichts ein, denn er befindet plötzlich, ich sei nicht geheuer, dreht sich auf den Hinterhufen und galoppiert davon. Die Ameisen sind schon fast an meiner Leiste. Ich werd's morgen nochmals versuchen.

Es gibt weniger hochgestochene Gründe, warum ich gern unter Tieren bin – sie können so gute Freunde und Bekannte werden. Und ich meine nicht bloß die Tiere von sogenannter höherer Intelligenz. Intelligenzmessung hat sich schon innerhalb *einer* Spezies, dem Homo sapiens, als so strittig und komplex erwiesen, daß man sich nicht noch weiter vorwagen und Lebewesen beurteilen sollte, mit denen man nicht einmal kommunizieren kann. Wenn der unterschiedliche kulturelle Hintergrund von Rassen und Nationalitäten vergleichende Intelligenzstudien unter Menschen vermasselt, um wieviel ungenauer muß erst die Klassifizierung der sogenannten niedereren Kreaturen ausfallen. Auch hier müssen Umwelt, Aufzucht, «Kultur» starke Faktoren sein – Einstein würde nicht sehr hoch eingeschätzt in der Welt, sagen wir, des großen weißen Haies, und Universitätsdozenten von Oxford hätten Schwierigkeiten, es mit froschessenden Fledermäusen in *deren* Welt aufzunehmen. Jedes Lebewesen füllt seine biologische Nische aus, weil es ein Sieger ist, ein Preisgewinner im Evolutionsrennen, bei dem nur die Besten und Stärksten überleben. Intelligenz ist ein philosophischer Begriff, nicht eine exakte Wissenschaft; angewendet auf eine Kröte im Gewächshaus bedeutet sie etwas total anderes als bezogen auf einen Mann in einem Londoner Rathaus. Aber genauso, wie gescheite, gebildete, «intelligente» Menschen nicht unbedingt die besten Freunde oder Kameraden abgeben, während einfachere Leute die größten Qualitäten in bezug auf Treue, Hingabe, Humor und Schlagfertigkeit aufweisen können, so ist es auch bei Tieren. Ich habe an anderer Stelle von den

Schimpansen erzählt, die mit Vergnügen Menschen zu Narren machen, von Orang-Utans mit postnataler Depression, von Löwen, die sich mit großem Geschick die passenden Personen zum Anpinkeln aussuchen, von boshaften, unflätigen Papageien und freundlichen Delphinen. Ich habe Schildkröten erlebt, die anhänglich sind wie Schäferhunde, und einen ausgewachsenen Gorilla, der selig ist, wenn man ihn in Kleider steckt und fotografiert. Gebt ihm einen Hut, eine Robe, Socken und Handschuhe, und schon posiert er aufgedonnert wie ein Dandy, mit einem so eitlen und pompösen Gesichtsausdruck, wie Sie ihn nur je zu sehen bekommen – und als echter Aristokrat hat er gern einen Kammerdiener dabei, der darauf achtet, daß die Knöpfe stimmen, der Anzug tadellos sitzt und der Kopfputz die flotte Schräge aufweist.

Nun denken Sie wahrscheinlich, Bären seien nicht besonders gescheite Tiere – eher schwerfällige, brummige, pelzige Mülleimer, die entweder schlafen oder auf Futtersuche sind. Stimmt nicht. Ich finde Bären faszinierende, wenn auch etwas unordentliche Leute von Welt. Gewiß, sie haben eine Schwäche fürs Essen, die an Gefräßigkeit grenzt. Daher leiden sie oft an Magenverstimmungen, die im allgemeinen schnell kuriert sind, wenn man sie einen Tag ohne Futter und Wasser läßt und auf eine strenge Diät von Eiswürfeln oder, viel lieber, Eislutschern setzt. Bären sind gefährliche Tiere, und in den letzten Jahren gab es zunehmend Probleme in den nordamerikanischen Nationalparks, wo Mensch und Bär sich wegen Territorialansprüchen und Lebensmittelbeschaffung in die Quere kommen. Sowohl Eis- als auch Braunbären in den Vereinigten Staaten haben sich angewöhnt, menschliche Behausungen, ob Stadthäuser, Blockhütten oder Zelte, nach leichter Beute unter den Abfällen zu durchsuchen, manchmal auch an Orten, wo Leute törichterweise eigens für Meister Petz etwas hingelegt haben. Das wirkte sich korrumpierend auf die Bären aus, und obwohl einige Menschen von den mächtigen Tieren getötet oder verletzt wurden, sind es doch die Bären, die am meisten zu leiden haben. Etwas Merkwürdiges, Tragisches hat sich zugetragen, nachdem man anfing, streunende oder andauernd Mülleimer durchsuchende Bären zu narkotisieren und dann mit dem Hubschrauber in viele Meilen weit entfernte menschenleere Waldgebiete zu transportieren. Diese gutgemeinte Verbannung hat bei vielen nicht lange vorgehalten: Sie finden einfach den Weg zurück zu den Leckerbissen. Das für die Umsiedlungsprozedur meistens verwendete Narkotikum war Phencyclidin, die Droge, die auch von Süchtigen zuweilen benutzt und von ihnen «Engelstaub» (angel dust) genannt wird. Bei Menschen kann es bizarre Halluzinationen, stärkere als LSD, auslösen und, was schlimmer ist, schon nach einer einzigen Dosis zu dauernden psychischen Schäden führen. Ich war einer der ersten Veterinärchirurgen, die Phencyclidin bei Zootieren anwendeten und in den späten fünfziger Jahren bei dessen Entwicklung in Großbritannien mithalfen. Für jene Zeit war es ein großer Durchbruch für jene von uns, die eine starke Droge von niedrigem Volumen brauchten, die auf jedem Weg funktionierte: ob eingenommen, irgendwo am Körper unter die Haut oder aber intramuskulär gespritzt. Es war ausgezeichnet für die damals neu aufgekommene Pfeilspritze. Heute verwende ich es kaum mehr, und die legale Herstellung in Großbritannien wurde vor Jahren eingestellt. Aber in den USA und einigen anderen Ländern ist es noch erhältlich und war, wie gesagt, die Stütze des Bärenumsiedlungsprojekts. Manche Bären, die wie falsche Fünfziger immer wieder den Weg zurück fanden, wurden infolgedessen mehrmals betäubt, und die Auswirkung der Mehrfachdosis Phencyclidin scheint sie in einigen Fällen, wie es bei Menschen geschehen ist, in gefährliche Psychopathen verwandelt zu haben. Diese verlorenen Bärensöhne sind dann jeweils nicht nur lippenschmatzend und freudegrunzend heimgekehrt, um sich an der Grillparty ahnungsloser Camper zu beteiligen oder die halbverzehrten Sandwiches aus einer Lieblingsmülltonne zu holen, sondern gelegentlich auch mit einer gestörten, unberechenbar aggressiven Mentalität.

Ein ähnlicher Fall geschah, als ich 1963 ins Bellevue

gerufen wurde, um nach einem jungen Kragenbären zu sehen, der, von seiner Mutter abgelehnt, von Hand aufgezogen worden und plötzlich an grauem Star erblindet war. Ich bekam in jener Zeit eine große Zahl exotischer «Flaschenkinder» mit diesem Verlust des Augenlichts zu sehen, verursacht dadurch, daß die normalerweise durchsichtigen Linsen zuerst bläulich, dann milchig, schließlich weiß und vollkommen lichtundurchlässig wurden. Es waren Kamele, Wallabys, Löwen, Tiger und Leoparden dabei. Einige waren echte Diabetiker, aber ich bin sicher, daß es bei allen etwas mit der Zuckermenge oder dem Zuckertyp zu tun hatte, die wir damals bei der künstlichen Fütterung verwendeten. Matt Kelly, der Chefwärter, hing sehr an dem Kragenbären. Er war es, der ihn gepflegt, ihm am Anfang alle zwei Stunden die Flasche gegeben, ihn neben seinem Bett schlafen gelegt, sich mit Säuglingsdurchfall herumgeschlagen und mit ihm auf dem Rasen vor dem Elefantenhaus stundenlang gespielt hatte, zum Entzücken von Matt, dem Bären und Tausenden von Besuchern.

«Gibt's *nichts,* was Sie tun können?» hatte Matt gefragt, als ich die Diagnose stellte. «Er knallt überall hinein, aber er ist, naja, so ein lieber Kleiner, Sie können doch nicht meinen, wir müssen ihn ab ... wir müssen ihn wegtun?» Der Bär, jetzt schon so groß wie ein Schäferhund, hockte geduldig neben ihm und leckte ihm die Stiefel, während er sprach.

«Es ist nicht rückgängig zu machen, Matt», erwiderte ich. «Können Sie sich vorstellen, was für ein Leben er führen müßte – blind im Bärengehege. Stellen Sie sich vor, er fiele in den Graben!» Der Ire knirschte mit den Zähnen, wie immer, wenn er unter Druck war, und blickte mir gerade in die Augen.

«Würde man Sie abtun, wenn es Ihnen passierte, mein Junge?»

«Nein, natürlich nicht.»

«Also – Sie sind es gewesen, der mir von den Hunden mit dem grauen Star erzählt hat, mit denen Sie in Rochdale einen Versuch gemacht haben. Und letzten April waren Sie einige Zeit in der Augenklinik bei dem, wie heißt er, dem großen Augenspezialisten, Stuart Scott. Wozu das alles, he? Um mit den Schwestern zu schäkern? Um Doktor zu spielen?» Matt rauchte geradezu in einem seiner sehr seltenen, aber furchtbaren Wutanfälle. Die Gewitterwolken verzogen sich in dem Augenblick von seinem Gesicht, als ich einwilligte, die Entfernung der Starlinse aus einem Auge zu versuchen. Die Operation, drei Tage später, ging gut: Technik und Vorgehen waren gleich wie bei einem Hund oder einem Menschen oder wie bei dem jungen Zebra Tatu in Kenia ein paar Jahre später. Unter Phencyclidin-Anästhesie öffnete ich die harte Hornhaut dicht vor dem Punkt, wo sie sich mit der weißen Lederhaut verband, löste die Linse mit einem Enzym, hob sie mit Hilfe eines winzigen Sauggeräts heraus und vernähte den Schnitt mit schwarzer Seide, nachdem ich eine Luftblase im Auge zurückgelassen hatte, um zu verhindern, daß die Iris an der Hornhaut klebte, bevor neues «Augenwasser» eingedröselt war. Matt war glücklich, aber ich warnte ihn, wir seien noch nicht über den Berg.

«Es kann alle möglichen Komplikationen geben: Blutungen im Auge, Verklebungen, Infektionen. Sie können einen Bären nicht mit einem Augenpflaster in einem abgedunkelten Krankenzimmer festhalten. Und ich muß noch zwei-, dreimal den Fortschritt überprüfen und zuletzt die Stiche entfernen.» Matt hatte eine großartige Beziehung zu dem Tier, aber er konnte ihm den Kopf nicht so sillhalten, daß ich dicht am Auge etwas hätte hantieren können. Wie vorausgesagt, mußte ihm noch zweimal Phencyclidin gegeben werden. Das Auge verheilte gut, der Pupillenreflex wurde stark, die Netzhaut sah tadellos aus, und was das Beste war, der Chefwärter berichtete, daß der Bär offensichtlich eine blinde Seite habe, doch kaum noch irgendwo anstoße. Aber, wenngleich wir es zuerst nicht bemerkten, das Wesen des Tieres hatte sich verändert. Es wurde launenhaft. Es schnappte unversehens nach Matts Hand, wenn er es streicheln wollte, und steigerte sich in blinde Wut, wenn er versuchte, es zu beschwichtigen.

Man wußte in den frühen sechziger Jahren wenig bis nichts von den psychischen Nachwirkungen von Phencyclidin. Zwar gab es Berichte über Satyrismus (übermäßige sexuelle Erregung) bei einigen frühen Experimenten an Menschen. Dagegen hatte niemand etwas berichtet, was auf Geistesstörungen bei Tieren hingewiesen hätte. Zuletzt wurde der Kragenbär derart böse und unkontrollierbar, daß Matt ihn auf Dauer ins Bärengehege verbannen mußte. Auch dort benahm er sich unberechenbar, stritt mit seinen Artgenossen oder mied sie, und wir mußten uns traurig damit abfinden, daß der einstige Kuschelbär ein antisozialer Eigenbrötler geworden war. Auch die tägliche Verabreichung von Beruhigungsmitteln im Futter halfen nichts. Am Ende verlegte Matt ihn an einen Platz, wo er allein blieb, und so sehr wir es verabscheuten, Tiere einsam zu halten, schien er dort irgendwie zufriedener, obwohl er von Zeit zu Zeit von geheimnisvollen düsteren Launen befallen wurde.

Ich habe keinen weiteren Bären wie diesen gehabt, und wenn ich zurückschaue, besonders im Licht der kürzlichen Probleme in den amerikanischen Nationalparks, dann bin ich ziemlich sicher, daß auch wir unwissentlich das Wesen eines Tieres mit dem «Engelstaub» verändert, oder vielleicht wäre es treffender, zu sagen: gebrochen hatten. Wie der Zauberlehrling weiß man nicht immer, was man enfesselt, wenn man wilden Tieren neue Drogen gibt, und der Fall des Kragenbären betrübt mich zutiefst, jetzt, wo ich weiß, was wahrscheinlich geschehen ist.

Die jungen Eisbären im Chessington-Zoo haben einen messerscharfen Verstand, «alle Stühle zu Haus», wie wir in Lancashire sagen. Sie waren ein ungestümes Paar Jungtiere, als ich sie im Zoo von Karlsruhe aussuchte. Heute, drei Jahre danach, unterhalten sie in der neuen Eisbärenanlage in Chessington die Besucher mit ihren fröhlichen Wasserspielen und halten ihre Wärter fest unter Kontrolle. Das Männchen zum Beispiel: Der auf Unabhängigkeit bedachte Kerl mit seinem feinen rahmweißen Fell hält gern ein Nickerchen im Freien. Zwar hat man ihm drinnen eine luxuriöse, behagliche Höhle zur

Verfügung gestellt, aber da der Sommer in diesem Jahr so lang und prächtig war, gefielen ihm die Sterne über Kingston-upon-Thames als Decke und der Mond, der für einen dösigen Bären – oder im übrigen auch für sonst jemanden – von Surrey, Karlsruhe oder dem arktischen Packeis aus genau gleich aussieht, als Nachtlämpchen. Warum also sollte er sich nicht auf die kühlen Felsen am blauen Wasser kuscheln? Aber Ginger, der Chefwärter, war anderer Ansicht. Nicht, daß Ginger die Wunder des Firmaments und solche Freiluftwonnen nicht zu schätzen wüßte, noch ist er, was meine Großmutter einen «Sörgeler» nennen würde, der Angst hat, die Nachtluft in Chessington könnte zu Husten- und Niesanfällen führen, von denen man bei Grönland-Eisbären noch nie etwas gehört hat. Nein, Ginger hatte es gern, wenn seine Bären nachts sicher eingeschlossen waren – sicher vor Vandalen, dieser Pest der zoologischen Gärten, die den Tieren etwas antun oder ihnen irgendwie zur Flucht verhelfen könnten. Auf der A3 spazierende Eisbären würden Ginger eine weit schlimmere Migräne bescheren, als Bären mit zerschundenen Köpfen sie üblicherweise erleiden müssen.

Der Chefwärter hatte die beiden Bären seit ihrer Ankunft betreut, und sie kannten ihn, seine Stimme und seinen Kübel voll Fleisch, Brot, Gemüse und Fisch sehr gut. Um sieben Uhr dröhnte Gingers tiefe Stimme jeweils: «Kommt futtern!», und die Eisbären trotteten verständig zum Abendessen in ihre Höhlen, worauf Ginger den Hebel löste, der das Gitter hinter ihnen herunterfallen ließ. Einfach. Bis Clyde, der männliche Bär, im Freien zu schlafen beschloß. Es nützt nichts, einen Bären anzuschreien (nicht einmal in der Eskimosprache oder im Fall von Clyde vielleicht auf deutsch). Wohlerzogen, wie sie sind, tun sie einfach so, als hätten sie's nicht gehört. Es hilft auch nicht, sie mit einem Stock anzupuffen (einem seiner Tiere weh zu tun, würde Ginger nie einfallen), denn der Getroffene würde einem einfach den Stock mit seinem mächtigen Tatzen wegnehmen und zerkauen. Ihm mit einem Wasserschlauch zu bespritzen erfüllt ihn mit tiefer Freude. Mit einer Plastikschlange vor ihm herumzuwedeln (ein Trick, der bei Affen zieht) ist reiner Blödsinn: Wer hat je etwas von Schlangen in der Arktis gehört? Wer lauten Lärm macht – indem er etwa zwei Tonnendekkel aufeinanderschlägt oder «Status Quo» in voller Lautstärke laufen läßt –, gibt eine überflüssige Vorstellung vor den Zoobesuchern. So eine Kakophonie ist kein Vergleich zum Aufkrachen der *Titanic* auf dem Grönlandeis oder dem Donner der Wellen vor Nowaja Semlia. Ginger beherrschte nur die eine Strategie: das Futter in die Höhle zu legen und dann schnell das Gitter herunterzulassen. Na ja – Clyde sah das kommen und konterte, indem er sich flach auf die Schwelle legte, halb drinnen, halb draußen, und mit lang ausgestreckter Vorderpfote das Futter herausangelte. Eins zu null für Clyde! Als nächste Verbesserung plazierte Ginger das Essen in einem festen Stapel so weit vom Eingang entfernt wie möglich. Clyde besah sich das am ersten Abend, als Ginger es probierte, und experimentierte mit einem schnellen Satz auf das Futter zu, aber als er merkte, daß das Tor fiel, war er noch schneller wieder draußen. Es war nicht ganz eins zu eins: Ginger hatte Clyde nicht erwischt, aber andererseits hatte Clyde kein Futter erwischt. Patt ist also wohl der bessere Ausdruck. Am nächsten Tag blickte Clyde hungrig auf den Futterberg tief in der Höhle, aber nachdem er sich die Mathematik des Ganzen überlegt hatte – Zeit, Distanz, Schwerkraftwirkung auf das Tor, Reflexzeit von Gingers Arm –, erkannte er, daß nach allen Gesetzen Newtonscher Physik das Abendessen schlicht und einfach außer Reichweite war. Aber er wurde immer hungriger. Ginger, stolz auf die Fettschichten zwischen Clydes Haut und glänzendem Fell, wußte genau, daß der Bär sich notfalls mehrere Fasttage leisten konnte. Clyde seinerseits war glücklich mit seinen Rundungen, er machte sich nichts aus Jane Fondas Aerobics oder aus Schnell-Schlank-Kuren. Er liebte seinen Proviant und die gelegentlichen Süßigkeiten und Erdnüßchen, wie sie tagsüber ungehörigerweise von Besuchern herübergeworfen wurden, die das Schild «Füttern verboten» ignorierten, aber für seinen Bärenhunger war das kein Ersatz.

Ginger beschloß, abzuwarten. Bestimmt würden die Magensäfte des Eisbären ihn schließlich zu den köstlichen Heringen und Ochsenfleischbrocken in die Höhle ziehen. Und dann WUMM!

Clyde indessen übte ein wenig «Seitendenken». Er ging die Sache an wie Pfadfinder oder Kadetten, die auf Initiative getestet werden, zum Beispiel: Wie kommst du über einen Fluß mit nichts als einer Schachtel Reißnägel und einem Pyjama? Er sah sich in seiner Anlage mit Felsen und Wasserbecken um. Keine Reißnägel, kein Pyjama – nur eine große blaue Plastiktonne schaukelte im Wasser, mit der die beiden Bären tagsüber Wasserpolo spielten. Heureka! (Haben Sie, intelligenter Leser, das Rätsel schon gelöst?) An diesem Abend kam Ginger wieder mit frischem Futter, um es in die ferne Ecke der Höhle zu legen. Wie immer ging der Chefwärter dann zum Hebel, der das Gitter löste, und wartete. Heute würde Clyde bestimmt mit vollem Bauch drinnen schlafen. Teilnahmslos (er wollte sich nicht mit einem Grinsen zu früh verraten) wandte Clyde der Höhle den Rücken und sprang mit meisterlicher Selbstsicherheit ins Wasser. Er paddelte lässig zu der blauen Tonne, nahm sie zwischen die Pranken und warf sie auf die Felsen. Dann hievte er sich heraus, schlenderte zu der Tonne hinüber und rollte sie der Höhle entgegen. Dort angekommen, stellte er die Tonne fest unter das Torgitter, wodurch dieses schamlos und definitiv verkeilt war. Zufrieden mit seiner Kriegslist, bummelte der Bär dann in die Höhle, warf Ginger einen Blick zu, na, Sie wissen ja, wie undurchdringlich, wie chinesisch Eisbären sind, und ließ sich zum Mahl nieder. Spiel, Satz und Match. Clyde schlief für den Rest des Sommers im Freien, aber da er schließlich niemandes Narr war, entfernte er seine Tonne, als das Wetter umschlug, und wurde wieder ansäßig.

EIN ANDERER ELEFANT, EIN ANDERER ORT

Es ist eine Untertreibung, wenn ich sage, daß ich mit einem tiefen Gefühl des Déjà-vu die tragische Geschichte des Elefanten Mary nachschaffen half, als die BBC die Anfangsserie von «One by One» nach den ersten drei Bänden meiner Autobiographie drehte. Als technische Berater wirkten Andrew und ich gerne in den Abteilungen für Spezialeffekte und Ausstattung mit, um die Szenen, in denen Veterinärarbeit geleistet wurde, so realistisch wie möglich zu gestalten. Für die Geschichte von Jane, dem Orang-Utan-Weibchen mit postnatalen Depressionen, das meine Frau gepflegt hatte, bis es wieder gesund und glücklich war, beaufsichtigten wir in der Abteilung für Spezialeffekte das Modellieren eines unheimlich echten «totgeborenen» Fötus, akkurat mit roten Haaren an den richtigen Stellen und mit einer Nabelschnur. Hingegen war es unmöglich, in einem Zoo in Großbritannien einen weiblichen Orang-Utan aufzutreiben, der zahm und verläßlich genug war, um das tote Kind in den Armen zu wiegen und es sich dann von der Schauspielerin Heather James sanft wegnehmen zu lassen. So arrangierten wir über unseren Partner Marty Dinnes in Kalifornien den Einsatz des unglaublich begabten männlichen Orangs (der allerdings das Gesicht eines Weibchens hat), der im Clint-Eastwood-Film «Every Which Way But Loose» mitwirkte. Dieser unwahrscheinliche Menschenaffe flog mit zwei Betreuern nach England und spielte seine Rolle perfekt, ohne jeden Patzer oder verpaßten Einsatz. Die Aufnahmen fanden unter strengen Quarantänebedingungen statt, die ich im Auftrag des Landwirtschaftsministeriums selbst überwachte, und nach zwei Tagen hüpfte der Orang wieder ins Flugzeug nach Los Angeles, um mehrere tausend Dollar reicher. Für Szenen mit einem verletzten Tiger hatten wir einen echten Bengalen aus dem Chipperfield-Zirkus, dem die einwachsenden Zehennägel geschnitten werden mußten, und daneben ein im Museum erstandenes ausgestopftes Modell. Diesem bauten die BBC-Techniker drei ausgeklügelte motorisierte Pumpen ein, von denen die eine Thoraxatmung simulierte, die zweite Bauchatmung (wie sie bei einem entspannten oder mit Sedativa ruhiggestellten Tiger zu sehen ist) und die dritte einen brillant natürlichen Puls in der Halsschlagader des «gedopten» Tigers erzeugte. Diese mechanischen Apparate wurden über Drähte bedient, die den Körper des Tieres durch den After verließen und außerhalb des Kamerablickwinkels zu einem Techniker führten.

Es war ein großes Vergnügen, Joyce Dean zu helfen, die das Ausstattungsteam leitete und eine Meisterin im Nachahmen von Wunden, Geschwüren und Verletzungen aller Art war. Joyce und ihre Assistentinnen arbeiteten nach Fotos von wirklichen Verletzungen und Krankheiten und nach medizinischen Handbüchern. Ich staunte, wie sie mit Plastik, Wachs, Farben, Klebstoffen und einer Menge professioneller Tricks Abszesse, Wundbrand, Risse, Fisteln und Krebsgeschwüre herstellen konnten, die ich glatt als echt diagnostiziert hätte. Wenn ein «Tumor» operativ vom Bein eines Elefanten entfernt werden mußte, dann leimte man die Plastikgeschwulst mit der in Theaterblut getränkten schwammigen Unterlage und den von mir angenähten «Innereien» aus Filetsteakstreifen mit Hilfe von Schnurrbartkleber an den Schenkel des unbeteiligten Tigers. Darüber kam ein perfekt passendes Stück graue Plastikmasse, die nach einem Abguß der betreffenden Stelle angefertigt war und alle natürlichen Fältchen und Spalten der Elefantenhaut aufwies. Wir hatten drei dieser Tumormodelle: eines für Einstellungen in der Totale, eines für Nahaufnahmen, bei denen man meine Hände sah, wenn ich den Einschnitt machte, und eines als Reserve «für alle Fälle». Dann hatten wir noch weitere Modelle für verschiedene Stadien der Operation – Tumor halb draußen, ganz draußen, Wunde halb vernäht und ganz vernäht. Liebevoll verwendeten Joyce und ich ein spezielles Gel (damit die Gewebe glänzten), Fleisch, Sprays von Wasser und verschiedenen Sorten künstlichem Blut, um diese kostspieligen Präparate zu vervollkommnen, kurz bevor die Kameras liefen. Für die pulsierenden Blutstöße aus Arterien wurde entweder ein Röhrchen benutzt, das zu einer im Bild nicht sichtbaren Injektionsspritze führte, oder ich lag auf dem Boden unterhalb der Kamera – wie bei einer denkwürdigen Gelegenheit – und bespritzte in den richtigen Augenblicken Rob Heyland, der Don Turner (also mich) spielte, mit Blut aus einer angeblich gerade von ihm durchtrennten Arterie. Das war nicht so einfach, wie es klingt. Aufnahme um Aufnahme spritzte ich entweder zu stark oder zu schwach, zu weit nach links oder zu weit nach rechts – der Regisseur wollte ja nicht, daß Rob in Scharlach getaucht war wie das Opfer in einem Hammer-Film (es war ein Familienprogramm, das am Sonntagabend um 7.15 Uhr ausgestrahlt werden sollte), und jedesmal, wenn ich falsch traf, mußte die Garderobiere Maggie für Rob wieder einen identischen sauberen Operationskittel finden.

«Blut» in rauhen Mengen wurde benötigt, als wir die Geschichte über Cuddles filmten, das Schwertwalweibchen vom Flamingo-Park, das wegen Darmgeschwüren starke Blutungen erlitt, so daß sein ganzes 13 500-Hektoliter-Wasserbecken sich entsetzlich rot färbte. Das Ereignis sollte im Marineland Côte d'Azur in Frankreich nachgespielt werden, und ich hatte die Aufgabe, zu entscheiden, wie das wirkungsvoll und gefahrlos zu bewerkstelligen war. Das französische Becken ist noch viel größer als das im Flamingo-Park und enthielt drei große Wale. Ich mußte eine Substanz finden, die eine große Masse Meerwasser blutrot färbte, ohne jedoch auf den Beckenwänden oder auf der teilweise weißen Haut der Wale Flecken zu hinterlassen, die Augen der Tiere auch nur im mindesten zu reizen oder beim Verschlucken schädliche Auswirkungen zu haben. Blut aus dem Schlachthof, Bühnen-«Blut» und tiefrote Farbstoffe gewisser Sorten kamen aus Hygiene- oder Kostengründen oder wegen Unlöslichkeit in Meerwasser nicht in Frage. Außerdem mußte nach den Dreharbeiten das rote Wasser gleich wieder weg. Das Abwasser von Marineland läuft über einen kurzen, trägen Bach direkt ins Meer – 13 500 Hektoliter rote Flüssigkeit würden die Stadtverwaltungen an der Côte d'Azur, die ohnehin genug Sorgen mit der Gewässerverschmutzung hatten, die Wände hochtreiben. Als hier einmal im Vorjahr ein See-Elefantenweibchen nach heftiger Paarung eine akute Vaginalblutung erlitten hatte, war das Meer in der Nähe der Einmündung des Baches deutlich rotgefärbt gewesen, und dabei konnte die Robbe höchstens fünf oder sechs Liter Blut verloren haben. Wir benötigten also einen roten Farbstoff, der sich nach Gebrauch beseitigen ließ – am besten mit flüssigem Chlor, das in jedem Marineland für die Reinigung des Wassers zur Genüge vorhanden ist. Lebensmittelfarbe schien die einzige richtige Lösung zu sein; ich wollte es mit einer Flüssigkeit versuchen, die Kuchenglasuren oder Gelees eine hübsche, ungiftige Rottönung verleiht. Ein Fläschchen davon wurde beim Lebensmittelhändler gekauft, mit einem Eimer voll Meerwasser vermischt, und siehe da: blutiges Wasser! Und was das Beste war: Wenn man wenige Tropfen Chlorbleichmittel beifügte, verschwand die Farbe. Ich sorgte dafür, daß die BBC die reine Chemikalie in konzentrierter Form bekam, und rechtzeitig traf die Requisitendame mit einer Zweikilodose Amarant in Pulverform in Frankreich ein, doppelt soviel, als nach unseren Berechnungen nötig war, um das ganze Becken zu färben.

Ein paar Stunden vor dem Drehen der Cuddles-Szene hämmerte der Marinelanddirektor Mike Riddell an die Tür meines Hotelzimmers. Er war konsterniert. John Kershaw, der Cheftrainer, hatte einen Teelöffel voll von dem roten Farbstoff in einem meerwassergefüllten Ausguß in der Fischküche ausprobieren wollen. Und voilà: Der Ausguß, ein Großteil der Küche und John selbst seien hochrot und würden immer röter! Die Wirkung der Chemikalie scheine sich von Minute zu Minute zu verstärken; der Ort sehe aus wie eine Vision der Hölle, mit John als dem Teufel persönlich. Schlimmer noch, das Rot beflecke Haut und Kachelwände – einfach alles – und gehe mit Chlor nicht weg. Johns signalrote Hände und Gesicht (er hatte vorsorglich den Kopf in das gefärbte Wasser gesteckt und die Augen geöffnet, um mit Sicherheit sagen zu können, daß der Stoff keine Reizungen hervorrief) seien dramatisch anzusehen.

«Wenn Sie das ins Becken schütten, habe ich nachher schwarz-rote Schwertwale, David», sagte Michael, selber ziemlich himbeerrot im Gesicht. «Und nachdem das Chlor dieses Zeug nicht auswäscht, werden der Bach und das Meer da draußen eine einzige Sauerei sein. Wenn die Villenbesitzer nebenan morgen die Vorhänge ziehen und so etwas sehen, werden sie a) vor Schreck tot umfallen oder b) die Leute vom Umweltschutz in Minutenschnelle mobilisiert haben. Abgesehen von der Polizei, die glauben wird, sie hätte es mit einem Megamord an der Rue Morgue zu tun. Die Dreharbeiten sind gestrichen!» Ich war, gelinde ausgedrückt, fassungslos. Die Lebensmittelfarbe hatte doch in England gut funktioniert. Das Pulverkonzentrat war mit Sicherheit derselbe Stoff. Konnte es einen Unterschied in der Meerwasserbeschaffenheit zwischen Southampton und Nizza geben? Unwahrscheinlich. Die Möglichkeit, eine vierzig Mann starke BBC-Truppe für nichts und wieder nichts nach Nizza gebracht zu haben, stand deutlich im Raum.

Ich raste mit Michael zum Marineland hinaus, um mir die Ergebnisse von Johns Versuchen in Küchenausgußchemie anzusehen. Es stimmte: Der Chefwärter sah aus, als hätte man ihm gerade auf einem aztekischen Sonnenaltar lebend die Haut abgezogen.

«Ich habe nur einen Teelöffel voll von dem Teufelszeug genommen», sagte John hilflos, «was soll ich jetzt bloß tun?» Ich wollte sein Experiment selber nochmals durchziehen. Dazu füllte ich den Ausguß neu, nahm ganz wenig Pulver aus der Büchse – soviel, wie auf einem Streichholzkopf Platz hätte – und schüttete es ins Wasser. Es löste sich auf, und im Nu war der Ausguß voll Blut. Ich wirbelte mit den Händen darin herum, zog sie heraus – keine Flecken. John hatte ahnungslos viel zuviel Pulver verwendet. Dieser Amarant war ungeheuer stark konzentriert. Irgendwo waren unsere Berechnungen schiefgelaufen, und die BBC hatte genügend Pulver eingekauft, um sämtliche Bäcker und Konditoren Frankreichs für ein Jahrhundert mit roter Farbe einzudecken. Mit Herzklopfen goß ich ein wenig Chlor in den Ausguß. Sofort war die Brühe gebleicht. Erleichtert und hinsichtlich der Leistungsfähigkeit moderner Farbstoffe besser informiert als vorher, machte ich mich daran, John mit einem Schwamm und starker Chlorlösung abzuwaschen, die schnell, bevor sie ihn verbrennen konnte, mit einer Natriumhyposulfitspülung neutralisiert wurde. Nach und nach erhielt er seine normale, gesunde Sonnenbräune zurück. Die Cuddles-Dreharbeiten in Marineland konnten beginnen. Blutiges Wasser umwirbelte den Schwertwal Kim, der Cuddles spielte, und wir brauchten insgesamt nur eine halbe Kaffeetasse von dem Farbstoff. Als das rote Wasser schließlich zum Meer abfloß, eliminierten die Chlorpumpen der Wasserreinigungsanlage von Marineland die Farbe, und nicht ein Tropfen des gefälschten Hämoglobins schlüpfte durch, um das Mittelmeer vor dem Boulevard des Anglais zu beflecken. Durch einen merkwürdigen Zufall spie eines wundersamen Morgens, ein paar Tage danach, der Brunnen auf dem Hauptplatz von Antibes weinrotes Wasser. Rob Heyland betrat mit harmloser Miene den Schauplatz, setzte sich auf den Brunnenrand und offerierte Kostproben aus einer Flasche mit echtem Wein, die er angeblich gerade mit diesem verwandelten Wasser gefüllt hatte. Rob tauchte blitzschnell in der Menge unter, als ein Trupp aufgeregter städtischer Beamter und ein Polizist in Sicht kamen, aber nicht bevor seine Degustation einen kleinen Prozentsatz der abergläubischen Bürgerschaft dazu gebracht hatte, offen darüber zu spekulieren, ob sie nicht vielleicht ein Himmelswunder erlebt hatten an diesem neunten Oktober, dem Festtag des französischen Nationalheiligen Dionysius.

In der Filmequipe war ich anerkannt als unangefochtener Experte in einem ziemlich eng begrenzten Bereich der Spezialeffekte: der Herstellung von Exkrementen und Erbrochenem. Mein Meisterstück, ein 100-Gallonen-Tank (etwa 450 Liter) voll Elefantendiarrhö, so perfekt, daß selbst der Elefant Bill den Unterschied nicht bemerkt hätte, wurde von mir (Freiwillige waren an dem Tag rar) handgemischt aus Milch, Bisonkot, weißer und gelber Farbe. Man redet in den Korridoren der BBC heute noch davon. Medizinisch wäre ich damit zu den Skatologen zu zählen, aber von einem Freund habe ich soeben erfahren, daß die Archäologen ein Wort für Fäkalien haben, die sie bei ihren Ausgrabungen finden: Koprolithen. Ein wunderbar praktisches Wort mit einem so höflichen, wissenschaftlichen Klang. Es tönt wie der Name eines seltenen Minerals oder einer hübschen Muschel. Ich kann gut verstehen, wie wichtig es für die Gelehrten ist, ein solches Wort zu besitzen. Man stelle sich vor, daß in einer hochgebildeten Dissertation nichts Besseres zu lesen wäre als «... und in der Vorhalle von König Nebukadnezars Palast stießen wir auf einen 3,46-Kilo-Haufen Scheißdreck». Nein, das ist undenkbar. Sollte die Nachfrage nach meinen Diensten als Schöpfer von Theaterexkrementen jemals den Höhepunkt erreichen, an dem ich meinen Beruf als Tierarzt aufgeben muß, dann werde ich auf meine Visitenkarten drucken lassen: «David C. Taylor. Bühnen- und Filmkoprolitheur. Keine Aufgabe zu groß.»

Natürlich wurde bei der ganzen Filmerei niemals ein Tier verletzt oder geplagt. Geschickte Cutter mischten die Aufnahmen von gefälschten und lebenden Tieren, und viele der in Nahaufnahme gezeigten Operationen wurden in Wirklichkeit an Plastikhäuten ausgeführt, die man über Strohballen gespannt hatte. Trotzdem bekamen wir Briefe von Zuschauern, die sich bitter beklagten wegen der Tiere, die wir gequält oder gar getötet haben mußten, um die Filme zu machen. Das war Unsinn – die guten

Leute hatten sich durch die Kunst der modernen Filmemacher täuschen lassen. Ich meine allerdings, sie hätten den Grips haben müssen, so etwas zu vermuten, bevor sie zu Feder und Papier griffen. Aber die ausgezeichnete Szene, die so viele eindringliche Erinnerungen in mir wachrief, weil sie dem mehr als zwanzig Jahre zurückliegenden tatsächlichen Geschehen sehr nahe kam, war die, in der dem Elefanten Mary ein Zahn gezogen werden mußte. Es war wirklich bewegend, Peter Jeffries, Himmy Ellis und Rob Heyland im Dudley-Zoo das spielen zu sehen, was ich damals im Bellevue als junger Zooveterinär bei meiner ersten Erfahrung in Elefantenzahnheilkunde als einige fast unerträglich anspannende Stunden erlebt hatte. Für den Film gaben wir einem von Chipperfields Elefanten, der sowieso eine Blutprobenentnahme und Pediküre brauchte, eine leichte Narkose; die gewaltige Operation aber, bei der wir den großen Zahn mit Meißeln, Holzhämmern und Brecheisen aushoben, geschah an einem phantastischen Modell eines Elefantenkopfes. Das Wunderwerk beanspruchte die Abteilung Spezialeffekte monatelang und kostete viele tausend Pfund, aber am Ende konnte es alles, was ein lebendiger Elefantenkopf tut, außer denken. Es rollte die Augen, blinzelte, wakkelte mit den Ohren, sabberte, bewegte die Zunge und stieß sogar dampfenden Atem aus (im Innern kauerte ein Mann mit einem elektrischen Teekessel!). Das Modell war anatomisch perfekt von der Hautbeschaffenheit bis zur inneren Struktur des Kieferknochens. Nur *ein* Stück war nicht nachgemacht, nämlich der Zahn, der bei der Operation entfernt werden mußte. Es war Marys wirklich gezogener Zahn, den ich all die Jahre als Souvenir behalten hatte. Wir fertigten einen «Wurzelabszeß» aus einem Schwammklumpen und nähten ihn mit Nylonfaden an eine der Wurzeln. Der Zahn wurde in den Glaswollkiefer eingesetzt und mit rosigem Latexzahnfleisch umgeben. Damit Rob mit seinen Instrumenten realistisch hacken konnte, war eine Stelle in der Glaswolle gelockert und mit Spezialmörtel gefüllt worden. Außerdem waren seine Meißel aus Aluminium, so daß er auch bei kräftigem

Zuschlagen nur wenig vorankam – es war wichtig, die armlähmende Anstrengung zu simulieren, die im Original sechs Stunden gedauert hatte. Im Wurzelstock steckte ein Schlauch, der im Verlauf des Eingriffs jeweils die genau richtige Menge Blut ausstieß. Letzte Feinheiten wie sikkernde Haargefäße und Schleim brachten Joyce und ich erst ganz zum Schluß unter Verwendung von Wangenrouge und Gallert an. Alles in allem war die Verfilmung von Marys böser Zahngeschichte ein großer Erfolg, und weil ich sie auf diese Weise noch einmal durchlebte, war ich nicht nur körperlich, sondern auch seelisch erschöpft, als Regisseur Chris Baker am Ende des Drehtages «einpacken» rief.

Nachdem die Episode ausgestrahlt war, strömten tatsächlich Briefe herein. «Abscheulich, einem Elefanten einen Zahn auszureißen, bloß um einen Film zu machen.» «Unmoralisch, das arme Geschöpf so zuzurichten und dann auch noch zu töten.» (Die Szene mit dem toten, nicht mehr atmenden Elefanten entstand durch das Einfrieren einer Aufnahme des liegenden, aber sehr lebendigen Chipperfield-Tieres.) Einige Briefe schäumten geradezu vor wüsten Beschimpfungen. Eine Dame schrieb sogar, es sei schludrig gemacht worden – ihr Mann habe in einem Zoo gearbeitet und kenne sich in solchen Dingen aus. Der Zahn sei viel zu klein gewesen, und Elefantenzähne sähen überhaupt ganz anders aus. Ich fragte mich, was wohl die alte Mary davon gehalten hätte. Es war ihr Zahn, vier Kilo schwer, der ihr die furchtbaren Schmerzanfälle bereitete, die zur damaligen Operation führten, zu ihrem Tod an hypostatischer Pneumonie und indirekt zu dieser Fernsehserie. Ich kann mir vorstellen, wie sie ihren lieben alten staubigen Rüssel hochgerollt, mit ihren dunklen, feuchten Augen geblinzelt und sogar das Mampfen eines ihrer Lieblingskrapfen unterbrochen hätte, wenn jemand mit der Behauptung daher gekommen wäre, sie sei kein richtiger Elefant mit richtigen Zähnen.

Während wir die erste Serie drehten, geschah etwas, was die Mary-Saga und ihre Verfilmung in mancher Hinsicht abrundete. Mary Chipperfield rief an, Freunde von ihr hätten eine Elefantennummer in einem kleinen italienischen Wanderzirkus, der gerade durch Spanien ziehe. Ein wirklich kleiner Zirkus, denn die Elefantentruppe bestand aus einem einzigen asiatischen Elefanten, der das ein und alles von Marys Freunden war. Sie hätschelten ihn und lebten buchstäblich mit ihm zusammen: Sie hatten die eine Hälfte des Elefantenwagens, er die andere. Er war ihr Lebensunterhalt, ihr Kind, ihr bester Freund. Und jetzt sei er sehr krank im Hafen von Alcudia, Mallorca. Ob ich nicht hingehen und nach ihm sehen könne? Was Mary schilderte, hörte sich sehr nach einem Zahnproblem an: Die Elefantendame mittleren Alters habe seit drei Tagen nichts gegessen und keinen Tropfen getrunken. Sie könne nicht schlafen und leide offensichtlich an großen Schmerzen, irgendwo im Maul. Normalerweise umgänglich wie ein Schmusekätzchen, lasse sie jetzt ihre Besitzer nicht an ihren Kopf heran und sei ständig und ganz gegen ihre Art schlechter Laune. Es klang, als hätte da eine zweite Mary dringend eine Zahnbehandlung nötig. Wieder buchte ich einen Platz im letzten Flugzeug nach Mallorca (die Insel schien in jenen Tagen das zoologische Zentrum Europas zu werden) und packte eine Auswahl eher ungewöhnlicher Instrumente in die Bereitschaftstasche – Einbruchswerkzeug: Mehrere rostfreie Maurermeißel, 30 und 45 cm lange Brecheisen und einen schweren Eisenhammer. Ferner entschied ich mich für einen «Roßknebel», ein starkes F-förmiges Gerät, das nützlich sein konnte, wenn es galt, die engen Kiefer eines narkotisierten Elefanten offenzuhalten. Daneben enthielt die Tasche natürlich die übliche Ausrüstung, spezielle Betäubungsmittel, Notmedikamente, eine Auswahl Spritzen und Nadeln und die wichtigsten chirurgischen Instrumente – genug, um beispielsweise an einem großen Tier einen Kaiserschnitt auszuführen oder im einen oder andern Magen herumzuwühlen. Bei der Sicherheitskontrolle in Heathrow wurde die Tasche nach der Durchleuchtung beiseite genommen. Ein Sicherheitsbeamter öffnete sie und überprüfte den Inhalt. Die bunte Sammlung von Meißeln und Brecheisen und das Etui mit den Skalpellen, die schärfer sind als Rasiermesser, beachtete er überhaupt nicht. Was ihn hingegen faszinierte, war der Roßknebel, den er mit grimmiger Miene herausnahm, in den Händen drehte und anstarrte.

«Tut mir leid, das können Sie nicht mitnehmen.»

«Warum nicht?»

«Weil ... weil ich fürchte, das geht nicht.»

Der Knebel ist ein recht einfaches Ding. Die F-Form besteht aus einer senkrechten und zwei waagrechten Chromstangen und steckt in einem schlichten Holzgriff. Der Abstand zwischen den Querstreben läßt sich mittels einer Schraube mit Flügelmutter am unteren Ende der Längsstange verstellen. Aus naheliegenden Gründen hat das Ganze keinerlei scharfe Kanten oder gefährliche Spitzen. Es ist ein wenig altmodisch, versieht seinen Zweck aber noch sehr gut.

«Aber es ist doch keine Waffe, könnte auch nicht als solche benutzt werden», protestierte ich. Wenn man sich vorstellt, es würde einer ins Cockpit dringen, mit dem Ding fuchteln und den Piloten anschreien: «Sagen Sie ‹ah›, während ich Ihnen das hineinstecke, damit Ihr Maul offenbleibt ... oder fliegen Sie mich subito nach Moskau!»

«Ich weiß nicht, was es ist, aber es ... es sieht verdächtig aus.»

Von der Seite betrachtet, weist es vermutlich eine ganz, ganz schwache Ähnlichkeit mit einem Sturmgewehr auf, aber es ist alles augenscheinlich solide, kein Abzug, kein Magazin und nichts Gewehrlaufähnliches. Ich nahm ihm den Knebel ab, löste die Schraube und trennte die beiden Metallstücke. Sie sahen viel harmloser aus als die schimmernden Meißel.

«Da, sehen Sie – so einfach ist das.»

Der Sicherheitsbeamte hob die Teile auf und schüttelte den Kopf. «Sie können das keinesfalls ins Flugzeug mitnehmen!»

«Lächerlich», erwiderte ich. «Es ist eine Zwinge, etwas, mit dem man einem Elefanten das Maul aufsperrt ...»

«Und ich bin Rotkäppchen.»

«Und ich nehme zu einer dringenden Arztvisite immer nur Handgepäck mit. Ich will nicht Gepäck oder Zeit verlieren, wenn ich es aufgebe.»

Er holte tief und offiziös Luft und starrte an die Decke, als er endgültig bestimmte: «Es kommt in den Frachtraum, Sir, oder es kommt überhaupt nicht mit.»

Die arme alte Klemme wurde schließlich von einem Sicherheitsbeamten zwischen Zeigefinger und Daumen weggetragen, mit einem Ausdruck, als wär's so etwas wie eine Kreuzung zwischen einem überreifen Hering und einer entschärften Handgranate. Sie reiste als kontrolliertes Gepäckstück und kam Gott sei Dank heil in Mallorca an.

Als ich nach einer Fahrt quer über die Insel im Hafenstädtchen Alcudia eintraf, wo der kranke Elefant sich aufhielt, war es späte, dunkle, mondlose Nacht. Signor und Signora Crona stellten sich als Ehepaar mittleren Alters heraus, das sein ganzes Leben im Zirkus verbracht hatte. Es waren kleingewachsene, fleißige, freundliche Leute, bar jener theatralischen Auffälligkeit, die man bei kontinentalen Zirkusartisten so oft antrifft. Es fiel schwer, sie sich in Schminke und Flitter in der Manege vorzustellen. Beide begrüßten mich überschwenglich, und obwohl sie mir nach der langen Reise Kaffee anboten, lehnte ich ab und bat sie, mich gleich zu dem Elefanten zu führen und mir unterwegs die Vorgeschichte zu erzählen. Sie waren offensichtlich zutiefst besorgt, und meine Bereitschaft, unnötige Annehmlichkeiten beiseitezulassen, schien sie enorm zu trösten.

«Keine Sorge», sagte ich, als wir außen herum zur Elefantenhälfte ihres Zirkuswagens gingen. «Wir werden das schon hinkriegen.» Nicht eben vorsichtig, so etwas zu sagen, bevor man einen ersten Blick auf den Patienten geworfen hat. Signor Crona gab einen Freudenschrei von sich, packte meine Hand und küßte sie innig.

Der Zirkus war mit der Fähre nach Menorca weitergezogen, nur die Cronas und ihr Elefant blieben zurück. Ich hatte am Telefon darauf bestanden, hauptsächlich deshalb, weil Mallorca für mich viel praktischer war und ich hier das Marineland und andere Beziehungen hatte, auf die ich mich notfalls stützen konnte. Der Zirkuswagen stand auf einem kleinen Flecken Land gleich neben der Uferstraße. Licht gab es weder im Elefantenwagen noch draußen. Ich mußte meine Voruntersuchung beim Schein einer Taschenlampe vornehmen. Signor Crona schloß die Doppeltüren auf und gab mir die Lampe. Ich ließ den Strahl an einem riesigen, aber ziemlich dünn aussehenden Elefanten auf- und abgleiten, der mir gegenüberstand. Sein charaktervolles Gesicht war abgespannt und verzogen. Die Lider sanken vor Müdigkeit herunter, das Weiß der Augen war gerötet. Speichelfäden hingen aus dem halboffenen Maul, als das Tier sich gereizt und unruhig bewegte und mich ohne eine Spur der wohlwollenden Neugier ansah, die mir sonst entgegengebracht wird, wenn ich neue Elefantenbekanntschaften schließe.

«Brav, brav, brav!» flüsterte ich in dem Zirkusdeutsch, das international unter Elefantenleuten zur Beschwichtigung und Ermunterung üblich ist, und hob ganz langsam die freie Hand dem Kopf des Tieres entgegen. Ich war noch keine fünf Zentimeter weit gekommen, als es mit einem durchdringenden Schrei der Wut und Qual den Rüssel hochwarf. Mein Rückwärtssprung war nicht ganz flink genug. Die Rüsselspitze klatschte mir an die Seite des Kopfes. Es fühlte sich an wie ein Hieb mit dem Gummiknüppel. Das unglückliche Tier hatte zweifellos furchtbare Schmerzen.

«Okay, schließen Sie sie wieder ein.» Ich rieb mir den surrenden Kopf. «Zahnschmerzen, soviel steht fest. Ich werde sie morgen früh zuerst betäuben müssen.» An diesem Platz ohne Licht, ohne Innenraum, ohne Zirkuszelt wäre es unmöglich gewesen, nachts zu operieren. Signora Crona war den Tränen nahe, als wir uns in einer nahen Bar hinsetzten, um meine Pläne zu besprechen.

«Aber, Herr Doktor – glauben Sie, daß sie eine Chance hat? Wird sie eine Narkose vertragen? Wo wollen Sie operieren? Sie ist unser Leben – sie ist alles, was wir haben.»

Der Fernseher lärmte in voller Lautstärke, wie in allen spanischen Bars, eine Gruppe Einheimischer lachte in einer Ecke bei einem Würfelspiel, und der Wirt, seine Frau und Töchter stapelten Stühle auf die Tische, denn es war bald Lokalschluß. Gott sei Dank ist nicht Saison, es sind fast keine Touristen da, dachte ich. Mary, der Bellevue-Elefant, ist immer dabei, wenn ich mich mit Zahnproblemen ihrer Artgenossen herumzuschlagen habe. Aber ein Vierteljahrhundert danach wird mir nicht mehr übel, wenn ich weiß, daß ich das größte aller Landsäugetiere narkotisieren muß, einen Dickhäuter, der über 6000 Kilo wiegen kann. Mary starb, weil die Zoo-Anästhetika jener Tage zwar gut, aber nicht gut genug waren. Weder wirkten sie schnell, noch waren sie reversibel. Heute gehört für mich der Elefant zu den exotischen Tierarten, die am leichtesten zu betäuben sind – vorausgesetzt, man befolgt gewisse einfache Richtlinien. So seltsam es erscheinen mag, die Dosis des bevorzugten Narkosemittels, die es braucht, um einen großen afrikanischen Elefantenbullen zu betäuben, ist geringer als die für einen durchschnittlichen Hirsch. Während ich meinen Kaffee und Kräuter-Schlummertrunk genehmigte, unterbreite ich den Cronas meine Pläne für den Morgen.

«Wir fangen um sieben Uhr an, bevor irgendwelche Touristen aufkreuzen. Ich werde sie direkt auf der Promenade stillegen, da ist es glatt, sauber, und wir haben eine Menge Platz. Alles, was ich von euch will, ist, daß ihr eine dicke Vier-mal-vier-Meter-Lage Stroh hinlegt und mir zwei Eimer Wasser, Seife und ein Handtuch besorgt.»

«Das ist alles?»

«Ja – und jetzt gehe ich zu Bett. Ich bin müde, aber ich werde Punkt sieben Uhr auf der Promenade sein.»

«Aber das ist dicht am Wasser, wie soll ich sie da anketten? Und wenn sie nicht aufstehen kann?»

Signor Crona blickte erbärmlich hilflos drein, und seine Frau betupfte sich die Augen mit dem Taschentuch.

«Sie brauchen nichts weiter zu tun, Signore, als sie aus dem Wagen auf das Strohviereck zu führen und da ein paar Sekunden festzuhalten, während ich ihr eine Spritze verpasse. Wenn wir ein bißchen Glück haben, ist sie um neun wieder im Wagen und alles vorbei.»

«Bis dahin hat sie viereinhalb Tage lang nichts gefressen oder getrunken – kann sie das durchstehen, Herr Doktor?»

Die fehlende Flüssigkeitsaufnahme machte mir auch Sorgen, aber ich hatte schon mit Elefanten zu tun gehabt, die viel länger als fünf Tage nichts getrunken hatten – ihr großer Magen voll in Verdauung begriffener Vegetation enthält eine ordentliche Menge Reservewasser. Tun konnte ich sowieso nichts: Wie soll man einen Mammut-Tropf mit Salzlösung anbringen? Nein, die Hauptsache war, wie so oft, daß man so schnell wie möglich operierte und den körperlichen Streß des armen Geschöpfes so klein wie möglich hielt. Wenn die Schmerzursache beseitigt war, würde es wohl nicht lange dauern, bis der erlöste Patient soviel Flüssigkeit aufnahm, wie er nur brauchte.

«Sie wird durchhalten, ganz sicher – glauben Sie mir. Gute Nacht.»

Ich wagte gar nicht, mir vorzustellen, daß etwas schiefgehen könnte, geschweige denn, an die Krisen zu denken, die selbst bei den simpelsten Anästhesievorgängen aus dem Nichts auftauchen können, während ich zum nächstgelegenen Hotel ging. Der letzte Elefantenzahn, den ich «gezogen» hatte, war die Filmsequenz am Modell von Mary im Dudley-Zoo gewesen. Morgen würde es nicht Rob Heyland sein, dem der Schweiß herunterlief (mit Hilfe von Mineralwasserspray), und das Blut würde nicht Joyce Deans Flasche mit Kensington-Theaterblut sein – sondern ich, auf mich selbst gestellt, mit sehr echtem menschlichem Schweiß und wirklichem Elefantenblut. Kein Regisseur, keine Wiederholungen. Erste Aufnahme – Klappe – Action.

Am Morgen ging die Sonne an einem wolkenlosen Himmel auf. Die Temperatur war kühl, es wehte die sanfteste aller freundlichen Brisen. Im Verlauf der Jahre hatte ich unglaubliches Glück mit dem Wetter bei Operationen im Freien gehabt. Ausgenommen bei einem Davidshirsch mit ausgeschlagenem Auge und den isländischen Schwertwalen haben mir, beziehungsweise meinen Patienten, jeweils die Götter gelächelt und Regen und

Wind zurückgehalten, bis der letzte Faden verknüpft war. Ich ging zur Promenade und sah, daß Signor Crona einen tadellosen, mehr als einen halben Meter dicken Strohteppich unweit der Ufermauer vorbereitet hatte. Es war der öffentlichste Ersatz-Operationshörsaal, in dem ich je gearbeitet hatte: kein Schuppen, keine Sicherheitsmauer oder -abschrankung, nichts – wenn etwas schiefging. Angenommen, der Elefant kam nach der Operation nicht auf die Beine: Was würde die Guardia Civil wohl von einem rekonvaleszenten Elefanten halten, der die öffentliche Durchgangsstraße vielleicht tagelang blockierte? Wie vorausgesagt, war kaum ein Tourist zu sehen, aber wie würde es sein, wenn sich die Sache, womöglich sehr blutig, über den ganzen Tag hinzog oder wenn – nicht dran denken, Junge! – die guten Bürger von Alcudia sich am späteren Vormittag zu ihren *cortados* aufmachten und drei Tonnen totes Elefantenfleisch fanden, das auf Beseitigung wartete? Man durfte keine Zeit verlieren.

«Bringen Sie sie leise heraus, und stellen Sie sie mitten auf das Stroh», sagte ich. Die Cronas sahen aus, als hätten sie beide kein Auge zugetan. Sie gingen zum Wagen, öffneten die Türen, und zum erstenmal konnte ich das kranke Tier richtig sehen. Es war selbst für einen ausgewachsenen asiatischen Elefanten riesengroß, und als sie es, ohne den Kopf anzufassen, die Rampe herunterlockten, sah ich, daß die paar Tage ohne Nahrung und vor allem ohne Wasser sehr an ihm gezehrt hatten. Keine Rundungen an den richtigen Stellen, die Haut zusammengezogen und trocken. Es beäugte mich mit müdem Widerwillen, während es sich am bezeichneten Ort hinstellte. Beide Cronas redeten unablässig und leidenschaftlich ernst in einer Mischung von Italienisch und Zirkusdeutsch auf es ein.

«Glauben Sie, daß Sie sie an einem Ohr so lange festhalten können, bis ich ihr die Spritze ins Hinterteil gegeben habe?» fragte ich. Signor Crona, bleich und unrasiert, bekreuzigte sich und schloß einen Moment die Augen.

«Ja, Herr Doktor – sicher, ja.» Er schaute zu seinem

turmhohen Kind hoch. «Bambino, mein Kleines.» Tränen glitzerten im Licht der noch tiefstehenden Sonne, als er eindringlich flehte: «Nur dieses eine Mal, Dio mio, laß mich dich noch halten.» Er faßte nach ihrem Ohr. Sie wedelte ein wenig mit dem Rüssel, ließ ihn aber gewähren. «Gut, Doktor – Sie können.» In meiner Spritze hatte ich weniger als einen Teelöffel voll goldfarbene Flüssigkeit – ein starkes Betäubungsmittel. Mary hätte noch leben können, wenn damals das Immobilon schon erfunden gewesen wäre. Während die Cronas leise Ave-Marias beteten, betupfte ich die linke Hinterseite des Elefanten sanft mit Jod, hielt den Atem an und jagte die 5 cm lange Nadel in den Muskel. Bis dahin wurden die italienischen Gebete erhört; das Riesentier blieb regungslos stehen. Ich setzte die Spritze zusammen und drückte den Kolben nieder. Drin! Jetzt gab es kein Zurück mehr.

Nach drei Minuten begann der Elefant zu zittern und knickte dann ganz langsam in den Knien ein. Ich liebe Immobilon bei Elefanten: Sie krachen nicht mit Wucht zu Boden, sondern sinken zusammen, als wären sie aus Gummi und jemand hätte eben den Stöpsel gezogen, um die Luft herauszulassen. Das Tier lag auf der Brust, in mehr oder weniger ausbalancierter Position. Ausgezeichnet! Ich hatte keinen Trupp stämmiger Zoowärter mit Seilen bei mir, um es herumzuziehen. Mary hatte flach auf der Seite gelegen, und der Druck auf den unteren Lungenflügel war die Hauptursache der tödlichen Pneumonie gewesen. Schnell kontrollierte ich Atem, Puls, Mundfarbe und Kapillarzirkulation. Alles war in Ordnung. Dicke, übelriechende Speichelschleier hingen von den Mundwinkeln herab. Es war Zeit, die Klemme anzubringen und die Sache abzutasten. In einem Elefantenmaul ist nicht viel Platz, und das meiste davon nehmen die massigen Mahlzähne in Anspruch. Doch ich habe eine kleine Hand, und ich ließ sie sehr vorsichtig über die knollige Zunge gleiten. Auch unter Narkose konnten die Kiefer reflexartig ein bißchen zusammenklappen, und wenn sich in einem solchen Moment meine Finger zwischen zwei Backenzähnen befänden, wären sie sogleich zu einem blutigen Brei zermalmt. Ich stieß sofort auf die Ursache des Übels.

Ein großer Zahn im rechten Unterkiefer ragte in einem abnormalen Winkel hoch. Er steckte diagonal im Kieferknochen. Das Zahnfleisch an seiner Basis fühlte sich schwammig und dick geschwollen an. Ein Zahnproblem, in der Tat, und was für eines! Mit einer Taschenlampe konnte ich den Übeltäter gerade noch erkennen. Er sah in seiner komischen Schrägstellung aus wie der Bug eines alten Segelschiffes, das auf ein rosa Korallenriff aufgelaufen ist. Marys Zahn hatte damals samt seinem Eitersack normal und tief im Kieferknochen gesteckt – wie ein Eisberg, von dem neun Zehntel unter der Oberfläche liegen. Dieser böse Backenzahn würde, wenn ich etwas Glück hatte, leichter zu entfernen sein. Elefanten haben bei ihrer Geburt insgesamt vierundzwanzig Zahn-«Knospen», und vierundzwanzig Zähne müssen ihnen für das ganze Leben reichen. Vier sind immer in Betrieb, zwei oben und zwei unten, die wie Mühlsteine aufeinanderpassen. Wenn die beiden vordersten abgewetzt sind, rutschen sie allmählich dem Kiefer entlang nach vorn und fallen schließlich aus, und die nächsten rücken nach. Ist das letzte Paar ausgefallen, dann muß der wildlebende Elefant verhungern. In einem Safaripark oder Zoo ist das natürlich anders; da bekommt er gekochten Reis, Melasse, Zuckerrübenfleisch und gehacktes Heu. Der älteste asiatische Zoo-Elefant, dessen Daten nachgewiesen sind, wurde 77 Jahre alt, viel älter als die meisten seiner Artgenossen in freier Wildbahn.

Meine Einbruchswerkzeuge hatten wir in einem Eimer voll Desinfektionsmittel sterilisiert. Signor Crona hielt die festsitzende Kiefersperre, seine Frau leuchtete mit der Taschenlampe, ich legte mich bäuchlings ins Stroh und streckte Hammer und Meißel ins Maul des Tieres. Wie ein Bergmann an einem sehr schmalen Flöz, hämmerte ich auf den steinharten Zahn ein, dicht am Zahnfleisch. Ich benötigte einen Halt für mein Brecheisen. Nach zwei, drei Minuten zog ich den Meißel heraus und setzte das Brecheisen in die so fabrizierte Nische. Bäng!

schlug ich es mit dem Hammer fest und begann mit aller Kraft zu hebeln. Es knackte knirschend, wie wenn grünes Holz bricht, und plötzlich kam der Zahn mit einem Sturzbach von Eiter und Blut hoch. Der Gestank war entsetzlich. Triumphierend zog ich den faulen Zahn von der Größe eines Ziegelsteins aus dem Maul des Elefanten. Das italienische Ehepaar schnappte nach Luft und geriet vor Freude fast aus dem Häuschen. Das Loch im Kiefer war so groß, daß meine ganze Faust darin Platz hatte. Ich wusch es mit mehreren Litern warmem Wasser und Tego-Antiseptikum aus und gab dann dem bewußtlosen Elefanten eine große Spritze Tetracyclin-Antibiotikum in die Schulter. Herz und Lunge funktionierten nach wie vor normal, als ich sie mit dem Stethoskop abhorchte. Jetzt kam die Zaubernummer. Ich füllte einen Teelöffel des blauen Gegenmittels in eine Spritze und injizierte es mit einer feinen Nadel in eine der Venen an der Ohrrückseite.

«Zurücktreten!» rief ich – ein Knäuel von Feriengästen und Einheimischen hatte sich inzwischen angesammelt. «In dreißig Sekunden steht sie.»

Pünktlich wie ein Uhrwerk seufzte der Elefant eine halbe Minute nach der Wiederbelebungsspritze tief auf, flappte mit einem Ohr und erhob sich in einer Wolke aus Strohstaub elegant auf die Füße. Es war knapp nach halb acht. Die Touristen brachen in laute Hurrarufe aus, die Cronas umarmten sich und weinten vor Erleichterung. Ich bin sicher, Alcudia hat in seiner ganzen Geschichte nie einen schöneren Anblick erlebt als diesen Elefanten, der an einem so strahlenden Morgen dort am Meeresufer stand.

«Sind die Schmerzen vorbei, Herr Doktor?» Signor Crona trat zu mir und drückte mich kräftig an sich. Das Gesicht des Elefanten wirkte bei weitem nicht mehr so angespannt und verzweifelt, aber vor Schlafmangel noch immer recht hergenommen.

«Das werden wir gleich sehen, Signora», antwortete ich. «Holen Sie einen Eimer warmes Wasser.» Der Eimer kam und wurde vor die Elefantendame hingestellt. Sie schaute darauf nieder, tauchte langsam die Rüsselspitze hinein und sog. Mehrmals zögerte sie, den Rüssel zum Maul hochzubiegen, aber zuletzt tat sie es doch und ließ eine kleine Menge Wasser hineinfließen. Man konnte die Überraschung, die Erleichterung, die Verwunderung in ihren Augen *sehen,* als sie die Stelle berührte, die so lange rasend geschmerzt hatte – wund war sie schon noch, aber die unerträgliche Qual war weg! Sie goß den Rest des Wassers ins Maul – es tat immer noch nicht weh! Hurtig tauchte der Rüssel nach mehr Wasser. Dann noch mehr – schnell war der Eimer leer. Eimer um Eimer wurde angeschleppt für die durstige Riesin, und während sie sich labte, wurde ihr Gesichtsausdruck immer weicher, sie rollte die Augen, und wir hörten sie schnurren. Das Schnurren eines Elefanten – tief, katzengleich, aber tausendfach verstärkt – ist eines der bezauberndsten Geräusche der Welt.

«Sie ist wieder glücklich!» rief die Italienerin und hob die Hand ans Maul des Tieres. Es nippelte daran wie in alten Tagen.

«Gehen Sie in die Bar, und holen Sie ein Tablett voll *ensaimadas»,* sagte ich zu Signor Crona. Das weiche, süße Blätterteiggebäck, das, wie man sagt, den Turbanen der einstigen maurischen Eindringlinge nachgeformt ist, war jetzt genau das richtige, um auszuprobieren, ob sie feste Nahrung zu sich nehmen konnte. Nach wenigen Minuten war der Italiener zurück mit einem Tablett, auf dem sich frischgebackene *ensaimadas* türmten. Ich nahm eine und bot sie dem Elefanten an. Der «Finger» an seinem Rüssel nahm sie mir zart ab, aber er zauderte nervös, sie ins Maul zu stecken. Würde er, würde er nicht? Er schwenkte sie vor- und rückwärts, dann schob er sie ganz langsam hinein. Wir warteten. Er wartete. Die *ensaimada* berührte den Tatort meiner Ausgrabungen. Fühlte sich nicht schlecht an – fühlte sich sogar recht gut an und schmeckte köstlich! Der Elefant schluckte das zuckrige Gebäck hinunter und griff gierig nach dem nächsten. Der *ensaimada*-Berg verschwand im Nu, zu jedermanns Entzücken.

«Mas ensaimadas!» Der Kellner kam herausgelaufen

mit einem neuen Tablett voll ofenwarmer Turbane, die das gleiche Schicksal erlitten. Ich habe noch nie ein Tier gesehen, dem Glück und Erleichterung so deutlich im Gesicht geschrieben standen. Es strahlte reine Freude aus bei diesem Frühstück. Eine dringende Bitte um Nachschub wurde zur nächsten und zur übernächsten Bar an der Straße geschickt.

«Waschen Sie ihr eine Woche lang nach der Fütterung das Maul mit Salz und Wasser aus, und lassen Sie sie ein paar Tage ruhen und ausschlafen, bevor Sie nach Menorca fahren», legte ich den Cronas ans Herz. «Und sonst – das wär's dann.»

«Miracolo», flüsterte die Signora, und dann posierten wir alle für Fotos, den stinkenden Zahn wie einen Fußballpokal hochaltend. Um halb neun Uhr nach dem Morgenessen *(ensaimadas* waren für niemanden von uns Menschen übriggeblieben) brach ich auf nach Palma und zum nächsten Flugzeug nach London. Während das Taxi durch die Mandel-, Oliven- und Orangenhaine, an den Äckern mit ihrer fruchtbaren roten Erde und den verfallenen Windmühlen vorbeifuhr, dachte ich natürlich an einen anderen Elefanten an einem anderen Ort und zu einer anderen Zeit. Sei gegrüßt, Mary.

EINE LAUSIGE KREBSGESCHICHTE

Ich bin im allgemeinen kein «Fischetyp». Damit will ich nicht sagen, daß ich eine frische Dover-Seezunge nicht zu schätzen wüßte, und mit Sicherheit koche ich die besten Makrelen mit Stachelbeeren in ganz Surrey. Nein, ich meine, daß ich vom lebenden Fisch, vom Fisch mit Beschwerden, dem gallenkranken Seebarsch oder dem Mönchsfisch in der Menopause nicht viel verstehe. Früher hatte Andrew eine menschliche Methode für Blutproben an Hummern ausgearbeitet, und ich hatte das eine oder andere Mal preisgekrönte Aquariumbewohner von Wucherungen befreit. In einem holländischen Zoo behandelten wir sogar einmal eine Gruppe Haie, die apathisch geworden waren und am Hals Schwellungen aufwiesen, ungefähr dort, wo wir dachten, daß Haie eine Schilddrüse haben könnten, gegen möglichen Kropf. Jod und anschließend Schilddrüsenhormon halfen tatsächlich. Wenn man sich den «Weißen Hai» mit einem gemütlichen dicken Kropf am Hals vorstellt ...! Im Gegensatz zu Meeressäugetieren waren Fische wirklich nicht mein Fall, und obwohl viele der Zoos und Marinelands, die wir besuchen, kunstvoll gestaltete, wunderschöne Aquarien besitzen, waren wir in unserer Praxis bis vor kurzem ichthyologisch ohne Fachkenntnisse. Jetzt wirkt Peter Scott, einer der erfahrensten Fischärzte Europas, als unser Assistent, und ich habe in kurzer Zeit von ihm eine Anzahl wohlklingender Fachausdrücke gelernt, die einen hinreichend gewichtigen Eindruck machen dürften, wenn ich eines Tages in einen Wassertank voll trauriger Piranhas starre.

«Recht ansprechender Bauchkiel, bei dem dort», werde

ich sagen. Es ist, wie wenn man mit Pferdenarren über Konformation und nichtsichtbaren Spat und «Waren Sie in Hampstead?» redet – der Jargon ist alles.

Vor einigen Jahren erhielt ich eines Abends einen ungewöhnlichen Anruf.

«Doktor Taylor», fragte eine Männerstimme, «können Sie Krabben behandeln?» Krustazeen – die Familie der Hummer, Garnelen, Krabben – haben tatsächlich eine ganze Reihe nachgewiesener Beschwerden. Wie die meisten anderen Tiere werden sie von Parasiten und Bazillen befallen, aber das ist ein, milde ausgedrückt, entlegener Zweig der Veterinärmedizin; ich würde es jedenfalls keinem frischgebackenen Tierarzt empfehlen, sein Schild in Whitstable aufzuhängen mit der Hoffnung, sich anhand von Krebsen mit Gelenkrheumatismus ein großes Ansehen zu erwerben. Hingegen weiß ich, wo man etwas nachschlagen kann.

«Nun, es ist nicht gerade mein Fachgebiet, wissen Sie», erklärte ich dem Anrufer, «aber Sie können sie morgen um zehn Uhr herbringen, wenn Sie wollen. Ich werde sehen, was sich tun läßt. Vielleicht Material für eine Diagnose ins Labor schicken.»

«Gut. Wenn nur endlich etwas geschieht. Ich werde um zehn da sein.»

Er hängte ein. Punkt zehn Uhr läutete anderntags die Türglocke, und als ich öffnete, stand ein adretter kleiner Herr in betont militärischer Haltung draußen. Er war mittleren Alters, hatte ein frisches Gesicht, schütteres Haar, mit Brillantine zu einer glänzenden Fläche geplättet, rötlichgelbe Brauen über blaßblauen Augen und einen kurzen, rötlichgelben Schnurrbart, der zu beiden Seiten der schnabelförmigen Nase mit Wichse zu nadelscharfen Spitzen gedreht war. Er trug einen sauber gebügelten Nadelstreifenanzug, der an den Ärmeln leicht auszufransen begann.

«Doktor Taylor? – Mascue, Captain Mascue. Im Ruhestand», sagte der kleine Mann und streckte zackig die behandschuhte Rechte vor. «Komme wegen der Krabben.»

Ich führte ihn in den kleinen Raum, der mir sowohl als Studio als auch für die wenigen Kunden, die mich zu Hause aufsuchen, als Sprechzimmer dient. Schon ein Exzentriker, dachte ich, als er Platz nahm. Was fängt dieser Typ mit Krabben an, die er sich hält?

«Also, was kann ich für Sie tun?» fragte ich. «Wie Sie wissen, bin ich kein Experte in Schalentieren.» Die blauen Augen bohrten sich in mein Gesicht, während er ein ungewöhnliches, aus flachgedrückten Gewehrpatronen gefertigtes Zigarettenetui aus einer Tasche fischte.

«Darf man rauchen?»

«Aber bitte.»

«Diese Krabben, Herr Doktor», er zündete eine Russische Schwarze an und legte das abgebrannte Streichholz sorgfältig in die Schachtel zurück, «das sind keine Krebse. Es sind ...» Er drehte kurz prüfend an den Schnurrbartspitzen. «Es sind Krabbelkrabben. Käfer.»

Ich war ratlos, aber dann ging mir plötzlich ein Licht auf.

«Ach so, Sie meinen *diese* Tierlein: Filzläuse.» Mascue wischte ein Stäubchen Asche von einem blankgeputzten derben Schuh und nickte.

«Richtig. Käfer.» Läuse sind keine Käfer, sondern flügellose Insekten, aber ich hatte keine Lust, über Zoologie zu diskutieren.

«Äh, was – was für ein Tier hat diese ‹Krabben›, Captain Mascue?» Die Wissenschaft kennt gegen 3000 Arten Läuse, und die meisten sind sehr wählerisch hinsichtlich der Tiere, auf denen sie leben wollen. Die einen spezialisieren sich auf Seelöwen, andere auf Chinchillas oder Stachelschweine, und eine namens *Haematomyzus* findet man nur auf Elefanten und Warzenschweinen. Ich bin ihm einmal bei einem frisch angekommenen jungen Elefanten im Welsh Mountain Zoo begegnet. Und dann gibt es natürlich noch die Gruppe, die an nichts anderem als einer Menschenmahlzeit interessiert ist. Besonders häufig wird der Mensch von einer dieser beiden Sorten beehrt: dem *Phthirus pubis*, der Filzlaus. Läuse sind nicht nur überaus heikel in der Wahl des Tieres, das sie beehren, sondern auch ihres Standortes auf diesem Wirtstier. Der Herr *Phthirus pubis* setzt sich in den Schamhaaren fest, während die andere Menschenlaus, *Pediculus humanus,* in zwei Unterarten auftritt: als Herr *P.h. capitis* (Kopflaus), der das Haupthaar bewohnt, und Herr *P.h. corporis* (Kleiderlaus), der sich in Kleidern und Körperhaaren einnistet. Was noch merkwürdiger ist, die Kopfläuse des Menschen haben sich zu verschiedenen Rassen weiterentwickelt, die in ihrer Scherenform und auch sonst deutlich an das Leben auf den Köpfen verschiedener Menschenrassen angepaßt sind. Da gibt es Spezialisten im Ergreifen von Negerhaaren, und da gibt es amerikanische, europäische und chinesische Abarten. Praktisch jedes Säugetier und jeder Vogel hat seine Läuseart. (Und auch Fische haben Läuse: In einer Flasche auf meinem Schreibtisch ist eine Laus, so groß wie eine Eichel, die einem Thunfisch in Südamerika abgenommen wurde.) Mein Besucher hüstelte, möglicherweise aus Nervosität.

«Das Tier ist unser Äffchen Goebbels. Es ist unten im Wagen. Aber ...» Mascue zögerte und schaute aus dem Fenster.

«Keine Schwierigkeiten mit Läusen heutzutage, Captain», warf ich ein, «wir erledigen sie im Handumdrehen mit modernen Sprays und Pulvern.»

Er wandte sich wieder zu mir um und nahm einen tiefen Zug aus seiner Zigarette. «Gut. Gut. Aber ... so einfach ist das nicht. Sehen Sie, es ist nicht nur der Affe. Es, na ja, es hat auch uns erwischt, Mrs. Mascue und mich.»

«Auch das ist kein Problem», sagte ich und lächelte, wie ich hoffte, beruhigend. «Die Dinger sind bei Menschen genauso einfach wegzubringen. Der Apotheker oder Ihr Hausarzt kann Ihnen ein Läusepulver empfehlen. Und wenn das Äffchen die Quelle ist – das kommt gelegentlich vor, schließlich sind Affen Primaten, und gewisse Läuse können von einem Herrentier auf ein anderes wechseln und eine Zeitlang überleben –, nun, dann ist es am besten, sie alle gleichzeitig zu behandeln.»

Affen sind nicht häufig verlaust, aber ich hatte im Lauf der Jahre doch einige Fälle erlebt.

«Herr Doktor – diese Läuse – begreifen Sie doch: Es sind ‹Tierlein›. Das sagt unser Hausarzt. Er hat sie an mir wie an meiner Frau Gemahlin gesehen.» Er drückte die Zigarette aus, zog die Dose hervor und zündete sofort eine neue an. «Die Sache ist die, daß ... daß wir die kleinen Biester beide am gleichen Ort haben – und Goebbels auch!»

«Wo?»

«Um ganz offen zu sein: in den unteren Regionen.»

«In der Schamgegend?»

«Ja – in dieser Gegend», Mascues rotes Gesicht war zum Teil von dicken Sobranie-Rauchschwaden verdeckt, «und sonst nirgends.»

Filzläuse bei Affen – davon hatte ich noch nie gehört. Aber es war durchaus möglich. Ich mochte nicht rätseln, wie die Übermittlung von Mann oder Frau zu Affe oder umgekehrt stattgefunden haben konnte. «Ich möchte mir Goebbels einmal ansehen», sagte ich. «Bringen Sie ihn bitte herein.»

Mascue ging zu seinem Wagen hinaus und kam mit einem Papageienkäfig zurück, in dem ein mürrisch aussehendes Rhesusäffchen saß.

«Er ist freundlich wie nur etwas», beteuerte der Besitzer, als er das Tier herausholte. «Prächtiges Naturell. Offiziersmesse-Maskottchen, als wir in Aden waren.» Goebbels blickte mich finster an und hob herausfordernd die Augenbrauen.

«Warum heißt er Goebbels?» fragte ich.

«Achten Sie auf sein Gesicht – sehen Sie die Ähnlichkeit?»

In der Tat, gewisse Gesichtszüge des Äffchens waren denen des Nazi-Propagandaministers bemerkenswert ähnlich.

«Und er kann den Hitlergruß: Sieg Heil, Goebbels! Sieg Heil!»

Auf Mascues Kommando hob der Affe den Arm mit steif ausgestreckter Hand.

«Stechschritt marsch, Goebbels! Stechschritt marsch!» befahl der kleine Mann, und sofort marschierte das Äffchen zackig und urkomisch, immer noch finsteren Blikkes, auf meinem Schreibtisch hin und her.

«Können Sie ihn festhalten, Captain, während ich nach seinen ‹Krabben› schaue?»

Mascue nahm Goebbels geschickt in einen Nelson-Griff, während ich ihm vorsichtig die Beine streckte und in die Leisten spähte. Allerdings, da kletterten krebsähnliche graue Läuse in den spärlichen Haaren herum.

«Sehen Sie, was ich meine, Herr Doktor?» sagte Mascue. «Und das sind nicht alle!»

Ich nahm ein Vergrößerungsglas und eine Pinzette und suchte einen der Parasiten aus, um ihn in ein Fläschchen mit Konservierungsflüssigkeit zu stecken.

«Wissen Sie, unser Hausarzt, Dr. Prendeville, hat Mrs. Mascue aufgeschreckt. Als sie ihn fragte, wo die Krabben hergekommen sein könnten, sagte er – offen gestanden – durch, äh, Verkehr – Sie wissen schon – intimen Verkehr. Er weiß nicht, daß auch Goebbels sie hat!»

Das stimmt, Filzläuse werden normalerweise durch sexuelle Kontakte weitergegeben (die romantischen Franzosen nennen diese höchst unromantischen Tierchen «Schmetterlinge der Liebe»), und die Zunahme des Filzlausbefalls in den letzten Jahren verläuft parallel zur steigenden Kurve der Geschlechtskrankheiten. Mascue starrte aus dem Fenster, als er weitersprach:

«Und jetzt gibt Mrs. Mascue mir die Schuld. Wissen Sie, ich habe letzten Monat mit meinem Schwager einen Ausflug nach Amsterdam gemacht – sind Sie im Bild?»

Ich war im Bild. Die gute Frau warf ihrem Gatten vor, von den Fleischtöpfen des Rotlichtbezirks hinter dem Dam, wo Damen in den Fenstern sitzen wie Speckseiten in einer Metzgerei, die winzigen Krabbler mitgebracht zu haben, die dann irgendwie auf Herrn Goebbels gelangt waren, wenn die Mascues mit ihm spielten. Mich aber beschäftigte die Frage: Waren diese Läuse wirklich Filzläuse? Der Hausarzt, der die Parasiten lebendig und wohlauf in den unteren Regionen von Mr. und Mrs. Mascue gesehen hatte, nahm automatisch an, es handle sich um den *Phthirus pubis.* Die einzigen Dinger, die im menschlichen Schamhaar herumspazieren, sind Filzläuse – Ende der Geschichte. Rezeptblock hervor und R. Gamma Benzol-Hexachlorid verschrieben. Ich schielte durch das Glas auf das von Goebbels gepflückte Exemplar. Eine Laus war es bestimmt, aber welche Art? Die Identifizierung solchen Getiers gehört ins Fachgebiet eines Parasitologen. Für mich waren Läuse Läuse. Was ich in den Parasitologievorlesungen an der Universität gelernt hatte, war längst vergessen. Sie waren mit Chemie mühelos umzubringen, was brauchte man da den genauen Namen zu wissen?

«Vielleicht hilft das weiter», sagte Mascue und schob mir ein Pillendöschen über den Schreibtsich zu.

«Es sind zwei tote von mir drin!» Im Döschen fand ich zwei winzige Kadaver, die, soweit ich es zu erkennen vermochte, identisch mit denen von dem Äffchen waren. Mir kam in den Sinn, wie der spanische Eroberer Cortez mitangesehen hatte, daß die ärmsten Indianer dem großen Montezuma Beutel mit Läusen, die Ernte ihrer Körper, als Tribut brachten. Ich legte alle drei Läuse ins Alkoholfläschchen und gab Mascue eine Portion Quellada-Shampoo.

«Baden Sie Goebbels einmal wöchentlich darin», sagte ich, «inzwischen lasse ich die Läuse am Naturhistorischen Museum identifizieren – vielleicht sind es gar keine Filzläuse.» Mascues rötliches Gesicht hellte sich auf; er lächelte, daß ich einen Goldzahn blitzen sah.

«In welchem Fall die Frau Gemahlin keinen Grund mehr hat, mich unter Arrest zu halten?»

«Absolut nicht. *Wenn* es etwas anderes ist», antwortete ich, und wir lachten beide unsicher.

Der Bericht der Untersuchung durch den Läuseexperten des Museums kam zehn Tage später mit der Post. Er lautete kurz und knapp: «Drei Läuse zur Identifikation vorgelegt – alle als *Neohaemato-pinus sp.* bestätigt.» Das war nun ein Name, den ich überhaupt noch nie gehört hatte, mit Bestimmtheit keine der Sorten, die man normalerweise an Menschen findet, übrigens auch nicht an Affen. Captain Mascue wird baff sein, wenn ich ihm das sage, dachte ich, und, was noch besser ist, ein Brief an seinen Hausarzt dürfte die Sache zwischen ihm und seiner Gemahlin ins reine bringen. Ich wischte den Staub von einem dicken Band über systematische Parasitologie und schlug unsern Freund Neohaematopinus nach. Zu meiner Verwunderung fand ich ihn als eine Laus, die Eichhörnchen bewohnt. Die Mascues und Goebbels waren von einem Parasiten heimgesucht worden, der bei Herrentieren höchst unwahrscheinlich ist. Ich rief Mascue an und teilte ihm die gute, wenn auch recht ungewöhnliche Neuigkeit mit. Er war hörbar erleichtert und bat mich, den Brief an seinen Arzt unverzüglich abzuschicken. Ich hatte den Eindruck, er sei wegen seiner Spritztour nach Amsterdam und der zeitlich damit zusammenfallenden Läuseaffäre noch immer in Teufels Küche.

«Sie halten nicht zufällig ein Eichhörnchen im Haus, oder?» fragte ich ihn. Es war eine unwahrscheinlich schwache Möglichkeit.

«Lieber Himmel, nein!» kam die Antwort. «Aber das Gehölz am Ende unseres Gartens ist voller Eichhörnchen. Hübsche graue Kerlchen. Goebbels ist ganz vernarrt in sie. Wenn trockenes Wetter ist und meine Frau Gemahlin im Garten arbeitet, sitzt er den ganzen Nachmittag in den Bäumen und spielt mit ihnen.»

Das war's also! Das Rhesusäffchen hatte die Eichhörnchenläuse aus dem Gehölz ins Haus getragen. Sie hatten es fertiggebracht, wenigstens für kurze Zeit auf für sie unnatürlichen Wirtstieren zu leben und sich vielleicht sogar zu vermehren. Auch ohne Behandlung hätten sie wahrscheinlich nicht lang durchgehalten, sondern Heimweh nach Eichhörnchenpelz bekommen.

«Lassen Sie Goebbels in Zukunft lieber nicht mehr auf diese Bäume», riet ich dem Captain, als er berichtete, das Äffchen scheine jetzt frei von Parasiten zu sein.

«Da können Sie sicher sein, Herr Doktor, und vielen Dank auch. Sie wissen gar nicht, wie dankbar meine Frau Gemahlin und ich sind, daß Sie das Rätsel gelöst haben.»

Ich konnte es mir vorstellen.

«Übrigens», fügte Mascue mit gedämpfter Stimme hinzu, «um so besser. Mein Schwager und ich haben uns nämlich höllisch ausgetobt in Amsterdam!»

Bevor wirksame Mittel gegen Läuse erfunden wurden, nahmen die Leute sie gelassen hin oder schätzten sie gar als Zeichen von Gesundheit und Manneskraft. In gewissen rückständigen Gebieten des Mittleren Ostens tun sie das heute noch. Um Ihnen zu zeigen, wie echt verlauste Menschen aussahen, gebe ich einem Schriftsteller des späten dreizehnten Jahrhunderts das Wort, der eine gefangengenommene mongolische Armee folgendermaßen beschrieb:

> Ihre Augen waren so schmal und stechend, daß sie ein Loch in ein bronzenes Gefäß hätten bohren können. Ihr Gestank war schrecklicher als ihre Farbe. Ihre Gesichter saßen auf ihren Leibern, als hätten sie keinen Hals. Ihre Backen glichen weichen ledernen Trinkschläuchen, voller Runzeln und Knoten. Ihre Nasen erstreckten sich von Backenknochen zu Backenknochen. Ihre Nasenlöcher glichen modrigen Gräbern, und aus ihnen hing das Haar bis zu den Lippen herunter. Ihre Schnurrbärte waren von übertriebener Länge. Sie hatten nur kärgliche Bärte um das Kinn. Ihre Brustkästen, von einer Farbe halb schwarz halb weiß, waren so mit Läusen bedeckt, daß sie aussahen wie Sesam, der auf schlechtem Boden wächst. Ja, ihr ganzer Leib war mit diesen Insekten bedeckt, und ihre Haut war so grobkörnig wie Chagrin-Leder, nur tauglich, zu Schuhen geformt zu werden.

Was hätte wohl der adrette Captain Mascue i.R. mit einer solchen Armee angefangen?

BLASROHRE

Ich könnte einen freundlichen Kopfjäger gut brauchen. Einen der Burschen, die mit ihrem langen Blasrohr und winzigen, in das durch die Haut austretende Gift eines langsam gerösteten Frosches getauchten Pfeilen einen Affen oder Vogel hoch in den Urwaldbäumen des Amazonas mit tödlicher Genauigkeit treffen. Er wäre mir ein hervorragender Assistent, jetzt, da Narkosepfeile, aus Leichtmetallblasrohren abgefeuert – oder sollte ich sagen: abgepustet – in der Zoowelt wieder groß in Mode sind. Es gibt sie schon lange, aber erst vor kurzem wurden sie zu raffinierten professionellen Instrumenten weiterentwickelt. Starke, leichte Legierungen haben das Risiko vermindert, die Rohre zu beschädigen, wenn man einen Patienten in einer Waldung oder durch die Gitterstäbe von Klinikkäfigen anschleicht. Der kräftige Griff eines Schimpansen oder Orang-Utans, der sie plötzlich an sich riß, genügte, um die früheren Blasrohre zu zerdrücken oder, und dies gar nicht so selten, total zu zerknüllen, zur großen Verlegenheit des Tierarztes und Belustigung des Affen. Die Reichweite der Waffe wurde dadurch vergrößert, daß man die menschliche Lungenkraft durch eine kleine tragbare Kohlendioxyd-Gasflasche oder Fußpumpe ersetzte, die über einen Plastikschlauch mit dem Rohr verbunden ist. Der Vorteil des Blasrohrs gegenüber der Narkoseschußwaffe ist, wie man sich ja leicht vorstellen kann, die Lautlosigkeit – der Schrecken bei den Tieren ist geringer als nach dem harten Knall der mit Gas- oder Platzpatronen abgefeuerten Pistolen und Gewehre. Und die leichten Pfeile mit den feinen Nadeln schaden den Geweben kleiner Tiere wie Eichhörnchen, Äffchen oder Kattas auch weniger. Der Nachteil liegt in der Begrenzung der Pfeilgröße und damit der Menge der Injektionsflüssigkeit, obwohl die modernen, hochkonzentrierten und hochaktiven Medikamente uns viel Spielraum auch für recht große Tiere lassen. Blasrohrspritzen mit mehr als drei Kubikzentimeter Volumen sind gegenwärtig nicht realisierbar; normalerweise verwenden wir solche mit zwei Kubikzentimeter Inhalt – das ist weniger als ein halber Teelöffel. Allerdings genügt diese Menge Etorphin, um beispielsweise ein Gnu außer Gefecht zu setzen, oder gefriergetrocknetes Ketamin, um einen ausgewachsenen Schimpansen für eine halbe Stunde zu betäuben.

Natürlich sind Blasrohre nichts weiter als eben Hohlstangen. Wer sich selber eines anfertigen wollte, könnte einfach im nächsten Do-it-yourself-Laden ein Stück Vorhangstange oder Zentralheizungsröhre kaufen und brauchte nichts daran zu verändern. Aber: Sofern Sie dieses Stück Rohr mit der Absicht kaufen, lebensrettende Plastikpfeile aus ihm zu blasen, wird es wie durch Zauberei in dem Moment, da die Kassierin Ihr Geld entgegennimmt, zu einer verbotenen Waffe, für die Sie nicht nur einen Waffenschein, sondern außerdem eine Sondergenehmigung vom Innenministerium benötigen. Dieser Arm der Regierung hat immer noch nicht begriffen, wie lächerlich seine Vorschriften auf dem Gebiet sind (andere Staaten, wie etwa die USA, sind viel aufgeklärter). Eine Röhre ist doch eine Röhre, oder nicht? Wie wollen sie gegen einen Tierarzt vorgehen, der zufällig ein Stück Kupferrohr in seiner Garage herumliegen hat? Wann ist ein Rohr kein Rohr, sondern eine verbotene Waffe? Schließlich ist das Rohr nichts ohne die Pfeile. Und die wiederum sind weniger gefährlich als die viel schwereren Metallpfeile, mit denen in den Kneipen Darts gespielt wird – ohne Waffenschein. Sie sind im Grunde nichts anderes als gewöhnliche Plastik-Injektionsspritzen, können auch ohne weiteres aus solchen gefertigt werden, und für den Besitz von Spritzen gibt es kein Gesetz. Und die Pfeile ihrerseits werden nur gefährlich, wenn sie mit Medikamenten gefüllt sind – aber diese unterstehen alle dem Arzneimittelgesetz, dem Gesetz über gefährliche Drogen usw. usw. und sind in jedem Fall legal im Besitz eines Veterinärchirurgen. In der Praxis heißt das: Ein Klempner, der Kilometer von Heizungsröhren in seinem Besitz hat, verstößt nicht gegen das Gesetz, wohl aber ein Zootierarzt, der 30 Zentimeter Heizungsrohr ohne die entsprechenden Genehmigungen besitzt, die zu bekommen Monate dauert. Wenn das Innenministerium doch nur mit demselben Eifer Schußwaffen kontrollieren wollte – die praktisch jedermann ziemlich mühelos erwerben kann und die mit abgesägtem Lauf fürchterliche Dinger sind. Angesichts der surrealistischen Einstellung von Beamten in diesem Punkt frage ich mich, ob sie eigentlich realisieren, daß das Ziel des Tierarztes die Linderung von Schmerzen und die Heilung von Krankheiten und nicht die Mitgliedschaft in den Mordkommandos des KGB ist.

Als wir uns zuerst für Blasrohre interessierten und bevor das Innenministerium sich über tödliche Vorhangstangen aufregte, experimentierte ich damit im Bellevue-Zoo. Das komplizierteste Stück der Ausrüstung ist die Spritze, die ihren Inhalt beim Aufprall durch Luftdruck ausstößt, sobald ein kleiner Plastikring, der die Nadel blockiert, beim Durchdringen der Haut zurückgeschoben wird. Dieser Plastikring, nicht größer als ein Streichholzkopf, ist das Wichtigste, aber auch die Achillesferse des ganzen Gerätes. Ich zeigte Matt Kelly eines Tages in seinem Büro, wie es funktioniert: Zuerst füllte ich das Geschoß mit Tinte, setzte die Nadel mit dem sperrenden Stückchen Plastik ein und pumpte Druckluft durch ein Ventil hinter den Gummikolben des Pfeiles. Dann steckte ich den Pfeil ins eine Ende des Blasrohrs und übergab es dem Chefwärter.

«Jetzt mache ich zuerst ein Tier», sagte ich. In Matts Abfällen fand ich einen leeren Plastiksack, füllte ihn mit Wasser und band ihn oben mit Schnur zu. Diesen «Körper» legte ich in den Ausguß. «Los, Matt – blas, als wärst du einer von König Billys Pfeifern!» Der gemütliche

Katholik schmunzelte, hob das Blasrohr, zielte auf den Plastiksack und pustete mit voller Kraft. Schneller, als das Auge sehen konnte, flog der Pfeil die sechs Meter weit und traf das Ziel mit einem kaum hörbaren Zischen. Wir öffneten den Sack und schütteten das Wasser aus: Es war tintenblau gefärbt.

«Kelly, der lautlose Killer von Cork», erklärte mein Freund stolz.

«Und der Matt O'Grosso», fügte ich hinzu, aber Matt verstand den Scherz nicht. Das Blasrohr funktionierte auch großartig, als wir erstmals Gelegenheit hatten, es an einem lebenden Tier zu verwenden. Ein Klammeraffe merkte nicht einmal, daß er angeschossen wurde, so leicht war der Aufschlag und so fein die Nadel. Außerdem ist das System preisgünstig: Gaszylinder und Ladungen für Narkosegewehre, aus den USA importiert, sind teuer – Luft kommt beträchtlich billiger zu stehen.

Was mir dagegen an den Blasrohrspritzen nicht gefällt, ist die Notwendigkeit, sie nach dem Einfüllen des Medikaments unter Druck zu setzen. Die Gefahr ist nicht unbeträchtlich, finde ich, daß eine Spritze vom Druck springen oder bersten könnte. Wenn es sich bei der Chemikalie beispielsweise um ein starkes Betäubungsmittel handelt, könnte sie einem in die Augen, die Nase oder den Mund spritzen – die Folgen wären katastrophal. Es gibt auch noch andere potentielle Fallgruben, wie ich eines Tages entdecken sollte, als Matt und ich Vorbereitungen trafen, eine kranke Thomsongazelle zu narkotisieren. Eine Woche zuvor hatten der Chefwärter und ich uns heftig gestritten wegen der gebräuchlichen Praktik, Vögeln die Flügel zu schneiden, damit sie nicht wegfliegen können. Eine Gruppe kubanischer Flamingos und einige Pelikane waren gerade geliefert worden, und Kelly befürchtete, sie könnten unverzüglich versuchen, zurück nach Kuba oder zumindest auf das Dach des Rathauses von Manchester zu entfleuchen.

«Sie haben diesen Fluchtblick, dieses ‹Möchte-weg-von-hier› in den Augen», brummte er mit wissendem Kopfschütteln. «Eines schönen Morgens streckt einer den Zeh in die Luft, um zu spüren, wie der Wind geht, und schon sind sie auf und davon – beschneiden Sie ihnen lieber gleich die Flügel!»

«Ich bin dagegen», erwiderte ich, «wir stutzen nur die Federn.» Matt hatte mir gezeigt, wie man einem Vogel die Schwingen beschneidet. Keine Narkose, zwei schnelle Schnitte mit einem scharfen Messer durch ein Gelenk, und rund ein Drittel des Flügels war amputiert. Die Vögel schienen die primitive Operation bemerkenswert gut zu ertragen, aber sie war trotzdem barbarisch. Auch heute noch, unter Anwendung von Lokalanästhesie oder Vollnarkose (und manche Leute tun es nach wie vor ohne), kann ich die Verstümmelung eines Tieres, um es an der Flucht zu hindern, nicht gutheißen. Die Flugfedern an einer Schwinge zu stutzen ist human, schmerzlos und funktioniert ganz gut, nur muß es wiederholt werden, wenn das Gefieder nachwächst.

«Pah, Federstutzen! Zeitverschwendung!» entgegnete Matt. «Zimperliche Halbheiten, wo man die Sache einfür allemal erledigen könnte!»

«Flügelschneiden ist grausam, Matt. Es ist, wie wenn man Ihnen einen Fuß abhackte, damit Sie nicht mehr in den Longsight-Pub gehen könnten.»

«Blödsinn. Hören Sie, Vogelwärter haben schon geschnitten, lange bevor Sie Ihre erste Windel vollmachten, junger Mann. Mit diesen neumodischen Ideen sind Sie diese Vögel am ersten windigen Tag los, der ihnen ein wenig Auftrieb gibt. Ich kenne das.» Ich hatte den Iren in Harnisch gebracht. Sein Gesicht wurde braunrot, seine Zähne knirschten wie Kreide auf einer Wandtafel.

«Nun, Sie können den ganzen Tag lang weiterschimpfen, Mister Kelly», ich bemühte mich, ebenso grimmig dreinzublicken wie er, «aber ich bin Tierarzt hier. Von jetzt an werden nur noch Federn gestutzt, und Ihre Aufgabe ist es, aufzuschreiben, wann das Nachstutzen fällig ist. Fangen Sie den ersten ein, bitte!» Kelly, der aussah, als würde er gleich selber Flügel ausstrecken wie ein Racheengel, stapfte durch das Gras zum Flamingoteich und knurrte etwas vor sich hin, was man wohl besser nicht hörte. Ich nahm ein paar große Scheren aus dem Besteckkasten. Er kam mit einem Flamingo unter dem Arm zurück und startete einen neuen Angriff.

«Ich meine, wie viele Flamingos haben Sie schon auf Ihre Weise gestutzt? Ich habe Trillionen geschnitten und nie einen einzigen verloren!»

«Ich lasse lieber mal einen entwischen, als den armen Teufeln Stücke abzuhacken – so oder so, jetzt wird nicht mehr diskutiert. Wir tun es auf meine Weise.»

«Bücherwissen macht Erfahrung nicht wett, das weiß man!» schnaubte Matt.

«Und *ich* weiß, daß wir mit Geschwätz Zeit vertrödeln. Breiten Sie ihm die Flügel aus. Übrigens, er hat Ihnen gerade auf die Hosen gekackt.» Der Chefwärter, dem es anscheinend die Sprache verschlug, starrte mit nunmehr purpurrotem Gesicht über das Hinterteil des Vogels auf die schleimig grüne Spur hinunter, die sich seinen glänzend schwarzen Stiefeln entgegenwand.

Sieben Tage danach – unser kleiner Zank war vergessen – standen Matt und ich am Zaun der Gehege, wo die kleine Herde Thomsongazellen beim Frühstück aus Hafer und Maisflocken war: dem gleichen Getreide, mit dem viele von uns, in Form von Porridge und Cornflakes, den Tag beginnen. Eines der Tiere war dünner als die übrigen und ließ das Futter apathisch stehen. Ich vermutete, daß es einen Fremdkörper – einen Plastiksack oder ein Stück Schnur von den Heuballen – im Vormagen haben könnte. Ein halber Kubikzentimeter Immobilon im Blasrohrpfeil versprach das Problem zu lösen, wie man das Tier einfangen und untersuchen konnte, ohne daß die andern in Panik in die Zäune sausten und sich womöglich das eine oder andere dabei den Hals brach. Wie gewohnt, füllte ich zuerst eine Injektionsspritze mit etwas Revivon, dem Immobilon-Gegenmittel, und legte sie gut sichtbar auf einen Zaunpfosten.

«Hier ist das blaue Zeug, Matt», bemerkte ich, «nur für den Fall, daß etwas passieren sollte.» Ich operiere im allgemeinen nach dem, was die Amerikaner Kumpelsystem nennen: Es muß immer jemand dabei sein, der weiß, wo das Gegenmittel ist und was er damit zu tun hat, falls eine Nadel ausrutscht. Bei Immobilon könnte schon ein Kratzer mit der feuchten Nadel genügen, um bei einem Großaffen wie dem Homo sapiens tödlich zu wirken. Etliche Tierärzte sind bei solchen Unfällen ums Leben gekommen, weil sie allein arbeiteten oder mit Leuten zusammen, die die Gefahr nicht kannten oder von dem lebenrettenden Gegenmittel nichts wußten, das sich zweifellos in einem Fläschchen in nächster Nähe befand: Revivon, mit dem man das narkotisierte Tier nach der Operation oder Untersuchung wieder ins Bewußtsein zurückholt. Nachdem also die Spritze mit dem Gegenmittel bereitlag, lud ich einen Pfeil mit Immobilon und dann vorsichtig mit Druckluft, indem ich ihn weit von mir weghielt und den Kopf etwas drehte, um nichts abzubekommen, falls das Gerät platzte. Dann nahm ich das Blasrohr zur Hand und war im Begriff, den Pfeil hineinzuschieben, als Matt entsetzt aufschrie:

«Heilige Muttergottes, was hab' ich gesagt! Da, sehen Sie!» Ich schaute auf und sah, wie er wütend himmelwärts fuchtelte. Dort flog ein hübscher tiefroter Kubaflamingo mit unzweifelhaft gestutzten Federn in die steife Brise, die zur Hyde Road hin wehte. Ohne große Mühe überwand er die hohe Mauer und entschwand in Richtung Windhundrennbahn. «Was hab' ich gesagt!» tobte der Chefwärter. «Hundertfünfzig Pfund futsch, bloß weil Sie ums Verrecken die Viecher nicht schneiden wollten!»

In flüchtigem Ärger verzog ich das Gesicht, sagte aber nichts, sondern wandte mich wieder meiner Arbeit zu. Der Pfeil war drin, ich nahm die Haltung eines Dayak-Kriegers ein, das lange Rohr auf die vielleicht vierzehn Meter entfernt stehende Gazelle gerichtet. Ich holte tief Luft, hob das Blasrohr an die Lippen und blies. Der Pfeil traf den Rumpf des Tieres, entleerte sich und fiel ab, als die Gazelle ein paar staksige Schrittchen weitertrabte. Aber etwas stimmte nicht, etwas klang falsch. Ich spürte es, konnte es aber nicht orten. Es war nicht das Tier, nicht die Aufschlagstelle des Pfeiles, nicht die Dosierung des Mittels. Blitzartig erinnerte ich mich: Als ich blies, fühlte ich ein winziges kühles Tröpfchen auf den Lippen. Woher war es gekommen? Es regnete nicht. Das Blasrohr hatte ich aus einem trockenen Kästchen genommen. Mein eigener Speichel konnte es doch nicht gewesen sein? Eine Welle der Panik überflutete mich. Es gab nur eine Möglichkeit: Es war ein Kügelchen Immobilon, das irgendwie aus dem Pfeil entwichen war. Kelly und sein verwünschter Flamingo hatten mich genau in dem Augenblick abgelenkt, als ich die Nadelspitze ins Blasrohr einführte. Ich hatte aufgeschaut und die Spritze nicht im Auge behal ... ten. Viel ... leicht ... Das Gehege aus dunkelroten Felsgebilden und Kies begann sich langsam um mich zu drehen. Das Immobilon war bereits in meinem Kreislauf. Als der Zaun und Matt wie auf einem Riesenkarussell um mich kreisten, kreiste auch die Spritze mit dem blauen Gegenmittel mit.

Jahre der Angst vor einem Unfall mit der Droge, die zehntausendmal stärker ist als Morphium, erreichten ihren Höhepunkt. Und die alte Angst war der Ansporn, der mich in diesem Moment blitzschnell die Hand ausstrecken und das hübsche blaue Spielzeug von dem immer schneller werdenden Karussell reißen ließ. Während ich auf die Knie fiel, rammte ich mir die Nadel durch die Hose in den Oberschenkel und drückte auf den Kolben. Dann sank ich rücklings gegen den Zaun und konnte Matt rufen hören: «Heilige im Himmel! Was ist los, Junge? Was ist los? WAS IST LOS?» Er kniete neben mir, klatschte mir die Wangen und riß an meinem Hemdkragen. Ich erinnere mich, wie ich dachte: Oh, wie seine Stiefel glänzen – high auf einem Trip wie von Heroin. Der Glanz ist da, wo er das Leder solange poliert hat, bis es so dünn ist, daß ich hindurchsehen kann wie durch eine Glasscheibe. Hinter dem Glas ist eine wundersame Landschaft von wogenden Hügeln, so grün wie keine Worte es beschreiben können, und von den Hügeln ergießen sich silberne Wasserfälle. Ich kann jeden Tropfen Silberwasser zählen, wenn ich's versuche, ich kann in jeden Tropfen hineinsehen, wenn ich will. Es ist kühl und glitzerig in den Wassertropfen drin ...

Die magische Landschaft verschwand plötzlich – Kellys Klapse brannten unangenehm auf den Wangen.

«Hau ab!» grunzte ich benommen. Das Gehege stand wieder still, wie ich bemerkte.

«He, Sie sind wach, Junge – Sie sind wach!» Kellys Stimme klang fern, aber ungeheuer erleichtert. Das Revivon wirkte, es neutralisierte rasch die winzige Menge Immobilon, die ich über die Lippen oder Mundschleimhäute aufgenommen hatte. Fünf Minuten nachdem ich zusammengeklappt war (länger hatte das Ganze nicht gedauert, obwohl es mir wie Stunden vorkam), stand ich wieder auf den Füßen, wenn auch mit einem Kater, auf den ein Absinthtrinker stolz gewesen wäre. Die Thomsongazelle dagegen lag reglos da. Ich füllte mit zitternden Fingern eine Revivonspritze und gab sie Matt: «Gehen Sie, und stecken Sie ihr das in den Schinkenmuskel», sagte ich. «Ich bin nicht in der richtigen Form, sie heute zu untersuchen. Wir fangen morgen noch einmal von vorne an.» Kelly, der selber ziemlich hergenommen aussah, brachte die kleine Gazelle wieder zu Bewußtsein, während ich mich schwer auf den Zaun stützte. «Ob sie wohl in diesen grünen Hügeln mit den silbernen Wasserfällen gegrast hat?» fragte ich, als er über den Zaun zurückgekehrt kam.

«Was faseln Sie da, David?» Der Chefwärter schaute mich besorgt an. «Kommen Sie, ich bring' Sie ins Büro zu einem schwarzen Kaffee, und dann rufe ich Doktor Brown an, er soll herflitzen und Sie sich ansehen!»

Ein Tag im Bett vertrieb die letzten Spuren der Chemikalie aus meinem Kreislauf; allerdings führte die «unhygienische» Injektion durch die Hose hindurch zu einer leichten Entzündung, die mit Penicillintabletten überwunden werden mußte. Alles in allem war ich gerade noch einmal davongekommen; es war eine knallharte Lektion über die Gefahren der Verwendung solcher Drogen mit Blasrohren. Wie das Tröpfchen Flüssigkeit austreten konnte, habe ich nie mit Sicherheit herausgefunden. Die wahrscheinlichste Erklärung ist, daß der Plastikkragen um die Nadel nicht absolut festsaß und etwas vom Inhalt der Spritze auf den Nadelschaft hinaussickerte. Hätte ich Kelly den Willen getan und jene Flamingos beschnitten, wäre es wahrscheinlich nie geschehen: Selbst mit einer Spur Immobilon an der Nadel hätte ich den Pfeil dann ohne Ablenkung eingeschoben und ohne den Rand des Rohrs zu berühren, der später mit meinen Lippen in Kontakt kam.

«Jetzt hören Sie wohl endlich auf mich, von wegen Flügelschneiden!» sagte Matt, als ich zwei Tage später die Thomsongazelle operierte und ihr ein Knäuel Plastik aus dem Pansen zog.

«Nur über meine Leiche!» erwiderte ich.

«Mm, Sie und diese Blaspfeife von Ihnen, mein Junge, da dauert es ja nun wohl nicht mehr allzu lange.» Der Ire kicherte vergnügt, und ich begann zu nähen.

VERLORENE DELPHINE

Das Mittelmeer und die Adria liegen im Sterben, die Küstengewässer jedenfalls werden durch Überfischen und Verschmutzung langsam ermordet. Die zurückgegangenen Fischbestände und die unbehandelten Abwässer von Tausenden von Hotels machen aus den Gewässern, die einst als Aufenthalt springender Delphine gerühmt wurden, einen Friedhof. Malta und Zypern, Sardinien und Sizilien waren früher von einem Meer umkränzt, das belebt war von der Musik und Bewegung dieser sagenhaften Geschöpfe. Wo sind sie heute? Einige, eine Nachhut, die hauptsächlich aus Arten der tieferen See besteht, sind noch da, wenn auch in stark verminderter Zahl. Der Ozean ist krank, und diese Tatsache kam mir 1977 lebhaft zum Bewußtsein, als ich nach Italien gerufen wurde, um eine Reihe von Todesfällen unter frisch eingefangenen Großen Tümmlern aufzuklären. Marinelands an der adriatischen Küste und ein paar auf der Mittelmeerseite importierten ihre Delphine und Wale nicht aus Florida oder aus dem Golf von Mexiko, sondern fingen sie in ihren eigenen Gewässern. Aber wie sorgsam sie ihre Neuankömmlinge auch immer pflegten, das Unheil schien in den ersten Tagen oder Wochen unaufhaltsam zuzuschlagen. «Eine Plage, eine Heimsuchung hat uns getroffen», erklärte mir ein italienischer Biologe am Telefon. Einige sprachen von einem mysteriösen Virus, das unerkannt wüte, andere meinten, die von den Delphinen verzehrten Fische müßten von giftigen roten Algen gefressen haben, bevor sie ins Netz gingen. Andrew und ich hatten eine Anzahl kranker und toter Delphine jener Gegend untersucht. Gewebeproben und bakteriologische Abstriche trafen täglich mit der Post in Keighley und Lightwater ein. Aber wir fanden keine gemeinsamen Krankheitszeichen, keinen Hinweis auf einen neuen Bazillus wie etwa den Erreger der Legionärskrankheit oder ein fremdartiges Virus. Auch Gift war unwahrscheinlich. Die Delphine, die wir untersuchten, litten an einer Reihe verschiedener Infekte – Pneumonie, Darmentzündung, Blutvergiftung –, und die Ursache schienen gewöhnliche, der Wissenschaft wohlbekannte, aber gegen normale Antibiotika oft sehr widerstandsfähige Bakterien zu sein.

Besonders auffallend war die hohe Zahl von Erkrankungen unter Tieren, die erst wenige Tage zuvor eingefangen worden waren. Sobald man sie in ein Marineland-Becken entließ, und wenn dieses noch so umsichtig angelegt und das Wasser oft klar wie reinster Gin war, gaben sie den Geist auf. Die Delphine der gleichen Art, an den Küsten rings um die Vereinigten Staaten gehalten, blieben zur selben Zeit vom «italienischen Fluch» völlig verschont, auch wenn man sie nach Italien verschickte. Die Mutter eines in Riccione arbeitenden Delphintrainers machte von sich reden, als sie in der Lokalzeitung behauptete, es sei ein Zeichen von Gottes Mißfallen an der Wahl eines liberalen neuen Papstes. Ein kommunistischer Bürgermeister einer nahen Stadt gab radioaktiven Strahlen die Schuld, die aus Schiffen der Sechsten US-Flotte entwichen. Jedenfalls hatten weder Andrew noch ich viel Erfolg beim Versuch, den Krankheitsverlauf aufzuhalten. Das ganze Jahr über flogen wir nach Italien und zurück, und die Heilungsrate blieb anhaltend tief bei ungefähr 25 Prozent. «Was wir unbedingt tun müssen, ist, das Krankheitsmuster bei wildlebenden Delphinen zu studieren, besonders in der Adria», sagte Andrew auf dem Höhepunkt der Krise. Dort kam nämlich die Mehrheit der italienischen Delphine her. Recht hatte er – aber wie? Für eine Klinik auf offener See bestand keine Chance, und eine Mustersammlung umzubringen, um sie pathologisch untersuchen zu können, war undenkbar. Es war keine Lösung in Sicht – wir mußten uns einfach weiter mit den auftretenden Fällen herumschlagen. Wir dachten sogar daran, eine Praxis in Italien einzurichten, damit wir bei neuerkrankten Tieren schneller mit einer Therapie beginnen könnten und Antibiotika, die so neu waren, daß sie nur unter strenger Kontrolle an Kliniken abgegeben wurden, an den kranken Delphinen ausprobieren dürften.

Eines Tages aber ergab sich eine unverhoffte Gelegenheit, Andrews Wunsch in die Praxis umzusetzen. Ein Schweizer Klient mit Delphinarien in Italien rief an: Er habe Fischern, die von Rimini aus ins Meer fuhren, den Auftrag gegeben, zwanzig Delphine für ihn zu fangen. Was er tun solle, um die Tiere vor der Seuche zu schützen?

«Halten Sie die ganze Sache zurück, bis ich dort bin», bat ich ihn. «Ich will mit diesen Fischern hinausfahren und die Tiere schon in dem Augenblick sehen, in dem sie gefangen werden!» Er war sofort einverstanden, und ich packte in aller Eile die Bereitschaftstasche mit besonderen Geräten und buchte einen Flug nach Bologna. Die Aussicht, eine so große Gruppe Delphine vom Einfangen an und über die ersten Tage in einem Marineland beobachten zu können, erfüllte mich mit freudiger Erregung. Vielleicht gelang es mir, den Faktor oder die Faktoren, die zum Ausbruch der Krankheiten führten, genau zu bestimmen. Vielleicht gab es einen ungewöhnlichen Streßfaktor an Bord der Fischerboote. Vielleicht machte man dort irgend etwas, was die Amerikaner nie machten, oder umgekehrt.

Die drei Boote verließen Rimini im ersten Tageslicht. Das Meer wogte ölig träge. Es war nicht ideal für das Aufspüren von Delphinen, aber es hätte schlechter sein können. Dasselbe galt für meinen Magen – er befand sich in einem unentschlossenen, heiklen Zustand, der allerdings beinahe in eine Katastrophe umschlug, als die gutmütigen Fischer, die kein Wort englisch sprachen, sich unterwegs an ihr Frühstück aus fetten weißen Würsten machten, die sie mit Rotwein hinunterspülten. Um nicht hinsehen zu müssen, befaßte ich mich geschäftig mit meinen Instrumenten. Ungefähr zwanzig Kilometer von der

Küste entfernt wurde vom Ausguck im Bug unseres Bootes eine Schule Delphine gesichtet, die nichts besonderes taten, als lässig im Wasser zu schaukeln. Vielleicht hielten sie ein Nickerchen (Delphine können auch beim Schwimmen schlafen) oder nahmen nach der ersten Tagesmahlzeit ein Luftbad. Die drei Boote strebten auseinander, um die Delphine mit etwa 800 Metern Netz einzukreisen, auf die gleiche Art, wie ich es vor der Küste Floridas gesehen hatte. Als eine wäßrige Sonne den leichten Meernebel durchdrang, zählte ich etwa dreißig Dephine, zweifellos Große Tümmler, vom Netz umringt. Zwei Stunden später lagen genau zwanzig der geschmeidigen großen Tiere auf Schaummatratzen in den Fischbehältern an Bord der drei Boote. Die Fischer gingen recht sanft mit ihnen um, wenn sie auch offenbar nicht so viel von ihnen verstanden wie die amerikanischen Fänger. Ich mußte ihnen mit Gesten zeigen, wie man die Meeressäuger hinlegen muß, damit sie gut atmen können, wie man sie immer wieder zu befeuchten hat und wie wichtig es ist, selbst die geringste Beschädigung an empfindlichen Stellen wie den «Armhöhlen», wo die Flossen aus dem Rumpf wachsen, den Schnabelspitzen und den Kanten der Fluke zu vermeiden. Sie befolgten meine Anweisungen gutwillig, und es wurde viel gesungen und auf der Rückfahrt wiederum Rotwein mit Würsten genossen. Der morgendliche Fang würde gutes Geld einbringen: 800 US-Dollar pro Stück hatten die Fischer mit meinem Schweizer Bekannten ausgemacht. Sobald die Delphine an Bord waren, hatte ich angefangen, sie zu untersuchen und zu beurteilen. Jeden einzelnen hielt ich in einer Zeichnung fest, auf der die besonderen Merkmale hervorgehoben waren: eine Narbe hier, eine Einbuchtung der Rückenflosse dort. Dann prüfte ich den körperlichen Zustand, die Farbe, die Zähne, die Augen, den Geruch des Atems aus dem Blasloch, und hielt Ausschau nach schwereren Verletzungen. Es war sofort ersichtlich, daß nur ein paar der Tiere in draller, perfekter Form waren. Einige waren richtiggehend mager. Andere hatten trübe Augen oder üblen Atemgeruch; das war eindeutig nicht in Ordnung.

Schließlich entnahm ich dem Schwanz eines jeden eine Blutprobe. Das war der ausschlaggebende Test. Gleich nach der Landung wollte ich das Blut in ein Labor geben, damit die Grundanalysen unverzüglich durchgeführt würden. In Rimini warteten zwei lange Lastwagen mit schaumgummigepolsterten Einzelkisten und Angestellte des Delphinariums, die den letzten Teil der Reise zu den Delphinbecken zu beaufsichtigen hatten. Ich fuhr hinten auf einem der Lastwagen mit. Es schien alles fast genauso zu sein wie in Florida – kein besonderer Streß, abgesehen von der Gefangennahme selbst, aber die war überall gleich, ob in der Adria, auf den Bahamas oder bei den Everglades.

Die zwanzig Delphine wurden um ein Uhr mittags an ihrem Bestimmungsort abgeliefert. Als ich sie am folgenden Morgen inspizierte, waren die meisten krank, nur wenige nahmen Nahrung an, und einer oder zwei sahen aus, als würden sie noch an diesem Tag sterben. So war es denn auch. Am Ende der Woche waren alle zwanzig eingegangen – entschieden und eigensinnig tot, trotz der intensivsten Behandlung, die ich ihnen angedeihen ließ. So tragisch das war, ich lernte dabei zwei überraschende und sehr wichtige Dinge, die im wesentlichen die Natur der «Seuche» erklärten. Erstens bewiesen die gleich an Bord der Boote entnommenen Blutproben, daß die Krankheit schon zu jenem Zeitpunkt im Körper aller Delphine gesteckt hatte. Zweitens legte die Autopsie in jedem der traurigen Kadaver infizierte und lädierte Organe bloß, oft auf eine Weise, wie wir sie bei dieser Tierart kaum je gesehen hatten. Nierensteine, Brustabszesse, chronische Lungenentzündungen, kranke Hoden – jeder der Delphine hatte eine oder mehrere dieser Schädigungen. Aus den Geweben züchteten wir in Kulturen alle Bakterien, die mit Abwasserschmutz und Verunreinigung allgemeiner Art zusammenhängen – allgegenwärtige Bazillen ohne besondere Merkmale, die aber wie so viele in Ländern, wo Antibiotika ohne Rezept überall verkauft werden, gegen solche Medikamente resistent sind. Meine Schlußfolgerung war und ist, daß die wildlebenden Delphine der Adria durch und durch krank und zu einem frühen Tod verurteilt sind. Der Streß der Gefangennahme beschleunigt lediglich die bestehenden Entzündungen von Lungen, Nieren oder wovon auch immer, und da kommt der Tod einfach ein bißchen schneller. Eines Tages, und zwar schon bald, wird es in der Adria und im Mittelmeer keine Delphine mehr geben. Schuld daran ist nicht ein fremdes Virus. Schuld daran ist, daß wir, wir Menschen, das Wasser langsam umbringen – auf ganz altmodische Weise eigenhändig ersticken.

TEILCHEN IN TASCHEN UND FLASCHEN

Ist die Rede von Sezieren, Autopsie, Leichenöffnung – nennen Sie es, wie Sie wollen –, dann rümpfen viele Leute die Nase.

«Ein bißchen grauslich» oder «Wozu die Stalltür schließen, nachdem das Pferd schon durchgegangen ist?» oder «Mein Augustus ist ein Tiernarr und will unbedingt Tierarzt werden, aber es wird ihm schlecht, wenn man nur vom Aufschneiden von Leichen redet» – das sind die üblichen Reaktionen. Im wesentlichen ist die Autopsie natürlich eine Entdeckungsreise, die sowohl das medizinische Wissen vorantreibt als auch einen staunenswerten, intimen Einblick ins Wunder der biologischen Schöpfung und ins Leben und Funktionieren einer sich selbst vervielfältigenden und reparierenden Apparatur gewährt, die in ihrer Anlage komplexer und großartiger ist als jedes Produkt aus dem amerikanischen Silicon Valley. Sezieren, das ist nicht Schlachten mit Professorentitel, nicht krankhafte Neugier im weißen Kittel. Ich betrachte es als eine Mischung aus Detektivarbeit und angewandter Biologie, eine Art Archäologie: Grabungen in den Ruinen einer einst geschäftigen, blühenden Stadt aus Zellen, deren Aufgaben noch vielfältiger und bunter waren als die Tätigkeiten der Handwerker, Soldaten, Aristokraten und Dirnen, die Pompeji bevölkerten. Besonders gefährlich ist es nicht, ins Innere von Toten vorzudringen, die vielleicht an einer ansteckenden Krankheit gestorben sind, vorausgesetzt, man hält sich an die grundlegenden Vorsichtsmaßregeln. In fast dreißig Jahren pathologischer Untersuchungen an allem, von Menschen bis Schwertwalen, habe ich nicht einmal einen entzündeten

Finger davongetragen, obwohl auch mir gelegentlich das Messer ausgerutscht oder ein Handschuh leck gewesen ist. Etwas übel war mir schon, als ich ins Innere meines ersten Kadavers blickte – es war ein Wurm, und da ich es nicht fertigbrachte, ihn zuerst einmal aufzuschlitzen (ich war 12 oder 13 Jahre alt, glaube ich), überredete ich Geoffrey Greenwood, einen Spielkameraden, es zu tun. «Aber wie hält man es aus bei Tieren, die schon tagelang tot sind, ohne in einem Kühlraum gelegen zu haben, oder sogar bei exhumierten?» fragen die Leute. Ist das nicht, gelinde ausgedrückt, eine duftende Sache? Das kann es allerdings sein – die Leichen gestrandeter Wale zu untersuchen, beispielsweise, die tagelang in der heißen Sonne gelegen haben, bevor jemand sie entdeckte; aber ich habe mir schon vor langer Zeit den einfachen Trick angewöhnt, ganz auf Mundatmung umzuschalten, wenn ich mich in solchen Verhältnissen an die Arbeit mache.

Aus einer Autopsie wertvolle Informationen zu gewinnen erfordert gute, disziplinierte Kenntnisse in Pathologie, Erfahrung und die Unterstützung wichtiger Dienstleistungen – Laboratorien für mikroskopische Analysen usw. –, aber das Abenteuer mit Skalpell und bloßem Auge, das Sezieren selbst, ist das eigentliche Drama. Was hat man zu erhoffen von einer Untersuchung, sagen wir einmal, an einem der italienischen Delphine aus dem letzten Kapitel? Wir gehen planmäßig vor und machen laufend Notizen, während wir das Programm durchziehen wie eine gutorganisierte Sightseeing-Tour. Zuerst kommt natürlich die Außenseite an die Reihe, die Haut und alles, was daran hängt. Ich spüre den Anzeichen neuer oder alter Verletzungen nach. Oft treffe ich auf verheilte Haibisse, auf Narben, die das parasitische Neunauge hinterläßt, und manchmal, ach ja, auf Löcher oder Furchen aus knorpeligem Gewebe, wo ein «Sportschütze» einen schwimmenden Delphin angeschossen hat. Hauterkrankungen vieler Arten finden sich bei Delphinen, von Ausschlägen, die ein masernähnliches Virus verursacht, bis zu seltenen Pilzen.

Im Maul kann viel passieren; ich erinnere mich an eine

sehr alte Delphin-Urgroßmutter, die man sterbend im Fluß Severn fand und die Gaumenkrebs hatte. Im Maul haben wir aber auch die Gelegenheit, das genaue Alter des Patienten zu bestimmen: Man nimmt einen Zahn heraus und legt hauchdünne Ausschnitte davon unters Mikroskop, um daran akkurat das Geburtsjahr abzulesen.

Das Gehirn ist bei Delphinen besonders interessant. Hier sammeln sich Schwermetalle wie etwa Quecksilber an, wenn der Ozean, zum Beispiel in der Ostsee, chemisch verseucht ist. Delphine werden in der Regel recht alt, und sie stehen in der Nahrungskette ganz oben; Quecksilber und andere heimtückische Gifte wirken sich gerade bei solchen Tieren verheerend aus, so daß ein kleines Stück des Gehirns, chemisch analysiert, viel über den Zustand der Umwelt aussagt. Manchmal finden wir auch Saugwurmeier im Gehirn – sie können das zentrale Nervensystem schwer beschädigen, aber niemand weiß bis anhin genau, wie sie dorthin gelangen. An das Gehirn heranzukommen, ist eine überaus schwierige Phase der Autopsie, und sie muß möglichst rasch nach dem Tod unternommen werden, um die Veränderungen durch Verwesung möglichst gering zu halten.

Weiter geht's halsabwärts – was an «Hals» bei Delphinen vorhanden ist –, und hier hält man inne, um zu bewundern, wie der Kehlkopf sich ins untere Ende des Spritzloch-Mechanismus einfügt – eine einzigartige Einrichtung der Waltiere, die Nahrungs- und Atemwege völlig getrennt hält. Delphine können also nie an einem Bissen ersticken, der ihnen «in den falschen Hals gerät».

Die Lungen sind bei Tieren, die tief tauchen, lange unten bleiben und dann rasch an die Oberfläche steigen können, ohne einen Tiefenrausch zu bekommen, etwas ganz Besonderes. Die anatomischen Abweichungen, die diese Zauberei bewirken, haben wir jetzt unter unseren Fingerspitzen. Lungenkrankheiten sind bei diesen Meeressäugern sehr verbreitet; die Anzeichen von Abszessen, Lungenentzündung oder Bronchitis erkennt man schnell. Auch Wurmparasiten leben oft hier unten, besonders in den Lungen der kleinen Delphinarten, die man an den britischen Küsten antrifft. Das zweite wichtige Organ im Brustkasten, das uns interessiert, ist natürlich das Herz. Es kommt durchaus vor, daß Große Tümmler einen Herzschlag erleiden; die Blutgefäße sind ganz ähnlich wie beim Menschen angeordnet und müssen überprüft werden. Das ist der Zeitpunkt, eine reine Probe Herzblut zu entnehmen, mit der die Bakteriologen arbeiten können. Vielleicht enthält sie Mikroben, die auf eine Blutvergiftung hinweisen. Unterhalb des schräg liegenden, sehr muskulösen Zwerchfells befinden wir uns in der Bauchhöhle. Die Chemiefabrik des Körpers, die Leber, hat bei vielen Krankheiten einen großen Teil der Last zu tragen. Durch Abtasten, Aufschneiden und Anschauen – und Vergleichen mit einer gesunden Leber – suchen wir das verräterische «Muskatnuß»-Aussehen bei chronischen Herzbeschwerden, das weiße Spinnwebgebilde, das Leberzirrhose bedeutet (bei Delphinen kaum je auf Alkoholmißbrauch zurückzuführen!) oder die gelblich-trüben Flecken, die mit gewissen Arten von Gift in Zusammenhang stehen. Leberteilchen werden für den Mikropathologen in Formaldehyd gelegt, andere für eine spätere chemische Analyse in den Tiefkühler. Hier können wir erfahren, wieviel landwirtschaftliche Pestizide, die von den Feldern in die Flüsse und von dort ins Meer und in die Fische gelangen, das Tier im Lauf der Jahre aufgenommen hat.

Jetzt folgt eine Reise innerhalb einer Reise: Man öffnet den Magen (komplizierter beim Delphin als beim Menschen, weil er drei Abteile hat). Die Aussichten sind gut, hier etwas Ungewöhnliches zu finden, sei es bei einem wildlebenden oder einem in Gefangenschaft gehaltenen Delphin. Kleine Trauben, die in Wirklichkeit merkwürdige Parasiten der Magenwand sind, Abfälle in Form verschluckter Fremdkörper – Münzen, Steine, Holz- und Plastikstücke – sowie Magengeschwüre; das alles trifft man häufig an. Dann dringen wir in den gewundenen Schlauch des Delphindarmes vor. Ich wette ein Pfund Sterling, daß wir hier einen Bandwurm oder zwei finden.

Seine Segmente sind vollgepackt mit Eiern, die immer noch sehr lebendig sind – man muß aufpassen, keine auf die eigene Haut zu übertragen. Wenn man diese unsichtbaren kleinen Eier verschluckt, können sie ihren Lebenszyklus auch in einem anderen Wirt als dem Delphin fortsetzen, dem Menschen beispielsweise, um sich diesmal allerdings nicht zu einem Bandwurm zu entwickeln, sondern zu viel gefährlicheren Zysten, die im Gehirn, in der Leber oder anderen Organen heranwachsen. Vom Darm aus können wir unsere Aufmerksamkeit anderen Organen und Geweben in der Bauchhöhle zuwenden. Bauchspeicheldrüse: eine Entzündung oder ein Tumor zu erkennen? Nebennierendrüsen – man schneidet sie entzwei und hält nach den Blutergüssen Ausschau, die auf akuten Streß hinweisen, oder die verdünnte äußere Schicht, die eine Folge von chronischem Streß ist. Die umfangreichen Nieren, die denen einer Kuh gleichen, gelappt wie riesige braune Himbeeren, sind ein Schlüssel zur Evolution des Delphins vom wiederkäuenden Landtier, das vor Äonen ins Meer zurückgekehrt ist. Wir schneiden sie beide der Länge nach auf: Sie können Nierensteine, Zysten, Abszesse oder Zeichen einer Nierenentzündung enthalten.

Unweit der Nieren treffen wir auf die Geschlechtsorgane. Wir zählen die kleinen weißen Narben in den Eierstöcken. Sie sagen uns, ob und wie oft ein Weibchen trächtig war. Proben von den Hoden sind wertvoll für die Erforschung der Fortpflanzungsmuster: Man entnimmt und beschriftet einige und schickt sie an Sir Richard Harrison in Manchester. Dann öffnet man die Blase – es ist nicht wahrscheinlich, aber möglich, einen Stein oder einen Polypen darin zu finden. Mit einer Spritze zieht man Harn heraus für verschiedene Tests, zum Beispiel auf der Suche nach abnormen Kristallen. Schließlich müssen wir uns die Körpermuskeln sorgfältig vornehmen. Das fast schwarze Gewebe unterscheidet sich von dem anderer Säugetiere; das liegt an der Extramenge Pigment, die es enthält, um beim Tauchen eine Extramenge Sauerstoff aufzubewahren. Man läßt das Skalpell nach

Hinweisen auf Wunden, Quetschungen, nach den blassen «Fingerabdrücken» von Vitamin-E-Mangel oder den Gastaschen suchen, die eine Invasion der schnellwirkenden Gas-Gangrän-Bakterien verraten. Ein bißchen echtes Glück wäre es, das kleine Stückchen Knochen auszugraben, das tief in den Muskeln am hinteren Körperende verborgen liegt: das einzige, was von den Hinterbeinen und dem Becken des Delphins übriggeblieben ist, ein weiteres bedeutsames Souvenir aus dem Verlauf der Entwicklungsgeschichte.

Sind endlich alle die Teilchen in ihren Flaschen und Taschen untergebracht und gewissenhaft angeschrieben, dann bleibt nur noch das Sauberschrubben. Während ich Wasser und Desinfektionsmittel über meine Hände rinnen lasse, denke ich oft über das Wunder nach, dessen Zeuge wir gerade geworden sind. Das Leben ist in der Tat, wie Napoleon auf St.Helena einst zu seinem Arzt sagte, «eine Festung, von der weder Sie noch ich etwas wissen». Nein, Autopsien sind kein verdrießliches, zielloses Herumwühlen in den eigenen Mißerfolgen.

VOR LAUTER GÜTE TÖTEN

Die riesige Armee der wildlebenden Tiere liebt kulinarische Experimente nicht minder als ihre menschlichen Gegenstücke. Im Lauf der Jahre habe ich auf meinen Reisen quer durch die Welt rohes Haifischfleisch gekostet, das in seinem eigenen hohen Gehalt an Harnstoff eingepökelt war, bekam Häppchen mit gesalzenen Rollasseln, süße Maden, Hummeln in Honig und Ameisen in Schokolade vorgesetzt und kochte selber Heuschrecken, Würmer und Klapperschlangen. So sonderbar solche Menschenkost anmuten mag, ich traf auch bei der Verpflegung meiner exotischen Patienten zahllose Seltsamkeiten und Überspanntheiten an. Ich habe an anderer Stelle vom verführerischen Reiz von Pfefferminzbonbons auf Wallabys erzählt, von einem Affen, den sein eintöniges Eier-Flip-Menü fast umbrachte, von Flußpferden, die Fleischfresser waren, Straußen, die gierig Juwelen verschlangen, Affen, die sich ihr Maul mit Rasierklingen vollstopften, und Elefanten, die von überreifen Mispeln einen köstlichen Rausch bekamen. Futter ist die Wurzel mancher Probleme des Zootierarztes, und damit meine ich nicht den beginnenden Embonpoint, der von meiner tiefen Liebe zur italienischen Küche zeugt! Als ich in den fünfziger Jahren in zoologischen Gärten zu arbeiten anfing, hatten die beiden größten Krankheitsgruppen ihren Ursprung in Parasiten und in der Nahrung. Die von Parasiten hervorgerufenen Erkrankungen wurden inzwischen durch die Entwicklung unschädlicher, wirksamer Arzneimittel und durch vorbeugende Routine-Laboruntersuchungen weitgehend besiegt oder unter Kontrolle gebracht. Krankheiten als Folge von Fehlernährung sind ebenfalls enorm zurückgegangen, da wir heute immer mehr über die normalen Nahrungsgewohnheiten und -anforderungen der Tiere wissen und überdies die wissenschaftliche Zusammenstellung konzentrierter Nahrung, die früher nur landwirtschaftlichen Nutztieren zugute kam, in die Welt exotischer Pflanzenfresser, Allesfresser und Fleischfresser übernommen wurde. Ja, es gibt heute sogar ein knuspriges proteinreiches Biskuit für Tiger, Löwen und dergleichen – ganz in der Art des abgepackten Trockenfutters, das Sie Ihrem Stubentiger vorsetzen.

Ich kann mir nicht vorstellen, daß die Verproviantierung fremder Tiere jemals den Gipfel erhabener Lächerlichkeit erreichen wird, der bei der Fütterung gewisser Haustiere vorkommt. Zar Nikolaus I. von Rußland gab 1829 seinem Küchenchef in St. Petersburg Anweisung, seine Katze Waschka, die am Tag eines russischen Sieges gegen die Türken geboren war, habe eine tägliche Verpflegung zu bekommen, die er für ein so edles Tier für passend hielt. Das Rezept lautete:

> Zwei Uhrgläser voll vom besten schwarzen Belugakaviar, zwei Uhrgläser voll gelber Kaviar, das obige drei Minuten in kräftigem Champagner leicht pochiert. Dann füge man das feingehackte Fleisch einer aus Frankreich importierten, in ungesalzener Butter goldbraun gebratenen Haselmaus, nur den Dotter eines Waldschnepfeneies und einen Löffel voll frisches Hasenblut bei. Das Ganze wird in dickem Rahm gebraten. Die ausgekühlte Mischung wird mit gehacktem Kerbel und getrocknetem Suchumikäse bestreut. Man befeuchte es (an heißen Tagen) mit Champagner brut.

Als ich dieses Gericht *spaßeshalber* als historische Kuriosität 1984 im «Afternoon Club» des ITV demonstrierte, kamen mehrere Zuschauerbriefe mit entrüsteten Reklamationen: die 60 Pfund für ein Tellerchen pro Tag – darauf würde das Rezept des Zaren nach meiner Schätzung heute zu stehen kommen – seien doch recht happig für eine *empfohlene* Diät für die Durchschnittskatze. Gewöhnliche Leute könnten sich das nicht leisten! Wie gesagt, ich hatte sie *nicht* empfohlen. Katzen und Hunde mit Luxusspeisen zu füttern, finde ich sowieso dumm, verschwenderisch, unnütz und eigentlich unmoralisch, obwohl man diese Kritik ja auch bei uns, dem überfütterten westlichen Homo sapiens, anbringen kann. Was soll man in einer Welt, in der Millionen Kinder jährlich verhungern, von dem Gourmet-Restaurant für Hunde im Beach-Regency-Hotel in Nizza halten, wo die verwöhnten Vierbeiner der Reichen und Spinnerten hingeführt werden, um beispielsweise Pâté für 2 Pfund pro Portion zu speisen, allerdings in silberner Wärmeschüssel serviert?

Heute, da die Wissenschaft in den Futterküchen der Zoos Einzug gehalten hat und Männer wie Matt Kelly nicht mehr da sind, die Tiere «nach dem Sitz ihrer Hosen» und oft ohne Meßbecher oder Waage füttern, einfach «eine Schöpfkelle voll dies und eine voll das» aus Behältern mit Kleie, Hafer, Mais und Leinsamen, zusammen mit dem, was an Früchten und Gemüse auf dem lokalen Markt gerade reichlich vorhanden und billig war, sind früher verbreitete Mangelkrankheiten selten geworden. Großkatzen, die zuviel rohes Fleisch bekamen, hatten wegen des Überschusses an Phosphor und Mangels an Jod und Vitamin A mit der Zeit kranke Knochen und Schilddrüsenstörungen, Giraffen brachen im Winter zusammen, weil es in ihrem Blut an Eiweißstoffen und Vitaminen fehlte. Unausgeglichene Ernährung unterdrückte die Fortpflanzung oder führte zu Fehlgeburten und Todesfällen bei Neugeborenen, und die Beschaffenheit von Haut, Haaren und Fell war chronisch schlecht, wenn nicht genug Fett oder keine ausreichende Auswahl an Aminosäuren in die täglichen Rationen eingebaut wurde. Die Forschung hat das alles geändert, obwohl es immer noch einige Tierarten gibt, über deren gastronomische Bedürfnisse wir nicht genug wissen. Dazu gehören der Riesenpanda, einige südamerikanische Affen, gewisse Lemuren und viele Reptilien.

Die Mehrzahl der Ernährungssorgen, mit denen ich mich Mitte der achtziger Jahre herumschlage, sind Sonderfälle, in denen, trotz gut zusammengesetzter und reichlicher Nahrung, das Murphysche Gesetz es fertigbringt, mich in Atem zu halten.

Chang-Chang, der männliche Riesenpanda in Madrid, entwickelte eine Vorliebe für Complan, eine auf Milch aufgebaute Vollnahrung für entkräftete Menschen, als ich ihn gegen schwere blutende Magengeschwüre zu behandeln begann. Die milde Diät aus Complan, Reis, Honig und Babyflocken fand er ganz nach seinem Geschmack – so sehr, daß er nach seiner Heilung Bambus gar nicht mehr besonders mochte. Complan, mit oder ohne Würze, war seine Wonne, und so gaben wir es ihm; wir wußten, daß es eine vollwertige Nahrung für Pandas genauso wie für Menschen war, auch wenn es keine Ballaststoffe enthielt. Diese bekam Chang-Chang aus den Gemüsen, Früchten und Bambusstücken, die er ebenfalls verzehrte. Nachdem ich mir bei seiner Ankunft mit dem Fiber-Gastroskop seinen Magen von innen betrachtet und die scheußlich beschädigte Magenwand gesehen hatte, war ich gar nicht unglücklich über seine neue Vorliebe für «Kinderbrei»: Pandas verdauen ihre Nahrung nur flüchtig, und die Vorstellung von rohen Bambusklötzen, die an dieser empfindlichen, aufgerissenen Schleimhaut herumschabten, beunruhigte mich. Auch heute, vier Jahre später, liebt er dieses britische Produkt noch. Ob mit Erdbeer-, Schokolade- oder Vanillegeschmack – für ihn ist das alles Ambrosia. Er leckt seine Metallschüssel bis zum letzten Tröpfchen leer und poliert sie mit seiner rosaroten Zunge, bis er sich selbst darin reflektiert sieht, bewundert sein hübsches Spiegelbild für einen Augenblick der Eitelkeit, stülpt sich dann die Schüssel verwegen schief als Helm auf den Kopf und legt sich äußerst zufrieden zurück, die Tatzen über dem runden Bauch gefaltet. In dieser Stellung erinnert mich Chang-Chang immer an einen Falstaffschen Ritter nach dem Trinkgelage. Die labberige Pandadiät hat sich in mancher Hinsicht bewährt, aber einen Nachteil bringt sie mit sich: Sie fördert die Bildung von Zahnbelag, und genau wie bei verzärtelten Hunden, die ausschließlich mit Dosennahrung gefüttert werden und keine rohen Brocken mit Haut und Knorpeln zu kauen bekommen, um ihr Gebiß sauberzuhalten, kann diese Verkrustung mit der Zeit das Zahnfleisch angreifen, zuerst Zahnfleischentzündung und später, wenn nichts dagegen unternommen wird, schlimmere Infektionen in der Zahngrube hervorrufen. Trotz des wunderbaren Daumens an beiden Vorderpfoten, der es ihnen erlaubt, Bambusstangen festzuhalten – oder Zahnbürsten, wenn sie das wollten –, putzen Pandas sich die Zähne nicht. 1983 fiel den Tierärzten in Madrid, Liliana und Antonio-Luis, und auch mir allmählich auf, wenn Chang-Chang gähnte (Pandas gähnen dauernd und schlummern immer wieder ein), daß seine Zähne gelb und schuppig wurden. Er hatte das strahlend weiße Lächeln verloren – Pandas haben tatsächlich ein reizendes, verschmitztes Lächeln –, das an seinem Stiefsohn Chu-Lin noch zu sehen war.

Mit unserem inzwischen gefestigten Vertrauen in Panda-Anästhesie (obwohl der Königliche Panda-Rat noch immer jeden meiner Entscheide, eines der Tiere zu narkotisieren, abstempeln muß – meistens, nachdem es schon geschehen ist) beschloß ich, Chang-Changs Zähne zu säubern. Um es schnell und effizient ausführen zu können, schlug ich vor, einen modernen Ultraschallapparat zu benützen statt der kleinen Schaber und Stichel, die ich vor vielen Jahren in der Allgemeinpraxis für Hunde und Katzen gebraucht hatte und heute noch bei Fischottern brauche, deren Zähne oft völlig unter einer dicken, lavaähnlichen Ablagerung von Zahnstein begraben liegen. Da Pandas in der Zoowelt Spitzen-VIPs sind, stimmte Madrid dem Kauf einer Ultraschallzahnbürste im Wert von 1000 Pfund für nichts anderes als zwei jährliche Zahnhygienebehandlungen an Chang-Chang zu. Für meinen ersten Versuch mit dem Apparat, nicht nur an einem Riesenpanda, sondern überhaupt, brauchte ich unbedingt eine Demonstration in bezug auf die Technik. Schaber dieses Typs sind einfach in der Anwendung; sie bestehen zur Hauptsache aus einer vibrierenden Sonde, deren Ultraschallwellen die Plaque absprengen. Ein feiner Wasserstrahl kühlt die Sondenspitze, mit der man sanft über die Zahnoberfläche gleitet. Die Prozedur ist nicht schmerzhaft, aber wir würden Chang-Chang natürlich ein Beruhigungsmittel geben müssen, und ich wollte auf meiner Jungfernfahrt durch sein Maul nicht tolpatschig mit dem Instrument herumfummeln. Ich vereinbarte also mit Mr. Parker, meinem Zahnarzt in Lightwater, daß ich dabeisein dürfe, wenn er *seinen* Ultraschallschaber an einem seiner menschlichen Patienten benütze. Der Patient, ein Mann in den Vierzigern, schien erfreut, wenn auch zunächst etwas verwirrt darüber zu sein, als Double für einen Panda zu fungieren. Mr. Parker fuhr geschickt mit dem Schaber über die Zähne, und der tabakverfärbte Belag war weggewischt.

«Wollen *Sie's* jetzt einmal versuchen?» fragte mein freundlicher Zahnarzt.

«Hat der Herr nichts dagegen?»

«Er ist entzückt», behauptete Mr. Parker.

«Yogl glögg gla gluggagg», meinte der Patient rätselhaft, in der Sprache, die nur Zahnärzte verstehen – den offenen Mund voll surrenden Metalls. Nun, ich hatte meine Hände schon an allerhand widerwärtigen Orten gehabt: bis zu den Ellbogen in riesigen Elefantenabszessen, fauligen Giraffengebärmüttern und madendurchsetzten angeschwemmten Walkadavern, aber die Idee, in einem Menschenmund herumzuwühlen, erschien mir nun, als es darauf ankam, merkwürdigerweise noch weniger attraktiv als das alles. Ich hatte ja gesehen, wie der Apparat funktionierte. Es würde nicht schwierig sein, ihn bei Chang-Chang zu handhaben. Unnötig, es in diesem klaffenden, seltsam abstoßenden menschlichen Schlund auszuprobieren. Und wenn es die Welt zu retten gälte, ich könnte nicht Zahnarzt *für Menschen* sein!

«Ähm, nein danke», sagte ich. «Ich habe es ganz gut gesehen. Jedenfalls vielen Dank für die Demonstration.»

Ein paar Tage danach, als Chang-Chang unter einer

Valium/Ketamin-Mischung schlummerte, zwängte ich mit Rippenspreizern, die man für Thoraxoperationen an Menschen braucht, den kräftigen Kiefer auf und machte mich mit dem neuen Apparat ans Werk. Gegen Pandamäuler habe ich nichts; ich genoß es richtig, mit der vibrierenden Sonde sacht die gelbbelegten Zähne Chang-Changs zu berühren, genau wie Mr. Parker es mir gezeigt hatte, und zuzusehen, wie die Plaque abbröckelte und den glänzenden Zahnschmelz darunter freigab. Zuletzt putzte ich die Zähne mit einer neuen Zahnbürste und Zahnpasta mit Pfefferminzgeschmack (Chang-Chang liebt Pfefferminze heiß) und spülte das Zahnfleisch mit antiseptischem Mundwasser. Der Panda, der langsam aus der Narkose erwachte und sich regte, hatte jetzt einen Mund so weißleuchtend und süß, wie es Macleans- oder Colgate-Reklamen versprechen.

Die blutenden Geschwüre, die ich in Chang-Changs Magen behandelt hatte, waren von einer ganz anderen Art als diejenigen, die ich manchmal bei Delphinen finde. Delphin-Magengeschwüre sind genau wie solche von mittelalterlichen Geschäftsherren und verursachen die gleichen Symptome: Verdauungsstörungen, Leibschmerzen und gelegentliches Erbrechen. Einige Jahre nach Eröffnung der ersten Delphinarien in Europa fanden wir eine wahrscheinliche Ursache heraus. Die Rolle eines chemischen Stoffes namens Histamin, der bei nervösem Streß im Körper freigesetzt wird, war als wichtig in der Kette von Ereignissen erkannt worden, die dazu führen können, daß ein Mensch, der einem Leben voll Sorgen, Streß und seelischem Druck unterworfen ist, Magengeschwüre bekommt. Obwohl muntere, aktive Delphine in Marinelands wie etwa in Windsor oder an der Costa Brava nicht unter chronischem Streß zu stehen *schienen,* war das etwas, was man im Auge behalten mußte. Dann kam eine sehr interessante Entdeckung ans Licht: Fische wie Heringe, Sardinen und Makrelen, nicht aber Lachs, Forellen oder Dorsche, hatten, wie sich aus einer Analyse ergab, sehr hohe Werte der Aminosäure Histidin im Fleisch. Man fand heraus, daß dieses Histidin eine chemische Verwandlung durchläuft, sobald die Fische nach ihrer Gefangennahme sterben, und zwar verwandelt es sich in Histamin. Delphine, die mühelos bis 12 Kilo Makrelen im Tag verschlingen, *könnten* also unter gewissen Umständen große Mengen Histamin damit aufnehmen. Man weiß schon lange, daß für menschliche Patienten, die zu Magengeschwüren neigen, die Makrele der schlechteste Speisefisch ist – vielleicht war hier ein Bindeglied zwischen dem sorglosen, athletischen Großen Tümmler und dem unathletischen, unter hohem Druck stehenden City-Manager, der mit seinem letzten Glas Portwein beim Geschäftsessen eine Magnesiumtablette herunterspült. So entstand die Theorie, daß hohe Histaminwerte in der Nahrung ein Hauptfaktor der Bildung von Magengeschwüren bei Delphinen sind, und ich halte heute noch an ihr fest. Warum, fragen Sie nun wahrscheinlich, gibt man ihnen dann nicht Fische mit niedrigem Histidingehalt – Forellen oder Schellfisch? Die Antwort ist: Delphine verlangen Fische einer gewissen Größe, die zum Teil ganz verfüttert werden; regelmäßige Lieferungen in hoher Qualität müssen gewährleistet sein, und dann ist da auch noch das Problem des Geschmacks. Die Delphine lieben gewisse rassige Fische wie Heringe und rümpfen die Nase über fadere Arten. Fische mit Spitzen und Dornen und Finnen, wie etwa Roßmakrelen, eignen sich im allgemeinen nicht, weil sie, ganz verfüttert, in der Speiseröhre Schaden anrichten können. In Europa und am Mittelmeer sind unter den passenden Arten nur Makrelen, Heringe und Sprotten in genügender Quantität und Qualität das ganze Jahr über erhältlich. Gab es angesichts einer Diät, die sich zwangsläufig auf histidinreiche Fische konzentrierte, irgendeine Möglichkeit, das Problem zu umgehen?

Kernpunkt ist die Verwandlung des Histidins in Histamin nach dem Tod der Fische. Wenn ein Delphin im offenen Meer einen Fisch tötet, bekommt er kein Histamin ab. Frische Heringe oder Makrelen an der Angel oder an Deck eines Trawlers enthalten immer noch wenig von dem lästigen Stoff, aber «frisch», wie es auf dem Schild eines Fischhändlers gemeint ist, das ist etwas ganz anderes. Alle in Marinelands verwendeten Futterfische kommen tiefgefroren herein. Die tiefe Temperatur vermindert chemische Veränderungen wie die Histidin/Histamin-Umwandlung, sie verhindert auch das Wachstum von Bakterien und Fäulnis ganz allgemein, stoppt die Entwicklung von Enzymen, die den Vitamin-B-Gehalt der Fische zerstören, verlangsamt die Oxydation, die zu Entfärbung und zu Veränderungen der Fischöle führen kann (Veränderungen, die Delphine im Geschmack ihres Futters spüren, worauf sie es prompt ablehnen), und tötet Parasiten ab, die sonst den Delphin verseuchen könnten. Aber man kann ja den Delphinen keine Blöcke gefrorenen Fisches verfüttern. Er muß aufgetaut werden, und beim Auftauen steigt die Temperatur, und die chemischen Umwandlungen beginnen von vorne. Zwar läßt sich die Zeitspanne zwischen dem Tod des Fisches und der Tiefkühlung durch Schockgefrieren an Bord auf ein Minimum zusammendrängen, mich aber interessierte in den späten sechziger Jahren die Auftauzeit, die Spanne vom Herausnehmen eines Fischblocks aus dem Kühlraum bis zu dem Augenblick, in dem der Fisch ins Maul eines Delphins gelangte. Waren unsere Heringe voller Histamine, und wenn ja, sorgten die Auftaumethoden der damaligen Zeit dafür, daß die Delphine täglich eine hohe Dosis des schädlichen Stoffes aufnahmen? Im Verlauf der Jahre habe ich manchen Streit mit Lieferanten von Fisch an Zoos und Marinelands ausgefochten. «Wir brauchen Fische von allerbester Qualität – bessere als die Wheelers Oyster Bar oder das Connaught sie verlangen», drängte ich immer wieder. «Menschen essen ein- oder zweimal in der Woche ein wenig *gekochten* Fisch. Meine Tiere essen rohen Fisch in großen Mengen und nichts anderes, und das 365 Tage im Jahr!» Doch den Fischhändlern war die Idee nicht auszutreiben, diese Fische seien «Tierfutter» – ein Wort, das für sie gleichbedeutend mit «drittklassig» oder «beschädigt» oder «für menschlichen Verzehr nicht geeignet» sein mußte. «Es ist mir egal, wenn Sie Ihrem Katzenvieh Abfälle vom Metzger geben oder wenn es mit

Fischköpfen für ein paar Penny auskommt, aber meine Delphine, Seelöwen und dergleichen sind mindestens so aristokratische Feinschmecker wie die Mitglieder von Whites bei ihrem Festessen am 1. September! Mehr noch: Sie verlangen das Beste, weil ihr Leben davon abhängt!» Solche Ermahnungen waren so oft auf taube Ohren gestoßen. «Die sind doch selber bloß Fische, oder? Tiere sind sicher nicht so zickig.» Die Fischhändler müssen sich gedacht haben: «Der Kerl übertreibt, der spinnt wohl ein bißchen.» Aber wie ihre privaten Überlegungen auch immer sein mochten, zu Beginn schickten sie unweigerlich ein Muster guter Fische. Die nachfolgenden Lieferungen waren dann ebenso unweigerlich von immer minderer Qualität, bis unsere Tiere juckende Hautausschläge oder Magenverstimmungen bekamen oder einfach die Nase hochstreckten und angewidert wegschwammen. Es hatte jahrelange Dispute und Rücksendungen gebraucht, bis ich wenigstens ein paar Lieferanten fand, die unsere Bedürfnisse begriffen. Doch die Frage der Auftauperiode war noch ungelöst.

1969 beschloß ich, Fische auf ihre Histaminwerte zu analysieren. Ich kaufte in einem Fischladen am Rochdale-Markt den besten Hering – so einen schimmernden, kläräugigen, festbeschuppten, nach Salz und Seetang riechenden Fisch, wie Sie und ich ihn kaufen würden, um ihn mit Zitrone und schwarzem Pfeffer und Hafermehl zu einer feinen Mahlzeit zuzubereiten. Das war «Frische», wie die Hausfrau sie versteht. Dann nahm ich tiefgekühlten Hering aus unserem Delphinvorrat und taute ihn auf verschiedene Arten auf: über Nacht auf einem Holzbrett, oder in einem Ausguß voll kaltem Wasser, oder unter fließendem warmem Wasser. Jede der Proben wurde dann an der Universität Glasgow auf den Histamingehalt untersucht. Die Ergebnisse waren faszinierend. Der Fisch vom Rochdale-Markt, die Sorte, die Sie und ich zu Hause am ehesten essen würden, enthielt große Mengen Histamin – zehnmal mehr als an der Luft oder im kalten Wasser aufgetauter Hering. Die niedrigste Menge, ein Dreißigstel von der des Marktfisches, aber immer noch bedeutend, fand sich in den Proben, die ich in warmem Wasser schnell aufgetaut hatte. In weiteren Experimenten aber fand ich heraus, daß der Histamingehalt bei allen Mustern rasch und konstant anstieg, sobald die Fische fertig aufgetaut waren und in Eimern auf die Fütterungszeit warteten. Durch rasches Auftauen, in kleinen Mengen und erst ganz kurz vor dem Verbrauch, dachte ich, könnten wir hoffentlich die Histaminaufnahme und damit das Aufkommen von Magengeschwüren stark herabsetzen. Und genau das geschah. In den Jahren nach meinem Experiment von 1969 gingen die Fälle von Magengeschwüren in europäischen Delphinarien um 50 Prozent zurück. Natürlich finden wir immer noch einige Geschwüre, zum Teil vielleicht auch, weil unsere Kontrollen besser geworden sind; die jährlichen gastroskopischen Untersuchungen enthüllen uns die Schäden oft, bevor die Delphintrainer irgendwelche Symptome bemerkt haben. Unsere Behandlung dieser Tiere wurde durch neue Entwicklungen in der Humantherapie von Magengeschwüren revolutioniert und hat mit ihr gleichgezogen. Früher war ich im Nachteil, weil ich meine Patienten ja nicht auf eine milde Diät von Reispudding und Weizenschrotbiskuits setzen konnte; sie mußten mit ihrem fetten Fischfutter durchhalten. Die Behandlung bestand aus einer Verbindung von Medikamenten, die der Magensäure entgegenwirken (zum Beispiel Magnesiamilch) und schmerzlindernden Mitteln, das Ganze in den Futterfischen versteckt. Die Heilung war nur in wenigen Fällen zufriedenstellend. Heute verwenden wir Cimetidin (Tagamet) und Ranitidin (Zantac), die Superpharmaka, die man Menschen in dieser Lage verabreicht, und bringen damit Delphingeschwüre in einem oder zwei Monaten völlig zum Verschwinden.

Ein einzigartiges Futterfischproblem tauchte 1973 auf, als ich nach Indonesien geschickt wurde, um nach Delphinen zu sehen, die einem deutschen Unternehmer namens Butz gehörten. Vier Große Tümmler in einem erbärmlichen tragbaren Bassin in der Nähe von Pontianak auf Borneo brauchten dringend Hilfe. Gott sei Dank sind die Tage der Delphin-Wanderzirkusse endgültig gezählt. Die armen Geschöpfe lebten ausnahmslos unter schlechten Bedingungen, wo immer sie in Südostasien herumgeschoben wurden, von Taiwan bis Bangkok, und das hatte unvermeidlich eine hohe Sterberate zur Folge. Unsauberes Wasser, Hitze, fremde Mikroben, anstrengende Transporte und unzulängliche Wasserbekken – das alles trug zur alarmierenden Häufung von Erkrankungen bei. Damals war ich, wie es mir schien, alle ein bis zwei Wochen einmal im Fernen Osten, und zu Hause in England hing ich an den meisten Tagen am Telefon und sprach mit rund um das Südchinesische Meer verstreuten Anrufern. Es war eine verzweifelte Angelegenheit. Alle meine tragbaren Diagnosehilfen und raffinierten Medikamente konnten aus übelriechender Brühe kein klares Wasser machen, kein Salz finden, wo es keines gab, keine zerbrochenen Pumpen in abgelegenen Fischerdörfern flicken und keinen Schatten auf glühende Pisten zaubern, wenn Flugzeuge stundenlange Verspätungen hatten. Die Delphine hätten überhaupt nicht dort sein dürfen, aber sie waren es nun einmal, und sie steckten immerfort in Schwierigkeiten. Eines der häufigsten Probleme bestand darin, geeignete Fischlieferungen zu beschaffen, wenn die mit den Delphinen aus Europa hingeflogenen Heringe und Makrelen aufgebraucht waren. Frische einheimische Fische bargen das Risiko von Parasiten und die Gefahr schwerer Lebensmittelvergiftungen. Trotzdem machten die Besitzer der Delphinzirkusse weiter und verfütterten, was sie eben kriegen konnten. Diesmal ließen sich in einer von Bäumen gesäumten Lichtung dicht bei der «Stadt» aus Holzbuden und kleinen Bananen-, Gummi- und Palmenplantagen zwei Delphine lustlos in ihrem Becken treiben. Zwei andere waren tags zuvor eingegangen und lagen nebenan unter Säcken. In der dicken, feuchten Luft lag der typische Geruch toter Delphine. Gunther, der Trainer, stand mürrisch neben mir am Beckenrand und jammerte die lange Liste von Unannehmlichkeiten herunter, die er seit der Ankunft in

Fernost erlebt hatte: Visumschwierigkeiten mit indonesischen Einwanderungsbeamten; Löhne, die nicht eingetroffen waren; seine Wassertestausrüstung gestohlen; seine Assistentin, eine junge Engländerin, in Djakarta auf Drogentour gegangen und zurückgelassen worden; regelmäßige Stromunterbrechungen, wodurch der Filter durchschnittlich nur etwa vier Stunden im Tag lief; die Möglichkeit, daß er bei einer einheimischen Schönen Gonorrhö aufgelesen hatte (ob ich etwas dafür habe, bitte?); geeignete Fische für die Tiere zu bekommen sei ein Alptraum gewesen, seit die Heringe alle waren, und um das Maß vollzumachen, habe er jetzt zwei Tiere verloren, und es sehe aus, als verliere er nochmals zwei.

«Wie hat es angefangen?» fragte ich, als er mit seinen Klagen fertig war – sie waren nichts Neues für mich.

«Aus heiterem Himmel, wie ein Blitz, vor zwei Tagen!» Er schilderte, wie die Delphine trotz allem bis dahin gut gegessen und gearbeitet hatten. Manila, Taipeh, Singapur und Djakarta, da war nichts weiter gewesen als gelegentlich geschlossene Augen, wenn Chlor und schmutziges Wasser als Reaktion beißendes Stickstofftrichlorid produzierten.

«Symptome?» wollte ich wissen.

«Ach, sie übergeben sich, haben schweren Durchfall. Und sie haben diese komischen Zuckungen. Die zwei, die verendet sind, wanden sich in Krämpfen, bevor sie den Geist aufgaben. Es war grauenhaft, Doktor!» Ich sah, wie die beiden überlebenden Tiere von Zeit zu Zeit zusammenzuckten wie von einem kleinen elektrischen Schlag. Ein Geschmier von senfgelber Diarrhö trieb auf der Wasseroberfläche.

«Ich werde sie für die Untersuchung und Blutprobe einfangen müssen», sagte ich. «Aber zuerst seziere ich besser die andern zwei. Sie können uns Hinweise geben, und gut vorgewarnt ist halb bewaffnet. Sie in dieser Hitze noch länger herumliegen zu lassen macht die Arbeit noch unangenehmer.»

Ich arbeitete zwei Stunden lang an den beiden toten Delphinen, war aber am Ende zu meiner Verwunderung nicht klüger als zuvor. Keinerlei Anzeichen der schweren Lungen-, Leber- oder Darminfektionen, die ich erwartet hatte. Eine schnell fortschreitende Blutvergiftung blieb die wahrscheinlichste Erklärung. Die Blutproben der lebenden Tiere müßten dies anzeigen, sofern ich ein hilfsbereites Krankenhaus-Labor finden konnte; auf jeden Fall wollte ich den Delphinen sofort intravenöse Antibiotikaspritzen geben. Ich bereitete Tobramycin-Injektionen vor, während Gunther und ein indonesischer Junge, der für Hilfsarbeiten angestellt worden war, ein Netz entrollten, um die kranken Tiere einzufangen. Ein bestimmter, sehr gefährlicher Erreger, der im Fernen Osten verbreitet ist, konnte unter Umständen im Spiel sein – schon beim Gedanken daran lief es mir kalt über den Rücken, während ich mir im tröpfelnden Wasserrinnsal aus einem Schlauch die Hände wusch.

Die Bakterie mit dem Namen Pseudomallei hatte unter allen Meeressäugetieren im großen Ocean Park von Hongkong Verheerungen angerichtet. Sie ist bei lebenden Tieren schwer zu diagnostizieren und hinterläßt bei den toten kaum Spuren für den Pathologen. Sie kommt im Boden vieler Länder der Region häufig vor und kann auch für Menschen tödlich sein. Zahlreiche US-Soldaten starben im Vietnamkrieg nach Verletzungen durch Bambusspieße, die von den Vietcongkämpfern einfach mit Erde eingerieben und in verborgene Fallgruben gesteckt wurden. Man kann den Erreger nur mit speziellen Antibiotika bekämpfen – daher das Tobramycin, für alle Fälle …

«Wie schaffen Sie es denn, wenn der Fischnachschub so schwierig ist?» fragte ich den Deutschen, während wir die Delphine heranzogen. Sie leisteten keinerlei Widerstand, sondern lagen in den Netzen, als wären sie irgendwie erleichtert.

«Jeden Morgen um fünf Uhr gehe ich mit Malik hier auf den Fischmarkt und kaufe, was ich kann.»

«Was für Fische?»

«Fragen Sie mich bloß nicht nach ihrem Namen. Oft gibt es da einen goldgelben Fisch, ähnlich wie eine Sardine in der Form, aber mit schneeweißem Fleisch. Die Delphine mögen ihn nicht. Ich habe es auch mit Seebarschstücken versucht – das ist sehr teuer. Wenn ich sie dazu bringe, Fische zu essen, sind es meistens tropische Arten, die ich noch nie gesehen habe, einige davon mit vielen Stacheln und scharfen Kanten, die ich immer wegschneide, bevor ich sie verfüttere.»

Über den Beckenrand gebeugt, wo die Delphine wie in einer Hängematte im niedrigen Wasser lagen, begann ich sie zu untersuchen. In schlechter Verfassung waren sie nicht. Ihre Augen waren klar, ihr Atem roch gut. Aber dieses merkwürdige Zucken, das etwa alle dreißig Sekunden durch ihren Körper lief? Konnte es Vitamin-B-Mangel sein?

«Verabreichen Sie täglich Vitamine, wie üblich?»

«Aber ja. Jeder bekommt jeden Morgen fünf Seatabs.» Diese amerikanischen Multivitamintabletten enthalten mehr als genug Vitamin B. Ich entnahm dem Schwanz jedes Tieres eine Blutprobe und ließ sie dann wieder freisetzen, worauf sie wiederum wie Plastikmodelle im Wasser lagen.

Ich brauchte lange, um eine Klinik zu finden und den diensthabenden Arzt zu bestechen, daß er die Proben analysieren ließ. Die Laborausrüstung war, milde ausgedrückt, elementar und von zweifelhafter Zuverlässigkeit, aber ich war dankbar, überhaupt etwas zu haben. Einen halben Tag lang saß ich unter einem Jasminbusch vor der niedrigen Holzhütte, die das Labor war, trank warmes japanisches Bier und schaute zu, wie die hübschen braun-und-weißen Brahminenweihe über den Himmel glitten, dann bekam ich die Ergebnisse. Wenn ich ihnen glauben konnte, wies nichts auf eine Infektion oder eine Störung eines wichtigen Organs hin.

Großartig! dachte ich. Den Tieren fehlt nichts, sie haben bloß einen schweren Anfall unmittelbar bevorstehenden Todes! Verwirrt und ratlos ging ich zum Delphin-Pool zurück. «Es muß irgendein rätselhaftes tropisches Virus sein», sagte ich zu Gunther.

«Es ist der Affengott, der hat die Lumba-Lumba verflucht», mischte sich der Indonesierjunge Malik ein. Der schmächtige Bursche mit den lebhaften Augen, den dauernd eine Wolke aromatischen Kretek-Zigarettenrauches umhüllte, hielt mir ein kurzes Stück Bambus unter die Nase. «Sehen!» rief er aufgeregt in seinem Pidgin-Englisch, «ich zeige Ihnen.»

Er zog einen Stöpsel aus dem einen Ende des Bambusstückes und schüttelte etwas aus dem hohlen Inneren. Ein Etwas, das wie ein gelbes Blatt aussah, fiel zu Boden. Ich bückte mich, um es anzusehen. Es war eine große Mantis, eine Gottesanbeterin, abzüglich der Flügel, die man offenbar dicht am Gelenk sauber abgeschnitten hatte. Malik hob die Fangschrecke auf und legte sich auf seine ausgestreckte Handfläche.

«Gireng, der Diener von Affengott. Er arbeitet für Ihn, betet zu Ihm – aufpassen!» Er setzte das unheimlich aussehende Insekt auf einen flachen Stein, der in der Nähe am Boden lag. Zu meiner Überraschung blieb es reglos dort, die langen Fangbeine tatbereit zur Bethaltung gefaltet. Malik fiel auf die Knie und begann unter der Plastikfläche, die das Delphinbecken umgab, nach etwas zu suchen. Nach wenigen Augenblicken stand er auf und zeigte uns eine Handvoll sich windender dunkelbrauner Maden, jede ungefähr zwei bis drei Zentimeter lang. Es waren wohl Käferlarven, in der nassen Dunkelheit nahe dem Beckengrund ausgekrochen. Er nahm eine der Maden, streckte sie über den Beckenrand, berührte damit für einen Augenblick die Haut des Delphins, der in der Nähe wie ein großes graues Komma im Wasser lag. Dann legte er die Made zusammen mit einer zweiten, die er nicht mit dem «Lumba-Lumba» bekanntgemacht hatte, auf den Stein vor die Mantis. Die beiden Larven wanden sich wild, und fast augenblicklich packte die Gottesanbeterin die, mit der Malik den Delphin berührt hatte. Der Indonesier grunzte zufrieden, packte die Mantis wieder und entwand ihr die Made.

«Sehen!» rief er, «Gireng dient seinem Herrn. Er zeigt, daß Affengott ist böse mit Lumba-Lumba.»

«Chance fünfzig zu fünfzig», wandte Gunther ein.

«Versuch's nochmals.» Ein dutzendmal, mit weiterem Nachschub, den er unter dem Plastik hervorholte, wiederholte Malik den Test. Und jedesmal riß Gireng eine von zwei Maden in ihre Fänge – immer diejenige, mit der er den einen oder anderen Delphin angetippt hatte.

«Was Sie jetzt meinen, Doktor?» fragte Malik triumphierend, als er schließlich die Mantis mit einer Made als Belohnung wieder in das Bambusröhrchen steckte. «Sie können nichts machen, na?»

«Mm», brummte ich, «hat die Mantis immer recht?»

«Immer – er hat Wurm-Ding (Maliks englische Bezeichnung für die Maden) genommen, das angestoßen an meine Mutter, als sie krank war. Und todsicher sie ist gestorben.»

«Was geschieht, wenn die Mantis das andere, das unberührte Wurm-Ding nimmt?»

«Affengott läßt wieder okay werden!»

«Nach dem Gireng müssen die Lumba-Lumba also sterben?»

«Sicher, Doc – genau wie meine Mutter und wie Marilyn Monroe.»

Es gäbe keinen großen Bedarf an Zooveterinären und Ärzten mehr, dachte ich, wenn die Welt den Glauben an Gottesanbeterinnen annähme, obwohl es bei einigen meiner Patienten äußerst schwierig wäre, sie mit einem solchen Insekt zusammenzubringen. Ich konnte mir vorstellen, wie etwa Robert, das Oberhaupt der Schimpansenfamilie im Bellevue-Zoo, der eine besondere Vorliebe für lebende Heuschrecken hatte, die flügellose Wahrsagerin packen und verschlingen würde, bevor sie dazu kam, die Ratschlüsse eines Affengottes zu übermitteln. Ich bat Gunther, mir die Futterfische zu zeigen, und er nahm mich in eine kleine Palmwedelhütte mit. Ein galvanisierter Zuber auf einer Holzkiste, in den ein Schlauch führte, diente als Ausguß. Eine weitere Kiste trug das Schneidebrett. Der nackte Erdboden war schlammig und mit Fischstückchen beschmutzt. Es roch schlecht. Eine gelbe Katze lag zusammengerollt in einer Ecke und schlief. Stücke von filetierten Fischen lagen auf dem Schneidebrett, und ein Abfalleimer nebenan war voll von den unerwünschten Teilen: stachelige Köpfe, Gräten, dornige Häute und Innereien.

«Ich werfe mehr weg, als ich verfüttere», erklärte der Trainer, «aber sehen Sie sich doch solche Gräten an, die würden einen Delphinhals ja völlig zerschlitzen. Ich häute und entgräte fast alles, und auch so nehmen sie nur ungefähr die Hälfte von dem, was ich ihnen anbiete. Herr Butz wird einen Herzanfall kriegen, wenn er nächste Woche die Fischrechnung bekommt.»

Ich vertrödelte keine Zeit damit, mir über die Koronararterien des Herrn Butz im fernen Nürnberg Sorgen zu machen – er hätte hier an diesem trostlosen Ort sein und sehen sollen, was seinen Delphinen zugemutet wurde.

«Wo bewahren Sie die Fische auf, wenn Sie sie gekauft haben?» fragte ich.

Gunther führte mich hinaus und um die Hütte herum. Im Schatten einiger Bananenpflanzen stand ein rostiger Kühlschrank. Er öffnete die Tür, und ich sah die Abteile voll buntfarbiger kleiner Fische aus den indonesischen Gewässern. Ich bin kein Fischbiologe und hätte keinen von ihnen benennen können ... aber einer kam mir irgendwie bekannt vor. Ah ja: Ray Legges Aquarium im Bellevue – wir hatten ein feines Exemplar mit dieser Gestalt und diesem wulstig vorstehenden, zahnigen Maul dort, aber die weißen Flecken auf der Haut waren etwas anders verteilt, und während der Manchesterfisch einen orangegelben Körper hatte, war dieser hier tintenblau.

«Wie nennt ihr diesen Fisch?» fragte ich Malik.

«Maki-Maki», antwortete er. «Sehr teuer. Fischer verkaufen ihn gern an Händler für Japan.»

Japan! *Doktor No!* Die James-Bond-Story! Wie ein Blitz kam die Erinnerung: James Bond überlebte einen Mordversuch mit Fischgift – von einem Kugelfisch. Natürlich – dieser Hübsche da mit dem verschreckten Gesichtsausdruck war ein Kugelfisch oder, wie er bei den Japanern heißt, Fugu.

«Haben Sie in den letzten Tagen einen Fisch wie diesen verfüttert?» fragte ich. Gunther dachte nach.

«Ich glaube ja, einen vielleicht, aber Sie können sicher sein, daß ich die Flossen und die scharfen Stücke weggeschnitten habe – und die Gräten nehme ich bei solchen Fischen sowieso heraus.» Er nahm den netten blauen Fisch mit den weißen Flecken aus dem Kühlschrank, und ich folgte ihm zurück in die Hütte. Der Trainer begann den Fisch mit einem kleinen Messer zu zerlegen. «Sehen Sie – so mache ich das – ich entferne immer alles, woran ein Delphin sich verletzen könnte.» Er warf der inzwischen aufgewachten gelben Katze ein Bröckchen Fischfleisch zu, und sie verschlang es gierig. Sicher, Gunther schnitt alles weg, was schaden konnte – außer dem Fugu-Gift. Alte Erinnerungen kristallisierten sich immer deutlicher. Die seltsamen Fugu-Restaurants in Japan, wo speziell konzessionierte Köche das Fleisch des Kugelfisches zubereiteten; sie entfernten die tödlich giftigen Teile wie Leber, Eingeweide, Geschlechtsorgane und Haut, spülten das gefährliche Blut und andere Säfte heraus und servierten den Fisch in feinen rohen Scheibchen, die in kunstvollen Mustern auf dem Teller arrangiert wurden. Ich nahm ein winziges Stückchen des Fischfleisches und drückte es an meine Lippen.

Langsam spürte ich an den berührten Stellen ein leises Kribbeln aufkommen.

«He, Doc – schauen!» schrie Malik, während der Trainer zuletzt vier, fünf lange Streifen durchsichtig weißes Fleisch zurechtschnitt. Er zeigte in ungläubigem Entsetzen in die Ecke. Da lag die gelbe Katze und verdrehte sich grotesk in stummen Krämpfen, Speichelschaum vor dem Mund. Alles über das oftgepredigte Tollwutrisiko vergessend, beugte ich mich nieder und fühlte, wie die Katze in meinen Händen steif wurde und dann erschlaffte. Die Pupillen weiteten sich und glänzten blaßgrün, dann erlosch der Glanz. Die Katze war tot.

«Um Gottes willen, lassen Sie die Hände von diesem Fisch!» schrie ich Gunther an. «Sie bereiten eine der giftigsten Speisen der ganzen Welt zu!» Der Deutsche, der sich umgedreht hatte, um die arme Katze anzustarren, ließ das Messer fallen und wurde kreidebleich.

«Aber, Doktor, die Fischer verkaufen ihn doch als Speisefisch nach Japan!»

«Das stimmt», erwiderte ich. «Aber die Japaner sind ein merkwürdiges Volk. Sie zahlen teures Geld, um diesen gefährlichen Fisch zu essen, aber nur in kontrollierten Fugu-Restaurants, und auch so noch ist er die Ursache in den meisten Fällen von tödlicher Lebensmittelvergiftung in diesem Land!»

Ich erinnere mich nicht nur an *Doktor No,* sondern auch an eine Stelle aus einem berühmten, melancholischen japanischen Gedicht: «Gestern abend aßen er und ich Fugu, heute helfe ich seinen Sarg tragen.»

«Sie denken, Maki-Maki tötete Delphine?» fragte Malik, als er die tote Katze hinaustrug.

«Ja, das denke ich jetzt», sagte ich, und später erfuhr ich dann, daß Maki-Maki der einheimische Name für *Arothron hispidus* war, den Grauen Puffer. Sein englischer Name sagt alles: Deadly Death Puffer, der Tödliche Todespuffer.

Es dauerte einige Stunden, bis ich telefonisch nach England zur Londoner Fakultät für Tropenmedizin durchkam und erfuhr, daß es keine besondere Behandlung für Fugu-Vergiftungen gibt. Der Rat des Toxikologen lautete: Magen ausspülen und Morphium und Vitamin B geben. Morphium konnte ich für die Delphine nicht brauchen – es wirkt bei dieser Tierart mehr erregend als beruhigend –, aber die anderen Empfehlungen setzte ich sogleich in die Tat um. Für einen der Delphine war es zu spät, er starb noch am selben Tag, unter den gleichen Krämpfen wie die Katze. Der andere aber hörte allmählich auf zu zucken, wurde zunehmend aktiver und war nach etwa fünf Tagen wieder normal. Das war der erste und hoffentlich letzte Fall von Fugu-Vergiftung bei einem Delphin, den ich erlebt hatte.

«Nun, Malik», sagte ich, während ich meine Sachen für die Rückreise packte, «bei einem der Delphine hat deine Mantis falsch getippt.» Die Augen des Indonesiers glitzerten hinter dem unvermeidlichen Schleier von Tabakrauch.

«Nein, Doktor, nein, Gireng hat recht. Dieser Lumba-Lumba kommt auch bald zu Tod.»

Ich lachte – doch das Orakel der Mantis erfüllte sich. Zwei Wochen später, kurz nach seiner Rückkehr nach Deutschland, starb der Delphin plötzlich an einer akuten Pneumonie, wahrscheinlich von einem Bazillus verursacht, den er in Borneo aufgelesen hatte.

Löwen sind schöne, träge Katzen. Wenn sie einen *richtigen* Löwen sehen wollen, so einen, wie er auf Bildern, in Kupferstichen und Statuen dargestellt ist, mit mächtiger Mähne und stolzen Farben, dann suchen Sie sich einen Berber- oder Atlaslöwen aus, die Unterart, die einst in den Bergen Marokkos hauste, heute aber in all ihrer Pracht beispielsweise im Zoo von Port Lympne in Kent zu besichtigen ist. Im Windsor-Safaripark zogen wir 1973 hundert Löwenjunge mit künstlicher Milch auf, ohne ein einziges zu verlieren. Damals war die Nachfrage nach Löwenbabys in Zoos und Safariparks wie auch für die Wiedereinführung in der Wildnis auf dem Höhepunkt. Löwen sind nicht schwierig aufzuziehen oder zu halten, im Gegensatz zu anderen Katzen wie den Geparden, die überaus wählerische Esser sein können. Wenn ein Löwe oder eine andere Großkatze nicht auf dem Damm ist, lege ich großen Wert darauf, als Krankenkost «Steak Tartare à Leo» zu verschreiben. Es ist leichtverdaulich, appetitanregend und äußerst nahrhaft. Das Rezept enthält feines, gehacktes, mageres Fleisch guter Qualität, geschlagene Eier, Trockenmilch und je eine Prise Knochenmehl, Trockenhefe und Salz. Es sieht gut aus und schmeckt auch so – nicht nur für genesende Katzentiere, sondern auch für Sie und mich. Und gerade darin lag früher das Problem. Wo immer ich es mit kraftlosen Pumas, matten Leoparden oder kränkelnden Servals zu tun hatte, die eine «Aufsteller-Diät» benötigten, ordnete ich den Kauf großer Mengen des besten Hackfleisches vom Metzger für die Katzenküche an. Und zuweilen, wie vor einigen Jahren in einem englischen Safaripark geschehen, war die Versuchung für gewisse Tierwärter, eine ordentliche

Portion für den eigenen Verbrauch abzuzweigen, einfach unwiderstehlich. Kostenfrage und Langfingermoral beiseite, was mir bei dem verschwundenen Fleisch damals Sorgen machte, war der Verdacht, daß meine Patienten – eine Gruppe Geparden, die sich von einem Leberleiden erholen mußten – untererernährt waren, obwohl wir nie jemanden beim Mausen ertappten. Die Lösung, die ich fand, war simpel, aber überaus wirksam. Ich kaufte eine große Flasche violette Lebensmittelfarbe und händigte sie den Großkatzenwärtern mit der Erklärung aus, es sei eine wichtige Aufbaumedizin. Ein Teelöffel davon müsse unbedingt jedem «Tartar» bei der Zubereitung beigefügt werden. Die Wirkung des Farbstoffes auf dem rohen Fleisch war dramatisch. Es sah höchst abschreckend aus (für Menschen – oder hätten Sie vielleicht Appetit auf leuchtend violettes Fleisch?), was aber die Geparden überhaupt nicht kümmerte. Die moderne Forschung vermutet, daß Katzenaugen zwar eine gewisse anatomische Fähigkeit zur Erkennung von Farben haben, daß sie aber nur nach langem Training Farbe wirklich unterscheiden können; das heißt, daß Reaktionen auf Farben – im Gegensatz zu Schattierungen von Hell-Dunkel – nicht zum normalen Katzenverhalten gehören. Es war keine Einbildung von mir: Die Geparden nahmen nach meiner chromatischen Verordnung eindeutig schneller an Gewicht zu.

«Wie lange müssen wir die Medizin noch geben?» fragte mich einer der Wärter, während er einen hochvioletten Freßnapf mit unverhohlenem Widerwillen beäugte.

«Solange es dauert, bis sie wieder putzmunter sind», antwortete ich, «und wieder Fleisch vom Pferdeschlächter vertragen.»

Er rümpfte die Nase. «Stößt einen richtig ab, nicht?» meinte er.

«Absolut», bestätigte ich. «Soll es auch.»

Zuweilen sind die Wärter ihren Schutzbefohlenen so blind zugetan, daß ihre Anhänglichkeit kontraproduktiv, wenn nicht gar echt gefährlich wird. Ich habe zwei Fälle erlebt, in denen sich Delphintrainer buchstäblich in bestimmte weibliche Tiere verliebten und entlassen werden mußten, als dies zu einer körperlichen Beziehung ausartete, die ins Gebiet der psychosexuellen Störung und in die dunklen Bereiche der Sodomie gehört – einem Verbrechen vor dem Gesetz. Solche Vorfälle sind natürlich selten, aber es gibt zahlreiche weniger extreme Beispiele, wo ein Betreuer vor lauter Hingabe an das vermeintliche Wohl seiner Tiere dermaßen engstirnig wird, daß er schließlich das Gegenteil von dem bewirkt, was er beabsichtigte.

Tinker war ein kleines indisches Elefantenmädchen, das 1970 in den Bellevue-Zoo gebracht wurde. Sie war ein schwächliches Ding, das man in Indien schlecht ernährt hatte, wahrscheinlich fast nur mit Reis, aber von wunderbar sanftem und zutraulichem Wesen. Gleich nach der Ankunft in Manchester wurde sie in einen geheizten Raum im Elefantenhaus verbracht, wo ich sie gründlich untersuchte. Sie war blasser um Augen und Maul, als mir lieb war, und die schwachen Fußgelenke begannen bereits nach innen zu knicken. Im Kot fand ich Millionen winziger blutsaugender Würmchen, und die Blutprobe bestätigte, daß sie sehr anämisch war. Willie, der junge Elefantenhilfswärter, bekam die Aufgabe, Tinker aufzuziehen und ihre Mangelerscheinungen zu beheben. Ihr Reis wurde mit Sojamehl, Mais und Zuckerrüben ergänzt und die Mischung mit Melasse gesüßt. Die besten Äpfel, Broccoli und Bananen sparte man für sie auf, und Willie brachte ihr jeden Tag das braune Brot, das fast alle Bellevue-Bewohner heiß liebten, frisch und ofenwarm aus der Bäckerei. Er schmeichelte ihr Frühlingszwiebeln auf – ich bin darauf erpicht, daß man Elefanten dazu bringt, Zwiebeln zu essen, weil sie ihnen meiner Meinung nach sehr guttun – und verwöhnte sie mit gekochten Süßigkeiten und warmer Milch. Jeden Morgen bekam sie ein warmes Bad und wurde, begleitet von ihrem freudigen Quieken und Kreischen, mit einer Fegbürste abgeschrubbt. Jeden zweiten Sonntag rieb man ihren ganzen Körper mit teurem Fußpflegeöl ein und ließ ihr eine Pediküre angedeihen – die Füße sind, neben den Zähnen, das Empfindlichste an einem Elefanten. Mein Beitrag zu Tinkers Gesundung war die Ausrottung der Würmer (damals mit einem Piperazin-Trunk) und die Injektion von Vitamin A und D, gefolgt von der Verschreibung täglicher Mengen Vitamin C, Calcium und Eisen.

Willie war ein aufgeschlossener, schlaksiger Jüngling mit einem langen, schmalen Gesicht unter karottenrotem Haar. Seine Hände und Füße waren übergroß, er wirkte plump und unbeholfen – bis er zu den Elefanten kam. Unter ihnen bewegte er sich sicher und geschickt, und seine tiefe Stimme mit dem breiten Lancashire-Akzent hatte einen beruhigenden Einfluß auf die mächtigen Tiere. Die Elefanten liebten ihn und streichelten ihn sanft mit der Rüsselspitze, wenn er um sie herumging oder ihnen zwischen den Beinen durchschlüpfte.

«Es wird doch nicht Schwierigkeiten geben, oder, Doktor?» fragte mich Willie kurz nach Tinkers Ankunft, «ich meine, daß sie mit dieser Anämie-oder-was fertig wird?» Sein langes Gesicht sah betrübt aus.

«Mach dir keine Sorgen, Willie», antwortete ich. «Gib ihr nur weiterhin diese Diät, und sieh zu, daß sie ihre Vitamin-C- und Eisentabletten auch ja immer einnimmt.»

«Das Eisen tut ihrem Blut gut, denk' ich.»

«Ja. Zwölf Tabletten zerdrückt und in die Melassemischung gegeben, das ist genug in diesem Alter. Wenn sie größer wird, erhöhe ich wahrscheinlich die Dosis.»

Willie pflegte Tinker hingebungsvoll. Er schlief nun nachts im Elefantenhaus auf einem Haufen Stroh in der Galerie oberhalb der Tiere, um jederzeit bei der Hand zu sein, sollte sie eine kleine Kolik oder auch nur Hunger bekommen. Da er niemandem, nicht einmal Matt Kelly zutraute, auf sie zu achten, wenn er fort war, verzichtete er lieber auf seine freien Tage.

«Hätte doch nichts davon, im Pub oder im Kino zu sitzen, wenn ich immer denken müßte, wie's ihr geht ohne mich, Doktor Taylor. Das würde mich richtig plagen», erklärte er. Tinker war Willies Lebensinhalt geworden, und da Elefanten in jedem Zoo die populärsten Tiere und gute Elefantenwärter eine Elite unter den Mitarbeitern und schwer zu bekommen sind, standen Willie, wie ich dachte, viele glückliche Jahre im Bellevue bevor. Als er sagte: «Nehme an, ich kümmere mich um die Kleine da, bis ich pensioniert werde», erschien es ziemlich wahrscheinlich: Willie war damals etwa einundzwanzig.

Die ersten vier Wochen ging alles gut. Tinkers Zustand besserte sich zusehends, das Maul wurde rosig, die Fußgelenke fester. Eines Abends aber rief mich Matt Kelly an und bat mich, mir am folgenden Tag Tinker anzusehen – irgend etwas stimme nicht mit ihr. Am Morgen fuhr ich nach Manchester hinüber; ein verstörter Willie und ein finsterer Kelly erwarteten mich vor dem Elefantenhaus.

«Sie frißt nichts heute morgen», schrie der Elefantenwärter, noch bevor ich aus dem Wagen springen konnte, «und sie ist ein bißchen komisch auf den Beinen!» Ich ging hinein und betrachtete sie. Still stand sie in ihrem Abteil und starrte an die Wand. Ich gab ihr einen sanften Stups, und tatsächlich geriet sie ins Wanken, bevor sie das Gleichgewicht wiederfand. Nach einer Totaluntersuchung war ich immer noch ratlos. Kein Anzeichen der gefürchteten Elefantenkolik oder der stets tödlichen Darmverschlingung. Aber sie keuchte ein klein wenig, und ihr Zahnfleisch erschien orangerötlicher als sonst. Wo man sie auch mit geballter Faust drückte, sie bekundete keinen Schmerz. Süßigkeiten, warme Milch, Frühstückshörnchen – wir versuchten es mit allen Lieblingsleckerbissen, aber sie mochte sie nicht einmal mit dem Rüssel prüfen. Ich entnahm ihrem Ohr eine Blutprobe und gab ihr dann eine Menbutoninjektion.

«Stellen Sie etwas Glucose und Wasser vor sie hin», sagte ich. «Ich komme wieder, sobald ich die Laborergebnisse habe.»

Am späten Nachmittag hatte ich eine Liste von Zahlen aus dem Laboratorium. Neben den Zahlen standen Zeichen, die bedeuteten, daß die Apparate, die für Menschenblut programmiert und mit Elefantenwerten unvertraut waren, den Arzt darauf aufmerksam machen wollten, daß dieser Patient *höchst* anormal sei. In Wirklichkeit lagen die Zahlen durchaus im normalen Bereich für asiatische Elefanten, mit gewissen Ausnahmen – derjenigen nämlich, die sich auf die Leberfunktion bezogen. Tinkers Leber war eindeutig nicht in Ordnung, nur gab es keinen Hinweis auf die Ursache.

Beunruhigt über diese Neuigkeiten – Leberstörungen sind bei jungen Elefanten sehr ungewöhnlich – fuhr ich ins Bellevue zurück, um erst einmal die Leberzellen mit einer Ladung von Kohlehydraten zu schützen. Ich diskutierte mit Kelly über die möglichen Ursachen, nachdem ich Tinker einige starke Spritzen Prednisolon und Vitamin B_{12} gegeben hatte.

«Kann sie nicht irgendwie Kreuzkraut gefressen haben?» fragte ich den Chefwärter. Der Zoo besaß nämlich ein Feld, auf dem Unkraut wuchs, aber Matt schüttelte den Kopf.

«Sie war nie aus dem Elefantenhaus, und wir haben kein Gras geschnitten und ihr hereingebracht.»

Ich inspizierte Futter und Heu – sie schienen völlig frei von verdächtigem Material zu sein. In den Blutproben hatte es keine Hinweise auf Bakterien gegeben, und ich überlegte, ob ich trotzdem Antibiotika geben sollte. Vielleicht lag eine Spätwirkung von den vielen Würmern vor, die im Larvenstadium die Lebergewebe durchwandert und angekratzt haben konnten. Was sonst vermochte die Leber derart anzugreifen? Kupfervergiftungen haben bei gewissen Tieren diese Wirkung, aber wir gaben Tinker doch kein Kupfer. Schafe bekamen es manchmal, wenn man ihnen irrtümlich Schweinespezialfutter gab, das einen für Schafe und Ziegen zu hohen Kupfergehalt aufwies. Ob es vielleicht das sein konnte? Ich sah die Pakete mit den Futterkonzentraten im Elefantenhaus nach. Keines enthielt Kupfer. Verzweifelt ging ich mit Matt und Willie alle Medizinen, Vitamine und Mineralstoffe durch, die der kleine Elefant bekommen hatte. Da gab es, soweit ich sehen konnte, keine Spur von irgend etwas, das für die Leber giftig gewesen wäre.

«Sind Sie sicher, daß es nicht mehr diese verfluchte Anämie ist?» fragte Willie, als ich mich geschlagen gab.

«Mein Vater hält Schweine auf seinem Land. Hat sie immer wegen Anämie verloren. Gleich Dutzende, bis der Vet mit den Eisenspritzen kam.»

«Nein, Willie, es ist nicht Anämie», erwiderte ich, «das Blut hat jetzt viele rote Zellen, und du gibst ihr ja immer noch die Eisenpillen.»

«Aber sicher, Doc. Sie bekommt von allem nur das Beste. Sie können sich auf mich verlassen.»

«Übrigens», warf Matt ein, «wir könnten wieder Eisentabletten brauchen, wenn Sie das nächstemal kommen, David.»

«Ist gut, Eisentabletten – Moment mal, Matt: Ich habe doch erst letzte Woche tausend gebracht!» Der Ire kratzte sich am Kopf und griff nach einer fast leeren Flasche mit roten Tabletten auf einem Regal hinter ihm.

«Willie sagt, sie sind fast alle. Sieht auch so aus. Reicht gerade noch für etwa zwei Tage.»

«Da waren vorige Woche aber tausend drin!» rief ich. «Ihr könnt bis heute höchstens vierundachtzig gebraucht haben!»

Matt wandte sich zu Willie um. Der Elefantenwärter schaute finster teilnahmslos drein.

«Nun, Willie – was hast du damit gemacht?» fragte Kelly.

«Nix», sagte der Wärter nach einer Weile. «Sie bloß Tinker gegeben, bloß ihr.»

«Aber tausend sind weg!» drängte ich. «Wie viele hast du ihr denn jeweils gegeben?»

Willie scharrte mit den Füßen und rupfte mit seinen Wurstfingern an einem Strohballen.

«So red schon!» brüllte ihn Matt plötzlich an. «Du hast gehört, was der Doktor sagt!»

Willie schaute mir gerade in die Augen. «Ich hab' sie nicht gestohlen oder aufgegessen, Doktor Taylor – Ehrenwort. Sie hat sie bekommen: Tinker. Ich hab' sie ihr gegeben. Für diese Anämie.»

«Wie viele, Willie?» fragte ich.

«Ooh, etwa zwei Handvoll im Tag, schätze ich.» Er war nun sichtlich den Tränen nahe. «Sie haben gesagt, es sei

Anämie und ich soll ihr zwölf geben. Aber ich dachte, ein paar mehr würden sie schneller gesund machen.»

Das war es also. Statt zwölf mußte der kleine Elefant täglich fast hundert Pillen bekommen haben.

«Eisen in Überdosis ist Gift, Willie», sagte ich ruhig. «In den Vereinigten Staaten bekommen 2000 Menschen jährlich eine Eisenvergiftung, meistens Kinder, die Eisentabletten für Bonbons halten, und ungefähr 85 Prozent von ihnen sterben!»

«Du elender Narr!» Matt stieß die Worte langsam und sehr, sehr böse aus.

«Ich hab' es doch nur gut gemeint, das wissen Sie», stöhnte Willie, der sich jetzt mit einem Jutesack die Tränen abwischte. «Ich hab' nicht im Traum daran gedacht, ihr etwas anzutun, Doktor Taylor!»

Der Junge tat mir furchtbar leid. Er hatte dem Wesen, das ihm alles bedeutete, Böses zugefügt.

«Das weiß ich. Jetzt aber genug damit. Wir müssen versuchen, Tinker durchzubringen. Vorläufig keine Eisentabletten mehr.»

«Wenn sie eingeht, bist du entlassen, Willie!» knirschte Matt.

«Wenn wir Glück haben, stirbt sie nicht!» sagte ich. «Ich gehe jetzt ins Manchester Royal und versuche, einen Chelierungsstoff zu bekommen – eine Chemikalie, die überschüssiges Eisen im Körper aufnimmt und unschädlich macht.»

Ich ließ die beiden stehen, den jämmerlich heulenden Willie und den wieder einmal braunrot angelaufenen Matt, der den Jungen wild anstarrte.

Ich hatte Glück. Es gelang mir, von einem verständnisvollen und hilfsbereiten Apotheker, in dem zwei Meilen entfernten Krankenhaus 100 Ampullen Desferrioxamin zu bekommen. Es muß gerade noch zur rechten Zeit gewesen sein, denn nach einwöchiger Behandlung begann Tinker sich langsam und stetig zu erholen und wurde schließlich kerngesund, noch immer betreut von Pechvogel Willie.

«Er ist ein guter Elefantenmann, und ich bin sicher, er

hat eine Lehre daraus gezogen», sagte ich zu Matt, als wir einige Wochen später miteinander zusahen, wie Tinker die Fußnägel gefeilt und mit Huföl poliert wurden. Sie schnurrte zufrieden, während Willie sich an ihr zu schaffen machte.

Der Chefwärter knurrte: «Ich habe ihm für einige Zeit den Wochenlohn um drei Pfund gekürzt. Das soll ihn lehren, daß wir genug Tierärzte hier haben und er nicht auch noch Doktor spielen muß!»

DIE WEISSE LADY

«Meine Klapperschlangen haben ihre Klappern verloren. Bitte, kommen Sie, und machen Sie sie wieder gesund!» rief Professor Lombardi, der Sohn des berühmten Angelo Lombardi und selber ein bekannter Zoologe, aus Italien an. Das war das einzige Mal, daß ich eigens für eine Schlangenvisitation außer Landes geholt wurde. Im allgemeinen finden die Besitzer es wohl viel billiger, die Schlangen zu ersetzen, als mein Flugticket zu berappen. Im Vergleich zu den meisten exotischen Säugetieren und Vögeln kostet die Mehrheit der Schlangen ja auch nur eine Kleinigkeit. Der Professor hatte mehrere Sammlungen giftiger und ungiftiger Schlangen in zoologischen Gärten und Safariparks in Norditalien, darunter eine Anzahl seltene. Es gibt allein bei den Klapperschlangen mehr als 65 Unterarten, und eine davon, die man nur auf dem Inselchen Bimini auf den Bahamas findet, war der Gegenstand von Lombardis Sorge. Er besaß ein kostbares Trio dieser Tiere, und seit einer Woche fühlten die sich offensichtlich unwohl und zeigten, soweit Schlangen das zu zeigen in der Lage sind, keine *joie de vivre.*

Ich habe mit Reptilien aller Arten zu tun, muß aber zugeben, daß mich Giftschlangen nicht begeistern. Sie machen mir ganz einfach Angst. Kalt an Blut und Gemüt, undurchdringlich wie Stein, sind sie außerhalb der Reichweite meiner Einfühlung. Ich kann mich mit Säugern und Vögeln zwar auch nicht mit Worten verständigen, aber ich kann oft mit ihnen *fühlen,* einen gewissen Einklang herstellen, und wäre er noch so vergänglich. Schlangen kann ich bewundern und bestaunen als schöne, begabte, raffinierte Geschöpfe, aber nicht subjektiv lieben wie

Tiger (so tödlich gefährlich sie sind), Bären (so tückisch sie sein können) oder Strauße (so dußlig ich sie im Verdacht habe zu sein). Ihr Gift kann auch dann, wenn es nicht tödlich wirkt, fürchterliche und oft bleibende Schäden anrichten; ein beträchtlicher Prozentsatz der erfahrensten Sammler und Halter gefährlicher Schlangen wurde schon von ihrer Schützlingen getötet. Trotzdem sagte ich zu, ins Piemont zu reisen und in bezug auf die unpäßlichen Schlangen meinen Rat beizusteuern. Die Reise sollte noch mehr mit sich bringen als befürchtet, auch wenn die Klapperschlangen sich bei dieser Gelegenheit als so problemlos wie ein Korb voll Schmusekätzchen erwiesen.

Es stellte sich heraus, daß die Lungen der Schlangen von einem höchst seltsam aussehenden, aber verbreiteten Parasiten befallen waren. Der Schmarotzer, ein Zungenwurm, sieht aus wie eine lange gelbe Raupe, ist aber eine Art Milbe, die sich in einer Jahrmillionen dauernden Evolution verformt und dem Leben im Innern des Reptils angepaßt hat. Man kann ihn ausrotten, indem man Insektizidstreifen mit Organphosphor während festgelegter Perioden ins Terrarium hängt, und das hieß ich Lombardi auch tun. Nachdem ich alle Schlangen des Professors inspiziert und allgemeine gesundheitliche Maßnahmen mit ihm besprochen hatte, fragte er, ob ich nicht einen Freund von ihm besuchen könne, wenn ich schon im Lande sei: «Der Conte di Mercati ist ein Tierfreund. Ich habe ihm gesagt, daß Sie kommen werden, und er brennt darauf, Ihnen einige seiner Reptilien zu zeigen.»

«Hat er ebenfalls Probleme?»

«Ja, er braucht Ihre Hilfe. Er ist ein sehr reicher Mann, ein edler Kunstförderer und wie ich, sagen wir, ein großer Verehrer der Schlangengottheit. Bitte, gehen Sie nach Ivrea. Graf Mercati ist jemand, den Sie unbedingt kennenlernen sollten.»

Das verlängerte meine Reise um einen Tag, aber Ivrea war nur etwa 160 Kilometer entfernt. «Na gut», willigte ich ein, «aber hat er Ihnen gesagt, was nicht in Ordnung ist? Welches Tier?»

«Nein», erwiderte Lombardi, «aber gehen Sie, gehen Sie, mein Freund, Mercati wird Ihnen gefallen – und er spricht ausgezeichnet englisch.» Ich fuhr mit einem Bummelzug nach Ivrea. Das dauerte einen halben Tag, und ein Sitzplatz war nicht zu finden, also hockte ich auf meiner Bereitschaftstasche im überfüllten Gang, inmitten eines Dickichts von Soldaten- und strammen Bäuerinnenbeinen und umgeben von Unterholz aus beißender Tabakasche, Weinflaschen und ein paar lebenden Hühnern. Ich traf schlechtgelaunt am Ziel ein, aber Lombardi hatte den Grafen von meinem Kommen benachrichtigt, und meine Stimmung hellte sich auf, als ich am Zug von zwei Männern in dunkelgrünen Uniformen abgeholt wurde, von denen einer eine Tafel mit einem Glöckchen darüber trug, wie man sie in guten Hotels benutzt, um Gäste ausfindig zu machen. Auf der Tafel stand mit Kreide «Dr. Tailor» geschrieben. Sie stellten sich als Diener des Conte vor und führten mich zu einem höchst imposanten offenen Zweispänner vor dem Stationsgebäude. In einsamer Grandezza thronte ich in der Kutsche, während die beiden Grünen vorn auf dem Bock saßen, die Rücken so gerade wie Ladestöcke. Wir klipp-kloppten in flottem Schritt über kiesige, von hohen Zypressen gesäumte Wege. Die Herbstsonne ging wie eine langsam rollende Kupferscheibe hinter den diesigen Hügeln unter. Es roch nach Holzrauch, Heu, Pferden und der von den Äckern aufsteigenden Abendfeuchtigkeit. Es hätte Gloucestershire sein können, wenn man von den roten Ziegeldächern der steinernen Bauernhäuser und einem gelegentlichen überfluteten Reisfeld absah. Nach einer Viertelstunde bogen wir zwischen zwei hohen, von steigenden Marmorlöwen gekrönten Torpfosten in eine gepflasterte Einfahrt ab, die etwa hundert Meter weit zwischen haushohen, geradegeschnittenen Buchsbaumhecken hindurchführte und vor einer kleinen Renaissancevilla abrupt endete. Die blättrige hellgraue Fassade guckte hinter einem grünen Schleier von Kletterpflanzen hervor. Eine Freitreppe und Terrasse aus blaßrosa Marmor, mit weiß und rosa blühendem Unkraut, das aus allen Ritzen und Fugen drang, führten zur Haupttür aus kunstvoll mit Kupfer beschlagenem Holz, die mit ihrer uralten Patina wie ein bleicher Aquamarin im schwindenden Licht schimmerte. Die Kutsche hielt an, und ich stieg mit meiner Tasche aus. Sofort kam ein Butler in schwarzem Anzug und weißen Handschuhen herausgeeilt, verneigte sich höflich, winkte den Wagen weg und ging mir die Treppe hinauf voran ins Haus.

Boden und Wände der hohen Halle waren aus grüngeädertem weißem Marmor. Lauter schöne Dinge drängten sich hier: üppige Gemälde, Möbel aus vergoldetem Holz und Satin, Statuetten aus Bronze, Zinn und Alabaster, hohe Palmen in großen Amphoren und ein Dutzend funkelnde, tickende Uhren. Ein hochgewachsener, gebeugter Mann kam mit ausgestreckter Hand auf mich zu. Er hatte silberweißes Haar und ein bleiches Adlergesicht, aber die dunklen, leuchtenden Augen strahlten menschliche Wärme aus. Ich schätzte ihn auf etwa siebzig Jahre. Er ging an einem Ebenholzstock mit goldenem Griff.

«Doktor Taylor!» sagte Mercati. Seine Stimme war schwach und heiser, aber sein Englisch makellos. «Wie nett von Ihnen, daß Sie gekommen sind; willkommen in der Villa Martin. Die Villa des Eisvogels, auf deutsch. Ein passender Name – es gibt so viele dieser schönen Vögel entlang dem Flüßchen in den Gärten hier. Alberto!» Er sah über meine Schulter den Butler an: «Bringen Sie die Tasche des Doktors ins Giotto. Kommen Sie», sagte er zu mir, «Sie hatten eine ermüdende Fahrt von Pombia hierher, Sie nehmen sicher gern einen Tee.»

Er führte mich in eine kleine, fensterlose Bibliothek, in der Wände aus Büchern rund um Sessel und einen Tisch aus rotem Leder standen. Ein Feuer tanzte auf dem Rükken einer reichverzierten Bronzeschildkröte, die den Marmorkamin bewohnte. Auf dem Tisch stand ein exquisites Royal Worcester Teeservice. Mercati schenkte den Tee ein, und wir ließen uns in den tiefen Sesseln nieder.

«Der Tee ist meine persönliche Mischung. Ich hoffe, Sie mögen ihn», sagte mein Gastgeber. «Ich lasse ihn mir noch immer aus dem gleichen Laden in Cambridge schikken, der ihn für mich zusammenstellte, als ich am King's College englische Literatur studierte.»

Es war herrlicher Tee – das Wasser Oberitaliens schlägt das harte Zeug, mit dem die Themse-Wasserbehörde mich eisern daran hindert, zu Hause in Lightwater auch nur ein passables Gebräu zustandezubringen.

«Professor Lombardi war nicht in der Lage, mir etwas über Ihr Tierproblem zu sagen», begann ich. «Was ...»

Mercati winkte mit einem langen blassen Finger ab und lächelte charmant.

«Doktor, für heute ist es zu spät. Diesen Abend sind Sie mein Gast. Wir können morgen früh nach ihr sehen. Sie werden doch von Turin aus fliegen, ja? Am Nachmittag?»

«Und was ist *sie?*»

«Sie ist die Weiße Lady!» Mercatis dunkle Augen funkelten mir über die Teetasse hinweg zu. «Eine ganz besondere Lady – sie wird Ihnen gefallen.»

«Lombardi sagte, Sie seien ein Reptilien-Enthusiast», angelte ich nach einem Anhaltspunkt. Der offensichtlich gebildete alte Herr sah nicht aus wie der Typ mit dem Alligator in der Badewanne. Nein, aber vielleicht bargen die Gärten römische Brunnen und eine warme Quelle, die einen Teich voll europäischer Schildkröten versorgte. Das wäre eher sein Stil. Aber Weiße Lady? Mercati dachte nicht daran, mich weiter aufzuklären.

«Ihre Ankunft heute abend ist eine glückliche Gelegenheit. Ich bin ein eingefleischter Anglophile, wie Sie sich wohl vorstellen können, und habe viele englische Bekannte, die hier in der Nähe wohnen. Sind Sie ein literarischer Mensch, Doktor?»

«Nun ja, ich liebe Bücher, aber ...»

«Was halten Sie von der Eule und dem Kätzchen?»

Ich begann mich zu fragen, ob er nicht vielleicht doch der Alligator-in-der-Badewanne-Typ sei. «Ach so. Edward Lear ...»

«Ja – mögen Sie Lear?»

«Die meisten seiner Nonsense-Gedichte – seine Limericks dagegen finde ich eher schwach.» Nun sollte ich wohl den Abend damit verbringen, mit einem liebenswürdigen Exzentriker über englische Literatur zu diskutieren.

«Ganz Ihrer Meinung. Aber wissen Sie, in der Villa Pioppo meiner guten Freunde, der Hursts, ist heute abend eine Party. Engländer. Er war bis zu seiner Pensionierung an der Botschaft in Rom. Sehr lustig. Und sie würden sich freuen, wenn Sie mitkämen.»

«Oh, das ... das ist überaus freundlich. Aber ich bin nicht für eine Gesellschaft angezogen. Und mitgenommen habe ich nichts als ein Hemd zum Wechseln. Als ich zu Lombardi flog, dachte ich nicht ... » Ich hätte doch so viel lieber die Weiße Lady gesehen, was immer sie sein mochte, mich um sie gekümmert, geschlafen und morgen früh das Haus verlassen.

Mercati kicherte heiser, aber vergnügt.

«Das ist gar kein Problem. Wir ziehen uns alle um zu diesem Dinner.» Er lachte erneut und goß mir noch einmal Tee ein. «Aber nicht mit schwarzer Krawatte und so. Mary Hurst hat zu einer Edward-Lear-Party geladen. Wir gehen alle kostümiert.»

«Aber, Graf Mercati ...» Warum gerate ich bloß immer in Situationen, die weit und weiter von meinem tiermedizinischen Beruf wegführen und manchmal geradezu aus den närrischen Werken Lears stammen könnten? «Ich möchte lieber hierbleiben und nach Ihren Tieren sehen. Ein Kostümfest ist ...»

«Sciocchezze!» Das war das erste italienische Wort, das mein Gastgeber mir gegenüber aussprach. «Überhaupt kein Problem. Alberto kann Sie mit dem Nötigen versehen. Leider hatte ich nicht genug Zeit, um das Zubehör für ein Walroß zusammenzusuchen», er deutete auf meinen Schnurrbart, «aber wir werden einen sehr ansprechenden Zimmermann aus Ihnen machen.» Ich traute meinen Ohren nicht. «Ich», fuhr der Graf fort, «gehe mit dem hier!» Er ging zum Kaminsims und kam mit einer Platte zurück, die ich vorher nicht bemerkt hatte. Auf der Platte lag eine runde Pastete mit einem aufgesteckten Schmetterling, einem Großen Schillerfalter. «Ich werde der Weiße Ritter sein!» Lieber Himmel, wenn ich mich

doch nur an alle Unsinn-Gedichte von Lear erinnern könnte! dachte ich. Weiße Damen, Weiße Ritter, Walrosse, Zimmerleute ... Ah ja, der Weiße Ritter: «Ich fange Schmetterlinge ein, die schlafen tief im Grase, ich back sie in Pasteten rein, verkauf sie auf der Straße.» Da hatte es mich eindeutig ins Land der Käuze verschlagen. Der Alligator in der Badewanne wurde immer wahrscheinlicher. Eine Stunde danach saß ich wieder in der Kutsche, diesmal neben einem vergnügten italienischen Adligen in weißem Flickenkostüm und mit einer Pastete im Schoß, und kam mir äußerst lächerlich vor. Butler Alberto hatte mich mit einem Lederschurz und einer langen Säge ausgerüstet. Ich war nun unzweifelhaft Der Zimmermann. Die Paraffinlampen flackerten, als wir durch die nächtliche Landschaft rasselten. Die Villa, vor der wir kurze Zeit später hielten, lag halb in Bäumen versteckt, schien aber viel größer zu sein als die des Grafen. Resigniert folgte ich dem Weißen Ritter die Stufen zur offenen Tür hinauf, aus der grelles Licht drang. Wir wurden von einer Auster begrüßt, der Dame des Hauses, deren rundliche Figur in einem enganliegenden silbergrauen Abendkleid steckte, mit einem an den Rücken geklebten Oval aus einem opalisierenden Material.

«Daaaaarlings!» schrie sie und küßte mich mit dem kontinentalen Vierfachen, der anscheinend Mode ist, als hätten wir uns erst letzte Woche in Baden-Baden oder so getroffen. «Sie sind der vierte Zimmermann, den wir haben, und an Rittern herrscht geradezu Andrang.» Damit drückte sie mir ein Glas mit purpurrotem Inhalt in die Hand und entschwebte. Wieder standen wir in einer Halle, nicht unähnlich der in der anderen Villa, aber voll schwatzender Leute in ausgefallener Aufmachung. Ein bereits angesäuselter italienischer Herr in zerlumptem Priesterrock und mit einem falschen Bart, der ihm bis zu den Knien reichte, sank in einen Sessel und schlürfte das purpurne Zeug (ein «Parfait Amour»-Cocktail, wie ich später erfuhr). «Pater William» stand auf einem Täfelchen an seinem Rock. Mercati verschwand mit einem anderen Weißen Ritter, tief in ein italienisches Gespräch versunken. Da kam unsere Gastgeberin wieder zu mir. «Oh, Entschuldigung, ich habe ein so schreckliches Gedächtnis für Namen – was hat Ihnen Ludo Mercati über mich gesagt?» Sie bot mir ein Tablett mit kleinen pikanten Törtchen an, aber mit einem Glas in der einen und meiner Säge in der andern Hand war ich behindert.

«Ach, eigentlich nichts», erwiderte ich.

«Wirklich! Wie banal von dem lieben Menschen! Dann sind Sie wohl von Sotheby's hier?»

«Sotheby's? Nein. Ich bin Tierarzt.»

Die Auster blinzelte mir kräftig zu:

«Das sagen die Gutachter von Sotheby's immer, wenn sie hier sind, um etwas zu schätzen.»

Ich blinzelte geheimnisvoll zurück, geriet aber allmählich ein wenig in Panik: Was, wenn Hanne mir eine wichtige Nachricht übermitteln wollte?

«Sagen Sie, will Ludo wirklich den kleinen Caravaggio verkaufen?»

Das Purpurgesöff war bereits in meinem Kreislauf. «Nicht jetzt, wo er weiß, daß die Herkunft verdächtig ist», flüsterte ich ihr ins Ohr. Die Augen der Auster weiteten sich, als wollten sie herausfallen – genau wie bei dem Davidshirsch, mit dem ich deswegen einmal Schwierigkeiten hatte.

«Nein, soooowas! Das ist aber pikant!»

«Sagen Sie mir, Mrs. Hurst – ganz im Vertrauen», ich rückte ihr so nahe, wie es nur ging, ohne die Schale zu beschädigen, «Graf Mercatis Weiße Lady: was genau ist sie?»

Sie rückte etwas ab, schaute mich einen Augenblick lang verdutzt an, dann kicherte sie: «Oh, Doktor – die Weiße Lady, ja, die ist wirklich etwas – die *müssen* Sie gesehen haben.»

Eine Eule nahm sie beim Arm und zog sie mit sich fort, bevor sie weiter antworten konnte.

«Sind Sie Pinkys Alter Herr? Der mit der Jacht in Sorrento?» schnurrte eine weitere Auster, eine jüngere und kurvenreichere, schob sich näher und benahm sich, als wäre wirklich ein R im Monat.

«Äh, nein, ich bin – ich bin der Arzt der Weißen Lady», erwiderte ich in der Hoffnung, sie sei eine gute Bekannte Mercatis.

Sie ließ meine Säge baumeln.

«Weiße Lady? Falscher Autor, mein Süßer. Weißer Ritter okay, Weiße Lady nullissimo. Eine solche Dame kommt bei Lear nicht vor. Sie sehen mir überhaupt mehr wie ein Zimmermann aus, wie wär's mit einem kleinen Spaziergang?»

Der Auftritt eines lustigen Dong, der sich einen roten Pingpongball auf die Nase geklebt hatte und sich als ihr Freund zu erkennen gab, rettete mich. Ich war noch nie so erleichtert, von einer Party wegzukommen, als Mercati um Mitternacht vorschlug, heimzukehren. Auf der Rückfahrt rezitierte er mit seiner heiseren Stimme Verse von Edward Lear.

Ich schlief in einem Himmelbett in einem erlesenen Zimmer voll kleiner Gemälde von Giotto und erwachte am Morgen von Vivaldiklängen, die das Haus erfüllten. Es regnete stark, und ich hatte ein Vermächtnis des purpurnen Cocktails in Form eines Brummschädels. Jetzt ein Aspirin, eine schnelle Tasse Kaffee, dann muß ich unverzüglich diese Weiße Lady sehen, tun, was ich kann, und dann nichts wie weg nach Turin, dachte ich beim Anziehen. Es würde mich nicht wundern, wenn ein paar von Mercatis literarischen Landsleuten zu einem G.K. Chesterton-Brunch oder so etwas herkämen und ich dann womöglich überredet würde, als Priesterdetektiv Father Brown hierzubleiben! Nein, danke! Der Butler servierte mir den Kaffee in einem Eßzimmer, aus dem man durch hohe Fenster auf einen kleinen, von Pappeln umgebenen See hinausblickte.

Mercati kam herein, hinkte leicht an seinem Stock und schüttelte mir die Hand.

«Guten Morgen, Doktor. Kein Frühstück? Na ja, wir gehen jetzt wohl am besten gleich zur Weißen Lady. Hoffentlich ist sie sanft aufgelegt, an so einem scheußlichen Morgen!» Er lächelte verschmitzt und winkte mir, ihm zu folgen.

«Kommen Sie, wir wollen hingehen und ihr unsere Aufwartung machen.»

Wir verließen die Villa und folgten einem gedeckten Gang aus weißem Marmor, der quer durch einen Garten mit niedrigen Büschen zu einem runden Pavillon mit grünem Kuppeldach führte. Auch er war aus Marmor und hatte rundum hohe Fenster. Mercati öffnete eine Tür und ließ mich eintreten. Ein Schwall warmer, feuchter Luft schlug mir entgegen, und schon befand ich mich in einem tropischen Regenwald. Palmen, Lianen, Bambus und Orchideen wuchsen verschwenderisch zwischen moosigen Böschungen und Riesenfarnen, tröpfelnden Teichen und unsichtbaren Vögeln, die hoch im Laubdach zirpten. Ein Kiesweg wand sich durch die üppige Vegetation. Spotlampen warfen Lichtkreise in die grüne Dämmerung und beleuchteten Vivarien mit Glasfront, die in Abständen auf beiden Seiten des Pfades angebracht waren. Sie enthielten mancherlei Reptilien, vor allem schöne Exemplare seltener Arten und einige, die man kaum je in zoologischen Gärten zu sehen bekommt. Da gab es Chamäleons, ein Paar tödliche Giftnattern namens Taipan aus Australien und – unglaublich! – eine Tuatara, die sehr seltene und geschützte neuseeländische Brükkenechse, die noch die Überreste eines geheimnisvollen dritten Auges im Schädel hat und deren Junge erst nach mehr als einem Jahr aus den Eiern schlüpfen!

«Eine Tuatara!» stammelte ich, «… wie? … Die neuseeländische Regierung … wo haben Sie …»

Mercati hob einen weißen Finger an die dünn lächelnden Lippen, ließ aber die Augen nicht von der Echse, die reglos auf einem moosfarbenen Klotz hockte. «Glauben Sie mir, Doktor, es gibt nichts auf der Welt, das man nicht bekommen könnte, sofern man das Erforderliche hat. Im Falle von Orlando hier war es ein früher Modigliani.» Er hob den Deckel des Vivariums und ließ eine Heuschrecke, die er irgendwo hervorzauberte, hineinfallen.

«Sie haben sie gegen ein Bild eingetauscht?» ächzte ich, während die Echse das Insekt mampfte. Mercati nickte.

«Sagen wir, das Bild wurde als Entgelt für Ausreisevisa für Orlando und seine Gefährtin angenommen. Sie ist auch irgendwo hier drin.»

Ich habe schon öfter Gerüchte über reiche Tierliebhaber gehört, die seltene, bedrohte Tierarten für Privatsammlungen ergatterten, indem sie sie entweder stehlen ließen oder aber die zuständigen Regierungsbeamten bestachen. Der ungehinderte Grenzübertritt in den meisten Ländern konnte ebenso arrangiert werden, und welcher Zollbeamte vermochte schon zu erkennen, daß Orlando nicht einfach ein grüner Leguan war, oder konnte eine sehr seltene Schildkröte von einer gewöhnlichen unterscheiden oder einen vom Aussterben bedrohten Tropenvogel von einem ebenso bunten, aber nicht unter Schutz stehenden? (Britische Zollbeamte, sonst gewiß nicht durchwegs tüchtig, holen sich zumindest oftmals zoologische Fachunterstützung bei der Überprüfung von Tiersendungen.)

«Ich nehme an, Sie könnten sich einen Komodo-Waran beschaffen, wenn Ihnen daran gelegen wäre», murmelte ich halbherzig. Es war wunderbar, die Tuatara zu sehen, aber die Mittel und Wege zu ihrem Erwerb widerten mich an, wie immer.

«Ohne jede Mühe, mein lieber Freund», bestätigte Mercati, «Sie kennen ja Indonesien. Dort wimmelt es von Beamten mit ewig lüsternen Handflächen. Vielleicht, wenn ich eines Tages eine genügend große Anlage baue ...»

Er ging weiter, und ich folgte ihm um eine scharfe Wegbiegung.

Vor uns, fast auf allen Seiten von hohem grünem Schilfrohr umgeben, stand ein zylinderförmiges Objekt, ungefähr 1,20 Meter im Durchmesser und 1,80 Meter hoch, in dunkelgrüner samtiger Hülle. Mercati blieb stehen. Heiser flüsterte er: «Jetzt. Jetzt werden Sie sie sehen. Die Weiße Lady. Bereiten Sie sich auf die Huldigung vor.» Er kicherte leise. Ich gebe zu, daß mich nach den Hirngespinsten des vorangegangenen Abends und der unverhofften Begegnung mit einer echten lebenden Tuatara vorhin die Aussicht, endlich Ihrer Ladyschaft von Angesicht zu Angesicht gegenüberzustehen, wohlig erregte. Hätte sie sich als Zwergexemplar eines Tyrannosaurus Rex erwiesen, ich wäre nicht überrascht gewesen. Mercati schien zu allem fähig. Er trat zu dem grün drapierten Objekt und zog an der Samthülle. Sie fiel ab und gab einen Glaszylinder mit einem mit Metallklammern befestigten Gitterdeckel und einem von trockenen Blättern bedeckten Boden frei.

Die Weiße Lady war enthüllt; sie starrte uns an, ohne zu blinzeln, denn ihresgleichen kann nicht blinzeln. Sie war weißhäutig und hatte tief rubinrote Augen. *Ophiophagus hannah!* Und ein Albino obendrein! Kringel um Kringel lag inmitten des Zylinders eine pigmentlose Königskobra, die größte Giftschlange, die ich je gesehen hatte – schätzungsweise an die fünf Meter lang.

«Nun, Doktor», fragte Mercati stolz, nachdem er mir Zeit gelassen hatte, die schiere Pracht des Tieres zu erfassen, «was sagen Sie dazu?»

«Ich sage, daß sie ein unglaubliches Geschöpf ist», antwortete ich, «wo haben Sie sie her?» Königskobras oder Riesenhutschlangen, die größten aller Giftnattern und auch die aggressivsten, sind in der Regel gelblichgrün mit dunkler Bänderung und kommen aus dem tiefen Dschungel Burmas, Malayas, Vietnams, der Philippinen und Südchinas. Viele Schlangenkenner halten sie für die gefährlichsten Schlangen der Welt.

«Ich bekam sie über einen Händler in Thailand», sagte der Graf. «Als Albino kostete sie mich ungefähr das Hundertfache des normalen Preises!» Es war nicht die erste Albinokobra, die ich kennenlernte. Es hatte eine andere gegeben, die dem Drayton Manor Zoo gehörte und die ich in der BBC-Fernsehsendung «Animal Magic» vorstellte. Aber die hier war doppelt so groß!

«Und es war nicht nur der Albinismus, der den Wert in die Höhe trieb», fuhr Mercati fort. «Der alte Dieb, der sie verkaufte, hat behauptet, sie sei aus dem Bauch eines Thaimädchens herausgeschnitten worden, das sie als Ei versehentlich verschluckt hatte. Sie sei in seinem Magen geschlüpft und gewachsen und habe von einem Chirurgen herausoperiert werden müssen.»

«Glauben Sie das?» fragte ich.

«Wer weiß? Eigentlich nicht. Aber man hat mir in Bangkok eine junge *ragazza* mit einer Narbe auf dem Bauch gezeigt, von der alle sagten, sie sei diese Patientin!»

Geschichten über lebende Schlangen, die von Menschen erbrochen oder mit dem Kot ausgeschieden wurden, sind in den Schriften antiker Mediziner keine Seltenheit. Hippokrates erzählt davon, und Donatus, ein Schriftsteller aus dem 16. Jahrhundert, berichtet von einer Viper, die jemandem in den Mund gekrochen und später aus dem After herausgekommen sei. Es ist schwierig zu beurteilen, was man von solchen bizarren Berichten halten soll. Der jüngste, faszinierendste Fall dieser Art ist in einem UPI-Pressebericht aus Damaskus vom März 1982 festgehalten. Die syrische Tageszeitung *Al Baath* meldete: «Eine junge Frau, die wegen heftiger Magenschmerzen operiert wurde, hatte eine 1,80 Meter lange Schlange in ihren Eingeweiden. Die Chirurgen waren außerstande, sie zu entfernen, da sie im Magen ausgeschlüpft war und sich dann während des Wachsens um die Därme geschlungen hatte.» Die Ärzte vermuteten, daß die Frau, die fünfundzwanzigjährige Chadija El Reefi aus der Stadt Aleppo, als Kind von Schlangeneiern verseuchtes Brunnenwasser getrunken haben mußte. Die erste Operation in Syrien, bei der die Schlange herausgeschnitten werden sollte, verlief erfolglos, und Chadija wurde zu einem zweiten Eingriff nach Spanien geschickt. Der Name der Stadt oder der Klinik wurde nicht genannt, aber angeblich gelang es auch hier den Chirurgen nicht, die Schlange zu entfernen, obwohl man diese narkotisiert hatte. Zeugen sagten aus, daß «die Schlange piepste wie ein Hühnchen, wenn sie Hunger hatte, und so deutlich, daß Chadija und die Leute in ihrer Nähe die Schlangentöne hören konnten.» Ich versuchte dieser Geschichte in Spanien auf die Spur zu kommen, leider vergeblich. Es fällt mir schwer, zu glauben, daß die arme Chadija wirklich eine Schlange in ihrem Inneren beherbergte; immerhin wünschte ich, man hätte mich geholt, als man das Tier «narkotisieren» wollte – wenn es tatsächlich eine Schlange war, hätte eine Spritze mit einem unserer speziellen Reptiliennarkosemittel sie schnell entspannt, so daß sie leicht von allem zu lösen gewesen wäre, was sie umschlang. Geschichten wie diese, nehme ich an, müssen vergrößerte Verzerrungen von Vorkommnissen sein, in denen Bauchtumoren von ungewöhnlicher Form oder besonders große Sorten Spul- oder Bandwürmer als Parasiten eine Rolle spielen. Freilich erklärt das die «Piepstöne» aus Chadijas Bauch nicht. Außer, es wären ziemlich «hoch-gestimmte» Winde gewesen!

Die Weiße Lady richtete den Kopf auf und spreizte ihre Halsrippen zum drohenden Hut, als ich an ihren Glaspalast herantrat. Offenbar gefiel ihr nicht, was sie sah. Ihr zorniges Atemausstoßen klang mehr wie ein rauhes Brüllen als wie ein Zischen. Ihr Rachen war so groß wie meine geballte Faust. Hinter den schmalen weißen Lippen gewahrte ich den rosaroten Gaumen und den schützenden Kamm an den kurzen Fängen, die jederzeit genug Gift injizieren konnten, um vielleicht fünfzehn Menschen zu töten.

«Sie ist immer eine wenig so, bevor ich sie füttere», flüsterte Mercati. «Warten Sie – ich gebe ihr einen Leckerbissen.» Er öffnete eine Kiste, die im Schilf lag, und holte eine sich windende Ringelnatter heraus. Königskobras verzehren normalerweise lebende Schlangen, und die Beschaffung dieser Kost ist denn auch eine der Schwierigkeiten, wenn man sie in Gefangenschaft hält. Die Weiße Lady starrte mich unentwegt an, während er hinaufgriff, den Deckel des Zylinders löste und den lebendigen Leckerbissen hineinfallen ließ. Er fiel neben die Kobra und wollte unter die braunen und gelben Blätter entgleiten. Hochmütig wandte die Weiße Lady den Blick von mir ab und der schon halb verschwundenen Beute zu. Ein weißer Blitz, wie ein lautloser Peitschenhieb, und sie hatte zugeschlagen. Ihre Kiefer schnappten ungefähr auf halber Körperlänge der Ringelnatter zu und bohrte ihr die Fänge tief ins Fleisch. Das Opfer krümmte sich, aber die kräftige Angreiferin ließ nicht los, biß nach typischer Kobraart immer wieder zu, um mehr und mehr Gift zu spritzen. Blut rann der Kobra aus dem Maul, als das starke Nervengift Wirkung zeitigte. Die Ringelnatter wurde zusehends schwächer, und nach wenigen Minuten lag sie schlaff in dem Rachen. Als die Weiße Lady keine Regung mehr wahrnahm, hörte sie mit dem scheußlichen Kauen auf und begann, mit regelmäßigen Bewegungen der Kiefer und der einwärtsgebogenen Zähne den U-förmigen Körper in ihren Schlund zu ziehen.

«Jetzt ist die richtige Zeit für Sie, sie zu untersuchen, Doktor», sagte Mercati, «während sie mit dem Schlingen beschäftigt ist.»

«Aber ...», mir rann es mit einemmal kalt das Rückgrat hinunter, als ich die große Schlange ansah. «Graf Mercati – was fehlt denn der ... der Weißen Lady?»

Der Italiener klopfte mit seinem Spazierstock sachte an das Glas, aber die Schlange schluckte unbeirrt weiter.

«Knoten unter der Haut, dem Körper entlang. Fünf oder sechs, kirschengroß. Nicht zu sehen, wenn sie zusammengerollt daliegt. Sie müssen sie herausnehmen und aus der Nähe betrachten.»

Herausnehmen. Fünf Meter Muskel so stark wie ein lebendes Stahlkabel, ein auch in den besten Momenten angriffiges Temperament, schnelle Reaktionen (nicht ganz so schnell wie die eines Menschen, der aufpaßt, aber verhängnisvoll schnell genug) und ein Biß, der große Mengen sehr giftiges Gift austeilt. Ich hatte Angst. Das habe ich oft – und sehr –, wenn ich mit Giftschlangen arbeite. Früher verleugnete ich sie, sogar vor mir selber; nicht um den Helden zu spielen, sondern bloß, weil ich glaubte, es sei unprofessionell, Angst zu haben. Mit der Zeit kam ich zur Vernunft, besonders nachdem einer der Reptilienwärter am Bellevue, ein Mann von großer Erfahrung und Weisheit im Umgang mit Schlangen, von einer Gabunviper gebissen worden war. Ich sah die tiefen Wunden auf seiner Hand, geschlagen von diesem oft so zahmen Tier, das die längsten Giftzähne aller Schlangen hat, die furchtbare Blutung, das Anschwellen der Finger und den beinahe tödlichen Kreislaufkollaps, der gerade noch durch das Gegengift aufgefangen werden konnte, mit dem zusammen wir ihn in rasender Fahrt zum Krankenhaus brachten. Der Ärmste erlitt qualvolle Krämpfe, hatte eine Woche lang blutigen Urin und verlor drei Finger – viele der schlimmsten Symptome waren durch Nebenwirkungen des Vipernserums verursacht. Aber zuletzt erholte er sich doch. Und das alles war geschehen, weil wir die Schlange, die unter einer bei diesen Tieren ziemlich häufigen Art von Magersucht litt, zwangsernährten. Während er den Rachen der Viper öffnete, damit ich eine mit Nikotinsäure eingespritzte und mit Schmalz eingefettete tote weiße Maus hineinstopfen konnte, hatte er «ein wenig Butterfinger gehabt» und den Kopf der Schlange nicht fest genug gehalten, wie er sagte, während er einen Augenblick später entsetzt auf die beiden rotquellenden Stiche in seiner Handfläche starrte. Die Gabunviper, eine Schlange, die nicht auf Streit aus ist wie etwa eine Kobra oder ein javanischer Krait, hatte wohl mehr aus Kummer als aus Zorn zugeschlagen, weil ihr Fasten so rüde unterbrochen wurde.

Von da an hatte ich mehr Respekt vor den tödlichen Fähigkeiten einer Schlange und verlor meine Angst, Angst zu haben. Zuweilen entschied ich, daß ein Handgemenge mit Tieren, die keinen großen Geldwert darstellten und sich leicht ersetzen ließen, das Risiko für Leib und Leben nicht lohnte. Die Versicherungsstatistiken, die Wettchancen stimmen nie, wenn es um Schlangen geht. Ein Versehen bei einem Kakadu oder sogar bei einem Elefanten hat kaum je so schlimme Auswirkungen wie eine Fehleinschätzung bei diesem ältesten Feind des Menschen. In Indien allein werden jährlich 20 000 Todesfälle durch Schlangenbisse registriert. Schlangen töten in einem Jahr mehr Menschen als Haie in einem Jahrhundert, in einem Monat mehr als Großkatzen in einem Jahrhundert, an einem Tag mehr als bösartige Elefanten seit Anbeginn der Zeit. Ein einziger Stich eines Giftzahns, der zufällig eine Vene trifft, und auch das Vorhandensein des richtigen Serums in nächster Nähe vermag dich nicht zu retten. Es war also einfacher, die tödlich giftigen Arten zu meiden oder von außerhalb der Glasscheiben eine Ferndiagnose zu stellen. Aber je weniger ich die Schlangen anfaßte, desto unsicherer wurden meine Handbewegungen, wenn ich sie anfassen *mußte*. Und das verstärkte die Wahrscheinlichkeit, einen kleinen Fehlgriff zu tun und gebissen zu werden. Meine Furcht bedeutete zwar mehr Vorsicht und Respekt, aber auch mehr zittrige Hände – «Butterfinger». Und diese Finger hatten so vieles zu tun, das sich nicht auf Distanz mit Hilfe langer Zangen oder Schlangengreifgeräte erledigen ließ. Es war schwierig herauszufinden, wie man bei dieser Killerschlange am besten vorging.

Die Aussicht auf einen Ringkampf mit der Weißen Lady brachte mich sofort zur Entscheidung, Klugheit sei und bleibe der bessere Teil der Tapferkeit. Das Leben war mehr wert als jede Albino-Königskobra, und wäre sie noch so aristokratisch. Ich hatte das sichere Gefühl, die Weiße Lady würde die kleinste Tapsigkeit kalt rächen. Von *noblesse oblige* keine Spur.

«Ich will sie gerne untersuchen», sagte ich, «aber jemand muß sie nehmen und sicher festhalten.»

Mercati nickte lächelnd. Ich entdeckte einen Hauch von Spott in seinem blassen Gesicht und seinen funkelnden Augen.

«Sie haben recht, Doktor – ich werde sie packen!»

«Ist das Ihr Ernst? Haben Sie sie schon einmal angefaßt?» Diese Wende war noch besorgniserregender. Der hinkende alte Herr war ein Tausendsassa in bezug auf komische viktorianische Gedichte. Aber wie gut war er, wenn es darum ging, ein kraftstrotzendes, böswilliges Reptil von 20 Kilo oder mehr ungestraft zu packen und dann in sicherem Griff zu behalten? Das mußte ich wissen, bevor ich weitermachte. Ein unverläßlicher Assistent ist noch gefährlicher als die eigenen unverläßlichen Hände. Im letzteren Fall muß man wenigstens nur auf sich selber aufpassen.

«Mein lieber Junge», beschwichtigte Mercati, «ich

gehe mit Biestern wie Mylady hier um, seit ich ein Jüngling bin. Ich versichere Ihnen, ihr beide seid bei mir gut aufgehoben.»

Er deutete auf ein gebogenes Schiebefenster am Fuß des Zylinders.

«Hier hole ich sie heraus, wenn Sie bereit sind.»

Ich setzte die Tasche, die ich über der Schulter trug, ab und öffnete den Reißverschluß. In der Seitentasche, in Reichweite, steckte ein Fläschchen mit polivalentem Fernost-Elapid-Gegengift, mit anderen Worten ein Serum aus dem Pasteur-Institut in Frankreich gegen das Gift verschiedener Mitglieder der Giftnatternfamilie, darunter auch der Königskobra. Daran angeklebt war eine gebrauchsfertige sterilisierte Spritze mit Nadel.

«Fangen Sie nur an», sagte ich, «ich bin bereit, sobald Sie es sind.»

Im Kopf hatte ich mir eine Notiz gemacht: Rechts von mir, eine Armlänge entfernt, lehnte ein Spaten an einer Palme. Worte von Matt Kelly fielen mir ein. Als ich noch Student war, hatte er mir gesagt: «Die beste Notwaffe, wenn man in der Klemme steckt, ist ein Spaten. Schlimmstenfalls kann man mit einem einzigen guten Hieb einem Tiger das Rückgrat brechen oder eine Klapperschlange köpfen!» Das hatte sich damals grausig angehört, aber durch die Nähe des Spatens in Mercatis Tropenhaus fühlte ich mich, wenn auch nicht gewappnet, so doch ein bißchen beruhigt. Ich betete nur, daß ich den Lehrsatz meines irischen Mentors nicht würde auf die Probe stellen müssen.

Die Weiße Lady schluckte noch immer an der Ringelnatter, als Mercati sich bückte und das Glasfenster zurückschob. Mit angehaltenem Atem sah ich zu, wie er vorsichtig seinen Spazierstock, Handgriff voran, in den Zylinder einführte. Der Griff bildete ein asymmetrisches T, und er fuhr damit dicht über den Blättern auf die Schlange zu. Seine dunklen Augen waren fest auf die Schlange gerichtet, sein Gesicht drückte finstere Konzentration aus.

«Così!» schrie er und warf den Stockgriff blitzschnell

auf den Nacken der Weißen Lady, gerade unterhalb des «Hutes», der sich sofort zu voller Größe aufblähte. Er drückte ihr den Kopf mit aller Kraft nieder, ihr langer weißer Leib entrollte sich und schlug wild, einen Sturm von trockenen Blättern aufwirbelnd. Wieder dieses Brüllen! Mercati schob flink den anderen Arm durch die Öffnung, sobald der Stockgriff die Schlange sicher festnagelte, und packte sie um den Kiefer. Der Schwanz peitschte krachend gegen das Glas. Der Italiener ließ den Stock fallen und faßte mit der freien Hand die Schlange etwa einen halben Meter unterhalb des Kopfes. An dieser Stelle reichten seine Finger nur halb um ihren Leib. Mit einem triumphierenden Ächzen richtete er sich auf und zog die Schlange heraus, die mit dem Hauptteil ihres Körpers hilflos ausschlug. Der beißende Geruch von Schlangenkot, im Augenblick des Kampfes ausgestoßen, lag in der Luft. Die Weiße Lady bot einen furchterregend eindrucksvollen Anblick: Kopf- und Schwanzspitze der Ringelnatter ragten noch aus ihrem halboffenen Maul. Die blutbefleckten Lippen paßten zum Rubinrot ihrer Augen und machten sie zusammen mit ihrer Totenblässe und dem unablässig eisigen Starren zu einer Erscheinung des absolut Bösen. Natürlich gibt es so etwas wie ein böses Tier nicht, aber als ich die riesige Kobra so anschaute, witterte ich in ihr weder Furcht noch Verzweiflung, sondern blanken, beunruhigenden, verzehrenden Haß. Kalter Schweiß verdichtete sich auf meiner Stirn. Wenn Mercati seinen Zugriff jetzt lockerte, wenn er einen Krampf in den Fingern bekäme, dann würde die Weiße Lady, statt sich einfach in Sicherheit zu bringen, fürchterliche Rache an uns nehmen. Wenigstens, dachte ich, ist der Tod durch Kobragift dem von einer Grubenotter wie etwa der Lanzenotter zugefügten vorzuziehen. Da es kein Blut-, sondern ein Nervengift ist, verursacht es zuerst hängende Augenlider, dann Schläfrigkeit und schließlich Paralyse. Keine Schmerzen, abgesehen von der Bißwunde selbst. Einige der großen Giftschlangenexperten der Vergangenheit, die am Ende von einem ihrer Tiere erwischt wurden, beschrieben in ihren letzten Stunden kühl ihre Symptome. Im Kobrafall hörte sich das gar nicht so schlecht an.

Jetzt mußte ich eiligst meine Patientin untersuchen. «Geht es gut so, wie Sie sie im Griff haben?» fragte ich Mercati.

«Ja. Keine Mühe. Ich habe sie.»

Ich ließ meine Hände an der Weißen Lady entlanggleiten. Schlangen fühlen sich angenehm seidig und trocken an, gar nicht kalt oder glitschig, wie es sich manche Leute vorstellen. Sie war in prachtvoller Verfassung. Fest, glänzend, wohlgenährt. Kein Anzeichen der winzigen Milben, denen es oft gelingt, unter dem freien Rand von Hautschuppen Zuflucht und Unterhalt zu finden. Aber, wie Mercati gesagt hatte, unter der Haut fanden sich in unregelmäßigen Abständen ein halbes Dutzend runde harte Knoten. Ich sondierte mit den Fingerspitzen: Sie bewegten sich leicht, wie Murmeln, die irgendwie da hineingeraten waren.

«Was meinen Sie, Doktor? Tumor?»

Ich schüttelte den Kopf. Ich hatte schon viele solche Fälle angetroffen, bei den verschiedensten Schlangenarten.

«Nein», sagte ich, «keine Tumoren. Das hier sind ‹kalte› Abszesse, normalerweise mit gummiartig verhärtetem Eiter gefüllt. Vielleicht sind sie das Schlangen-Gegenstück zur menschlichen Akne, aber ich vermute, sie bilden sich um einen Kern, den ein längst toter Parasit gebildet hat, eine Bandwurmzyste zum Beispiel. Sie wachsen im allgemeinen langsam. Das beste ist, sie herauszuschneiden.»

Mercati zog scharf den Atem ein.

«Die Weiße Lady operieren? Glauben Sie denn, daß Sie sie gefahrlos beruhigen, narkotisieren können?»

Mir schien, daß es ihm dabei um die Sicherheit der Schlange und nicht um unsere ging.

«Ich verwende nie eine Vollnarkose, um diese Dinger zu entfernen», sagte ich, «es geht am besten mit Vereisung.»

Der Graf sah erleichtert aus und gab seiner tödlichen

Lady einen Kuß auf die Nasenspitze, um Schnurrbartbreite neben den sichtbaren Enden der Ringelnatter.

«Vorsicht, Graf!» mahnte ich. «Wenn sich etwas Gift um ihr Maul herum befindet und Sie es unbemerkt aufnehmen, kann es gefährlich sein.»

«Ich dachte, verschlucktes Schlangengift sei ungefährlich.»

«Es besteht der Verdacht, daß *Kobra*gift auch oral wirksam ist, und außerdem kann jedes Schlangengift in Ihr Blut gelangen, wenn Sie einen Kratzer im Mund oder auch nur ein Magengeschwür haben!» Ich holte das Notwendige – eine Äthylchlorid-Vereisungsflasche, ein Skalpell, etwas Watte und ein Fläschchen Jod – aus der Bereitschaftstasche.

«Griff noch okay?» fragte ich.

«Ja, ja.» Die Kobra peitschte noch immer mit drei Vierteln ihrer Körperlänge. Ich betupfte den ersten Knoten mit Jod und richtete dann aus kurzer Distanz einen Strahl Äthylchlorid darauf. Als nach etwa zwei Sekunden die Flüssigkeit verdampft und die Stelle vereist war, schlitzte ich die Haut über der Schwellung mit einem kurzen Skalpellschnitt auf. Der Druck meiner Finger förderte ein glattes, gelbgrünes Gebilde heraus, das fast wie eine Olive aussah und ein sauberes Loch hinterließ. Ich tauchte einen Wattepfropfen in Jod und steckte ihn in den Hohlraum. Fertig. Es war wichtig, nicht zu nähen; in etwa zwei Wochen würde das Loch von selber zugeheilt sein. Ich wandte mich dem nächsten Knoten zu.

Ich war dabei, den fünften Knollen herauszudrücken, als Mercati ruhig sagte: «Doktor, ich habe Schwierigkeiten!» Ich schaute auf und wurde mir wieder meines Schweißes bewußt, der jetzt in Bächlein niederrann und mir in den Augen brannte. Der Graf blickte auf den Kopf der Schlange. Ihre Kiefer standen schräg. Sie bewegte sie mahlend. Während sie ihren Körper wand, verschob sich Mercatis Griff um den glatten Kopf unmerklich. Seine Finger waren ihren Fängen jetzt viel näher als zuvor – langsam und stetig löste sich die Weiße Lady aus der Umklammerung.

«Können Sie sie anders fassen?» fragte ich. «Ich halte sie am Hals fest, wenn Sie wollen, während ...»

«Nein. Zu gefährlich!» erwiderte er knapp. «Händewechseln oder auch nur das Lockern dieser Hand, um neu zuzufassen, gibt ihr den Sekundenbruchteil, den sie braucht ...»

«Aber was ...?» Mir wurde flau. Er konnte seinen Zugriff nicht ändern, sonst schlug sie zu. Und wenn er nichts tat, war sie auch bald frei. So oder so hatten wir demnächst eine Königskobra hier, die Amok lief.

«Ich spüre, wie ihr Kopf mir durch die Handfläche rutscht», murmelte Mercati gelassen.

Ich warf einen schnellen Blick auf den Spaten.

«Ich verliere sie, Doktor. Es gibt nur eine Chance!»

Er sprach so ruhig und bestimmt, als erkundige er sich eben in einem Buchantiquariat nach dem Preis eines alten Gedichtbändchens. «Wenn ich merke, daß sie loskommt, werfe ich sie so weit wie möglich von mir weg, dort hinüber», er deutete mit dem Kopf auf einen mit Früchten behangenen Bananenbusch. «Hoffentlich betäubt sie das, ohne sie zu töten. Dann laufen Sie zur Tür, so schnell Sie können, Doktor. Ich komme gut zurecht mit dem Stock, wenn Sie so gut sein wollen, ihn aufzuheben und neben mir in die Erde zu stecken. Jetzt – schneiden Sie weiter! Ich gebe Alarm, wenn der Augenblick der Wahrheit kommt!»

Ich brachte Mercatis Stock in die gewünschte Stellung und nahm meine Arbeit wieder auf. Ich fühlte mich wirr im Kopf, trocken im Mund und entschieden uninteressiert an Kobra-Abszeßchirurgie. Das Blut dröhnte in meinen Ohren, als ich die Höhlung säuberte und nach dem Aethylchlorid für den letzten Knoten griff. Der kürzeste aller Spritzer, ein Schnitt mit dem Skalpell, ein Quetschen mit den Fingern, und ein weiterer Knollen fiel zu Boden. Nur noch eine halbe Minute, dachte ich, schüttete hastig Jod auf Watte und ...

«WEG!» brüllte Mercati. Er schwankte und fiel beinahe hin, als er die Schlange über seinen Kopf hob und keuchend vor Anstrengung in den Bananenbusch schleuderte. Sie klatschte in einem weißen Gewirbel unten an den Stamm, fiel auf den moosigen Boden und rappelte sich zu meinem Entsetzen ohne jedes Anzeichen von Betäubung oder auch nur Benommenheit wieder auf.

«Weg!» rief Mercati noch einmal, heiser und drängend. Ich hatte jetzt den Spaten in der Hand und hielt ihn wie einen Cricketschläger in der klassischen Position zum Abfangen scharf geschlagener Kobras vor mich hin: mit dem Schaufelblatt die Beine schützend. Unter den Bananenblättern richtete sich die Weiße Lady mehr als einen halben Meter hoch auf und glitt lautlos, mit breit gespreiztem Hut, auf uns zu. Die Vorwärtsbewegung einer Schlange mit Hilfe von Muskelkontraktionen, die von vorn nach hinten durch den Körper laufen, wirkt sehr schnell, aber in Wirklichkeit schafft sie, abgesehen von kurzen Ausfällen, höchstens neun bis elf Stundenkilometer. Ich erstarrte, als die Kobra scheinbar zehnmal so schnell vorrückte. Mercati versetzte ihr mit seinem Stock einen raschen Hieb, der sie unterhalb des Hutes traf. Mit einem bösartigen Zischen biß sie zu, und ich sah einige Tropfen trüber gelber Flüssigkeit auf die Erde fallen. Vom Stock etwas abgedreht, wandte sich die weiße Schlange jetzt voll mir zu. Die roten Augen unverwandt auf mich gerichtet, zog sie den Kopf zurück. Glücklicherweise löste mir ein Adrenalinschub die Glieder, und ich stieß den Spaten vor. Klong! Die Weiße Lady biß wieder zu, wich zurück und versuchte dann die Metallschaufel zu umkurven, um von der Seite her mein rechtes Bein zu treffen. Mercati stieß erneut mit seinem Stock zu, aber sie glitt einfach darüber weg, ignorierte ihn und konzentrierte sich auf mich.

«Sie werden sie töten müssen, Doktor. Mit dem Spaten!» rief der Graf. «Heilige Mutter Gottes, zielen Sie auf ihren Kopf!»

Meine Panik hatte sich urplötzlich kristallisiert, und ich befand mich in dem eiskalten Bereich, in dem das Denken wieder klar und wohlüberlegt funktioniert und der mich jedesmal überkommt, wenn während einer Operation eine Arterie reißt oder ein Herz zu flattern beginnt

– im Auge des Hurrikans. Obwohl sich alles in Mikrosekunden abspielte, schien mein Gehirn jede Menge Zeit zu haben, die Lage zu analysieren. Wenn ich den Spaten zurückzog und damit ausholte, um den hoch aufgerichteten Kopf der Schlange zu treffen, waren meine Beine ihren Fängen schutzlos ausgeliefert. Die Vorstellung, die Weiße Lady umzubringen, sie zu enthaupten, war ohnehin abscheulich. Nein. Ich wollte versuchen, ihr den Spaten wieder entgegenzustoßen und dann meinen Körper seitwärts zu bewegen. Wenn sie mit dem Werkzeug beschäftigt blieb, gelang es mir vielleicht, in eine Position zu kommen, aus der ich sie von der Flanke her angehen konnte. Ich bot ihr den Spaten hin, den Griff mit beiden Händen festhaltend. Sie schlug so heftig zu, daß die Spitzen beider Giftzähne abbrachen, ich bog meinen Körper von ihr weg und schob mich nach links. Sie bereitete sich auf einen neuen Kampf mit dem Spaten vor, während ich meine veränderte Stellung einnahm. Mit einer schnellen Drehung des Handgelenks und unter metallischem Klirren schwang ich den Spaten herum und ließ ihn so niedersausen, daß die flache Rückseite ihr Kopf und Nacken auf den Boden drückte. Sie lag auf feuchter Erde dicht neben dem Kiesweg, ihr Leib schlug wieder wild aus. Wenn der Boden nachgab, konnte sie womöglich den Kopf wegziehen und mit den Feindseligkeiten von vorne anfangen, also setzte ich einen Fuß auf den Spaten und stand mit meinem ganzen Gewicht darauf. Mercati hinkte herbei, so schnell er konnte, und bückte sich, um sie erneut zu packen.

«Danke, danke – es wäre eine Tragödie gewesen, sie töten zu müssen», sagte er, nun wieder im sanftesten Ton, als ich den Spaten zurückzog. «Wollen Sie jetzt das letzte Loch fertigbehandeln?»

Mit sichtbar schlotternden Knien und in Schweiß gebadet säuberte ich die letzte Wunde und setzte mich dann erschöpft auf einen Felsbrocken, um zuzusehen, wie Mercati die Kobra in ihren Glaszylinder zurückwarf. Er schloß das Schiebefenster in dem Augenblick, als sie darauf zustieß.

«Das war knapp!» sagte ich, als wir zur Villa zurückgingen. «Benutzen Sie nie eine Schlangenzange?»

Der Italiener lachte freundlich.

«Wozu auch, wenn ich meinen Stock habe?»

«Eines Tages wird sie Sie erwischen, Graf.»

«Die Weiße Lady? Nein, das glaube ich nicht. Ich hoffe, daß ich nie mehr so mit ihr ins Handgemenge komme.»

«Wie oft haben Sie sie denn vorher schon angefaßt?»

«Ach, Doktor, das war das erstemal, und ich habe sie seit siebzehn Jahren! Und jetzt: Wie wär's mit einem Cappuccino und einer großzügigen Dosis Grappa?»

Die Schnittwunden der Weißen Lady verheilten ohne Komplikationen, und bis dato – Holz anfassen! – hat sie keine weiteren Dienste meinerseits mehr benötigt. Ich halte sie für das mit Abstand gefährlichste Tier, zu dessen Behandlung man mich je gerufen hat.

EIN BISSCHEN ZAHM, EIN BISSCHEN WILD

Es gibt Zeiten, da darf man einen Tiger auf keinen Fall Tiger nennen. Dies war eine. Mein Begleiter Karim war ein kleiner, drahtiger Bengali mit ölig schwarzen Haaren über einem flachen, runden Gesicht, das mich etwas an einen Pekinesen erinnerte. Er trug nichts als ein Paar formlose rotkarierte Shorts, als er da hinter mir in dem offenen schwarzen Boot saß und den launenhaften, anscheinend bronchitischen Außenbordmotor bediente, der alle Mühe hatte, gegen die starke, stromaufwärtsdrängende Flut voranzukommen.

«Wir sind jetzt beim Wald», flüsterte er, «bitte, denken Sie daran, daß es drinnen Unglück bringt und sehr gefährlich ist, den Namen des … der großen Katze zu sagen. Er hört es und wird böse. Menschen sterben jedes Jahr, weil sie diese Regel verletzen.»

«Schon gut», sagte ich, «ich werde seinen Namen nicht aussprechen.»

«Wenn Sie von ihm reden wollen, ist es gestattet, ‹Mamaa›: Onkel oder ‹Bara miah›: Großer Herr zu sagen. Sie verstehen?»

«Ich verstehe.»

Es war März 1970, und ich war auf dem Rückweg nach Europa, nachdem ich auf der Suche nach Delphinen und Seekühen für Pentland Hick, den Besitzer des Flamingo-Park-Zoos in Yorkshire, Asien bereist hatte. In Kalkutta hatte ich den Zoo besucht, und dabei war einer der Tierärzte mit einer höchst interessanten Geschichte an mich herangetreten. Im wesentlichen ging es darum, daß aus dem Golf von Bengalen, in der Gegend des Gangesdeltas, Berichte von einer mysteriösen, tödlichen Epidemie unter den einheimischen Seeottern eingetroffen waren, besonders unter den Ottern, die sich die dortigen Fischer zum Fischen hielten. Ob ich vielleicht eine Idee hätte, was dahintersteckte? Ich konnte mir verschiedenes denken, aber ohne nähere Angaben war es unmöglich, eine Meinung zu äußern. Die Chance, es herauszufinden, reizte mich. Ob ich wohl hinreisen und einige der leidenden Ottern sehen könne, fragte ich. Von einem Honorar war nicht die Rede. Das gehe ohne weiteres, lautete die Antwort – sofern ich die Reise ins Delta selber bezahlen könne. Es gab keine Tierärzte in jenem Gebiet, keine Einrichtungen, keine Unterkünfte, keine Transportmittel, ich konnte allenfalls ein Boot mieten, Pentland Hick gab typischerweise sofort seine Zustimmung, als ich ihm telegrafierte. «Und halten Sie die Augen offen nach Seekühen», fügte er als PS hinzu.

Die Mangrovenwälder der Sundarbans liegen an der Küste, quer über der Grenze zwischen dem indischen Westbengalen und dem damals pakistanischen Ostbengalen, heute Bangladesch. Hier zerfranst sich die große Gangesebene, wo sie ans Meer stößt, in ein Labyrinth von Inseln und Inselchen, Landzungen und Trichtermündungen größerer und kleinerer Flüsse. Das Land ist flach und sumpfig und von graugrünem Dschungel bedeckt. Die Wasserläufe sind braun und oft tückisch, von schnellen Gezeitenfluten durchschwemmt und von einem der größten lebenden Reptilien und gefährlichsten Krokodile heimgesucht: dem Leistenkrokodil, *Crocodylus porosus*. Es war ein weiter Weg zu den Sundarbans, zuerst über Land mit Autobussen und zerbeulten Taxis nach Osten zum Binnenhafen Khulna und dann in Karims gemietetem Boot hundert Kilometer und mehr südwärts, manchmal schnell mit der Flut, manchmal mit weniger als anderthalb Stundenkilometern, wenn die Flut gegen uns war. Feuchte Hitze umfing die Wildnis der eintönigen Mangroven und die Wasserwege, die bald breit und schimmernd, bald schmal, gewunden und finster waren. Karim behauptete, den Urwald und seine Gewässer von Kindesbeinen an zu kennen. Er war das Oberhaupt einer großen Familie, etwas über sechzig Jahre alt, und hatte in der Armee Englisch gelernt. Er erzählte mir, er komme jeden Frühling für einen Monat hier heraus, um mit sechs anderen Männern aus seinem Dorf Wildhonig zu sammeln. Während wir jetzt dahintuckerten, beobachtete ich, wie Gruppen von Flamingos und Störchen durch das seichte Wasser stolzierten und Ibisse und Reiher in den Schlammtümpeln unter den Mangrovenbäumen Futter suchten. Einmal erhaschte mein Blick einen Axishirsch, dessen goldbraunes Fell mit den weißen Tupfen in dem sonnendurchsprenkelten Dickicht eine feine Tarnung bildete. Der geräuschvoll knarrende Holzkahn diente mir in den drei Tagen und zwei Nächten bis zu unserem Bestimmungsort als Hotel.

Karim bereitete auf einem Primuskocher dreimal täglich eine Mahlzeit aus Reis, scharfen Gewürzen und getrocknetem Fisch zu, nachdem er jeweils das Boot an einem geeigneten Knäuel Mangrovenwurzeln festgebunden hatte. Lauwarmes Wasser mit leichtem Paraffingeschmack führten wir in Benzinkanistern mit. Nachts zogen wir das Fahrzeug halb aus dem Wasser auf eine trockene Schlammböschung und schliefen unter zwei Schichten Moskitonetz darin. Nebenan hielt Karim ein Feuer in Gang, solange es dunkel war – um einen Besuch des Großen Herrn abzuwenden, erklärte er. Vor dem Schlafengehen kniete er als guter Muslim nieder und verrichtete seine Gebete in Richtung Mekka, um dann, nachdem er seinen Glauben an den Einzigen Gott und dessen Propheten beteuert hatte, inbrünstig die hinduistische Göttin der Wälder, Banbibi, anzurufen.

«O Mutter Banbibi, ich bin heimgekommen. Beschütze mich im Walde als einen geliebten Sohn.» Am zweiten Tag der Bootsreise kamen wir an mehreren Holzfällerhäusern vorbei, die auf Pfählen am Ufer standen, und einmal schrie Karim freudig auf, als wir auf einem schmalen Wasserarm zwischen zwei morastigen Inseln durchfuhren.

«Sehen Sie dort, Honig!» Ich sah einen toten, von kleinen Bienen umschwärmten Baumstumpf. «Das gibt guten

Honig – weißen –, denn die Kolshi-Mangrove blüht zu dieser Zeit, und die Bienen lieben sie.»

«Werdet ihr oft gestochen, wenn ihr Honig einsammelt?» fragte ich.

«Nein, Sir, ganz selten. Allah meint es gut mit uns. Meine Freunde und ich jagen gemeinsam und halten nach fliegenden Bienen Ausschau. Unser sechs. Das ist Tradition. Wir zünden Fackeln aus grünen Blättern an, wenn wir durch den Wald gehen, um die Bienen zu beruhigen, und wenn sie zu ihren Nestern zurückfliegen, folgen wir ihnen.»

«Verirrt sich keiner der Männer im Urwald?»

«Nein, wir rufen einander ständig wie singende Vögel, und der siebente bleibt beim Boot und bläst damit, so.» Er zog ein großes Wasserbüffelhorn aus dem Kielraum, hob es an die Lippen und ließ eine Reihe langgezogener, klagender Töne hören.

«Und der Große Herr oder das Krokodil – gehen sie nie auf Honigsammler los?»

«Doch, Sir, das kommt vor. Sogar Männer in einem Boot sind schon von Mamaa angegriffen worden. Aber Allah ist gnädig, und ich habe ja auch das bei mir.» Aus seiner Hose holte er ein Amulett in der Form eines Plastiktigerzahns mit einer Inschrift und der rohen Darstellung irgendeiner Gottheit. «Kalu Roy – der Herr des Großen Herrn!»

Etwa um die Mittagszeit des dritten Tages, als ich alles um ein kühles Lagerbier und ein Stück Steak-and-kidney-Pie gegeben hätte, während wir nach einer von Karims Kreationen aus Reis, Pfeffer und Trockenfisch – die er mit nie versagender Wonne zu genießen schien – weiterruderten, trafen wir bei einem Dörfchen aus Holz- und Trockenschlammhütten ein. Es lag in einer sauber entwässerten Lichtung an einem erhöhten Ufer.

«Wir sind da, Sir!» sagte Karim und stellte mit stolz zufriedener Miene den erleichterten Außenbordmotor ab.

«Wo da, Karim?»

«Das hier ist Chandpai, und wir sind am Shela-Fluß.» Er schwenkte das Blatt Papier, auf das der Tierarzt in

Kalkutta den Namen meines Bestimmungsortes und den Zweck meines Besuches auf bengalisch geschrieben hatte. «Ich habe Sie nach Instruktion abgeliefert, Sir.» Beim Aussteigen fühlte ich mich in der Tat wie ein Paket, das ohne sein Dazutun bei irgendeinem unbekannten Empfänger abgeliefert wird. Da stand ich nun, völlig orientierungslos, in einem scheinbar endlosen Sumpf, der am Rockzipfel des indischen Subkontinentes hing. Ohne Karim, oder wenn der Außenbordmotor seine ständigen Drohungen wahrgemacht hätte, wäre ich so verloren gewesen, als hätte man mich über dem Dschungel des Amazonas mit einem Fallschirm abgeworfen.

«Kommen Sie», sagte Karim, nachdem er das Boot vertäut hatte, und nahm meine Bereitschaftstasche sowie einen Sack mit Vorräten von (was denn sonst?) Reis, Gewürzen und Trockenfisch auf, «wir müssen die *dharijals* suchen.»

«Was sind die *dharijals?*»

«Leute. Fischer einer sehr niedrigen Kaste. Sie haben die Tiere, die Sie sehen wollen.»

Ein Dutzend andere kleine Boote waren längs der Uferböschung festgemacht, beladen mit Netzen, Weidenkörben, rostigen Blechbüchsen und Kochtöpfen. Männer in Lendenschurz und Unterleibchen saßen in der Nähe in Grüppchen schwatzend beisammen oder kauerten über den ausgebreiteten Netzen. Der Rauch von kleinen Feuern außerhalb der Häuser stieg zum flimmernd heißen Himmel empor, und überall lagen schimmernde Teppiche aus kleinen Fischen zum Dörren in der Sonne. Das beißende Aroma kochender Pfefferfrüchte und der erdige Geruch des Wassers vermischten sich mit dem der trocknenden Fische. Die Gespräche verstummten, als wir hinzutraten. Die kurzgewachsenen Fischer beäugten mich neugierig, und ein paar kicherten, als ein schmächtiger gelber Hund, mit eingetrockneten Schlammflecken verschmiert, mit wildem Gebell und gesträubten Nackenhaaren herausfordernd auf uns zurannte. Karim rief einen Gruß in bengalischer Sprache, und einige der Fischer hoben die Hand und gaben offensichtlich recht freundliche Antwort. Von Ottern sah ich nichts. Mein Führer redete länger auf einen alten Mann ein, der auf einem sonnengebackenen Lehmflecken am Boden hockte und Fische ausnahm. Er öffnete einen zahnlosen Mund und schnatterte mit schriller Stimme drauflos; dabei schwenkte er seinen Arm und deutete flußabwärts.

«Es seien ein paar *dharijal*-Boote außerhalb des Dorfes», sagte Karim. «Wir können zu Fuß gehen – es ist nicht weit.»

Wir gingen auf einem schmalen, schilfgesäumten Pfad dem Ufer entlang und in die Bäume. Der Wald war hier dünn, mit einem Unterwuchs aus Bambus und Schlingpflanzen. Wo das Sonnenlicht durch die Mangroven drang, waren Ranken von leuchtend roten Blüten bedeckt, und die Luft war belebt vom emsigen Treiben von Libellen, wunderschönen Schmetterlingen und zwitschernden kleinen Vögeln, die dunkelgrün und blau schillerten.

«Es ist am besten, wenn wir beim Gehen singen», sagte Karim leise, «wegen Mamaa.» Mit zittriger Stimme begann er zu psalmodieren: «Ruf Allah! Sprich seinen Namen, das vertreibt Gefahr. Alles vergeht, auch wir. Wer kümmert sich um das, was verschwindet, und wäre es der schönste Sundari-Baaaaaauuuum!»

Mein Anti-Tigergesang war das entschieden unpassende «Widdicombe Fair». Wir müssen uns schrecklich angehört haben – denn der Große Herr blieb uns fern!

Nach ungefähr 400 Metern kamen wir wieder auf ein Stück offenes Ufer. Keine Häuser hier, nur ein grauer Morast mit den verlassenen Stümpfen toter Mangroven, die wie faule Zähne herausragten. Stieläugige Schlammspringer waren aus dem Wasser auf jene Baumstümpfe gehüpft, in deren nächster Nähe Wassertümpel lagen; als wir uns näherten, unterbrachen sie ihr Sonnenbad und tauchten zur Sicherheit unter. Zwei lange, schmale Boote aus schwarzem Holz lagen am Ufer. Sie hatten Decks aus zusammengebundenen Bambusstangen, auf denen sich über die halbe Länge niedrige gewölbte Unterkünfte aus Bambus und Palmblättern erhoben. Die Dollborde waren mit feinen Netzen behängt, und in den Dollen steckten schlanke schwarze Ruder, die träge im Fluß schaukelten. Über die eine Seite jedes Bootes ragten Bambusstangen hinaus, das äußere Ende ins Wasser gesenkt. Acht oder neun Männer saßen zusammengedrängt unter dem Dach eines der Kähne und aßen dampfenden Reis aus einem gemeinsamen Topf.

«Dharijals», sagte Karim, «und sie haben ihre ... wie nennen Sie diese Wasserhund-Tiere, Sir?»

«Otter.»

«Sie haben ihre Otter bei sich.» Ich betrachtete die Boote und die Männer in ihrem Unterstand und dann die Uferböschung. Noch immer keine Spur von Ottern, soweit ich sehen konnte. Wir näherten uns den Booten, und Karim rief die *dharijal*-Fischer an. Sofort unterbrachen sie ihre Mahlzeit und kamen ans Ufer geklettert. Es waren magere, ernst blickende kleine Männer in fleckigen, zerlumpten Lendenschurzen, die meisten mit nacktem Oberkörper. Ihr Anführer schien ein schielender Graukopf zu sein, dem an jeder Hand zwei Finger fehlten und dessen Kinn mehrere Tage alte Bartstoppeln zierten. Er heiße Bihar, sagte Karim, und ich schüttelte ihm und allen seinen Gefährten die Hand.

«Haben Sie ihnen gesagt, warum ich gekommen bin?» fragte ich meinen Begleiter.

«Ja. Sie sind sehr erfreut. Sehr geehrt. Sie haben nicht gewußt, daß es so etwas wie einen Otter-Doktor gibt, und bitten Sie, mit ihnen zu essen.»

«Sagen Sie nein danke, wir haben ja selber gerade erst gegessen, aber sie sollen bitte ihre Mahlzeit ruhig beenden. Nachher würde ich die Tiere gern sehen.»

Davon wollten die *dharijals* nichts wissen. Der Reis könne warten. Ich solle mir die Otter sofort ansehen, denn zwei von ihnen seien sehr krank.

«Wo sind sie?» fragte ich. Karim deutete auf die Bambusstangen, die von den Booten ins Wasser ragten.

Dort, im Wasser. An den Enden der Stangen angebunden.» Ich schaute wieder hin. Das braune Wasser wirbelte um die Bambusspitzen, und plötzlich tauchten zwei schnauzbärtige, lohfarbene Köpfe auf und blickten sich um. Dann kam ganz nahe ein dritter hoch; Wassertropfen rannen von ihm ab wie die Schlingen eines Diamanthalsbandes. Otter! Die orientalische, kurzkrallige Art. Die drei schauten uns erwartungsvoll an, und ich bemerkte sofort, daß zwei von ihnen entzündete Augen und Nasen hatten. Beide husteten und niesten immer wieder. Jeder Otter war mit einem längeren Seil, das sich um seinen Hals schlang, am Ende einer Bambusstange angebunden, wie Ziegen in einem Obstgarten. Wer liebt Otter nicht – außer den Psychopathen, die sich einen Sport daraus machen, die faszinierenden Geschöpfe in schottischen Flüssen zu jagen? Es gibt für einen Tierfreund keine hübscheren Erlebnisse, als im Nordpazifik Seeotter zu beobachten, wie sie, mit den Zehen an einer passenden Tangsträhne verankert, auf dem Rücken in der Sonne liegen und mit der ganzen Hingabe und Lust eines Meeresfrüchtekenners – was sie ja auch sind – Seeschnecken auf ihren glatten Bäuchen aufbrechen. Oder sich mit meinem Freund Terry Nutkins an einem Flüßchen nahe seinem Heim auf der Insel Skye zu verstecken und atemlos einem europäischen Fischotter zuzusehen, der unter der Glut der untergehenden Sonne eifrig nach Aalen und Panzerkrebsen jagt. Oder mit den Ottern, die im Zooteich in Chessington aufgezogen werden, ein eindringliches Gespräch aus Quieksern und Pfiffen zu führen und, wenn sie mich wieder einmal beschwatzt haben, ihnen ein hartgekochtes Ei zuzuwerfen, zu sehen, wie gewandt sie damit spielen, bevor sie die Schale aufknacken. Oder gar einen Nachmittag lang mit Ottermenschen im Otterland, im wundervollen «Otter Trust» bei Bungay in Suffolk, einfach unter Ottern zu weilen. Der asiatische Fischotter ist größer und stämmiger als sein europäischer Verwandter; er hat fast keine Krallen, dafür dicke, sensible Polster an den «Fingern» der Vorderpfoten, mit denen er geschickt im Flußbett und unter Steinen herumwühlt und nach Muscheln, Schnecken und Süßwassergarnelen gräbt. Alert und neugierig wie alle Otter, läßt er sich zähmen, wenn er künstlich aufgezogen wird, hat aber ein unbeständiges Temperament und ist in einem schlechten Augenblick imstande, selbst seinen besten Freund mit erschreckender Kraft zu beißen. Terry Nutkins, in seiner Jugend ein Schüler Gavin Maxwells, hat zum Beweis dafür nur noch acht intakte Finger. Ich fragte mich, ob Bihari seine fehlenden Glieder wohl auch auf diese Weise verloren hatte.

«Sind es zahme Otter?» fragte ich Karim.

«Ein bißchen, Sir. Und ein bißchen wild.»

Ein bißchen Wildheit bei einem Otter bedeutet für mich etwa gleich viel, wie wenn man von einem Mädchen sagt, es sei ein bißchen schwanger. Einer der Otter tauchte und kam sofort heftig niesend wieder hoch. Grünlicher Schleim floß aus seinen Nüstern. Karim erklärte, daß die Otter für ihre *dharijals* fischten: Wie Schäferhunde trieben sie die Fische in die wartenden Netze.

«Die Otter dürfen auch einige Fische essen, aber wenn sie gierig werden, ziehen die Männer an den Seilen und schelten sie», erzählte Karim.

«Können sie die Otter anfassen?» wollte ich wissen. Karim beriet sich mit den Männern; sie schüttelten alle den Kopf auf die eigenartig ruckende indische Art, die ich so oft mit zustimmendem Nicken verwechsle.

«Nein. Zu gefährlich, sagen sie», gab Karim Auskunft. «Aber der Otterdoktor könne sie halten, wenn er wolle.» Vermutlich nahmen sie an, ich sei ein besonderer Könner oder Künstler im Packen von halbwilden Ottern.

«Sind dies die beiden kranken?» Ich zeigte auf die hustenden Tiere im Wasser.

«Nein, denen fehle nichts, sagen sie. Die schlimmsten seien tot, und die beiden kranken hätten sie im andern Boot.»

«Die möchte ich mir ansehen.» Zwei der Fischer kletterten ins zweite Boot und zogen einen niedrigen Bambuskäfig aufs Deck heraus. Ich stieg an Bord und schaute zu, wie sie an einer Seitenwand des Käfigs Pflöcke lösten und die Wand herunterklappten. Im Innern lagen, kaum noch bei Bewußtsein, zwei sterbende Otter. Sie waren erbärmlich mager, die einst so eleganten Felle mit Exkrementen verschmiert. Eingetrockneter Eiter verklebte ihnen Augen und Nasen. Ein Vorderbein des einen und ein Hinterbein des anderen Tieres zuckten in unregelmäßigen Abständen heftig. Einer der Otter stöhnte leise. Es war ein trauriger, hilfloser, klagender Ton.

«Bihari sagt, es sei ein großer Verlust», meldete Karim über meine Schulter. «Solche Tiere sind jedes mindestens 2500 Rupien wert.»

«Wie viele sind umgekommen?» fragte ich.

«In dieser Saison in Chandpai und anderen Dörfern in der Nähe etwa zwölf, glauben sie, und zwei weitere wurden von Krokodilen gefressen.»

Ich stieg aus und ließ den Männern sagen, sie möchten die andern Otter für mich aus dem Wasser holen. Bald danach plumpste das tropfende Trio am Ende der Stangen und Seile auf die Uferböschung. Ich kauerte dicht außerhalb der Reichweite ihrer Zähne nieder, um soviel wie möglich zu sehen. Es war deutlich, daß alle drei die gleiche Krankheit hatten wie die beiden im Käfig, nur in viel milderer Form. Husten, Niesen, Ausfluß und heiserer Atem, aber glücklicherweise noch keinerlei Zuckungen. Ich stand auf und bat Karim, meine Bereitschaftstasche zu holen. An der Art der Seuche bestand kein Zweifel: Die Otter der *dharijals* hatten die Staupe – die gleiche Krankheit, wie Ihr treuer Fido sie auflesen kann. Dasselbe Virus, mit dem sich Hunde infizieren, kann auch andere Tiere heimsuchen, einschließlich Otter, Nerze und sogar Riesenpandas. Und wie bei den Hunden gibt es auch bei ihnen bis heute kein Heilmittel. Gute Pflege, Behandlung der Sekundärinfektionen und Glück sind die einzigen Hoffnungen auf volle Genesung. In zoologischen Gärten werden wertvolle anfällige Tiere mit den üblichen Hundevakzinen gegen die Seuche geimpft. Für VIPs wie die Pandas, bei denen ich es nicht wage, irgendein lebendes Virus zu verwenden, weil ein Risiko von eins zu tausend besteht, daß es auf einen nicht für Hunde, aber für Pandas wilden Stamm trifft, importiere ich eigens hergestelltes totes Staupenserum aus Washington nach Madrid.

«So», sagte ich, als ich das Gewünschte in der Tasche

gefunden hatte. «Die Männer sollen Netze über einen der Otter werfen. Eine dicke Schicht.» Wenn wir die Tiere fest mit Netzen umwickelten, waren wir wohl lange genug vor Ihren Zähnen geschützt, daß ich eine Spritze mit langwirkendem Sulfonamid durch die Maschen in einen Muskel drücken konnte. Es war eine grobe Art, mit einem kranken Tier umzugehen, aber ich hatte keine andere Wahl. Bihari brachte die Netze, und nachdem einer seiner Leute die Leine eines Otters um das Stangenende gewickelt und damit verkürzt hatte, warf er ein Netz über das sich wehrende Tier. Otter sind kräftige, unglaublich behende Burschen; im Handumdrehen hatte dieser sich mit empörtem Quieken herausgewunden. Es brauchte mehrere weitere Versuche und zwei zusätzliche Netze, bis wir ihn festgenagelt und wahrscheinlich ein wenig außer Atem gebracht hatten. Ich machte aus, wo sich sein Kopf mit der zugehörigen Bewaffnung befand, und stocherte mit den Fingern durch die Netze auf das andere Ende. Als ich ein Stückchen straffen Muskel fand, stach ich die Nadel hinein.

«Okay, loslassen!» rief ich. Wir behandelten die andern zwei auf die gleiche Weise, und alle drei überstanden die ziemlich atemberaubende Prüfung. Nachher gab ich den *dharijals* alle Ampicillin-Kapseln, die ich als Vorbeugung gegen «Touristenkrankheiten» bei mir hatte. «Sagen Sie ihnen, sie sollen die Kapseln durch die Kiemen in Fische stecken und diese jeden Tag den Ottern geben», wies ich Karim an. Für die beiden Tiere im Käfig bestand keine Hoffnung, und ich hätte sie eingeschläfert, wenn ich im Besitz eines geeigneten Medikaments gewesen wäre.

Eines der schönsten Dinge am Beruf des Zooveterinärs ist, daß er so selten Tiere töten muß. Anders als beim Tierarzt in der Allgemeinpraxis, gehören Euthanasiemittel nicht zur regelmäßigen Ausrüstung meiner Bereitschaftstasche. Diesmal bedauerte ich es. Zur Linderung gab ich den sterbenden Tieren eine Sulfonamidspritze und eine kräftige Dosis Valium. Den Nadelstich nahmen sie überhaupt nicht wahr. Aber was war mit all den anderen *dharijals* in den Sundarbans und ihren fischenden

Ottern? Etwas mußte geschehen, um die Seuche zu stoppen.

«Fragen Sie, wie viele Otter die *dharijals* in dieser Gegend ihrer Meinung nach besitzen», sagte ich zu Karim.

Nach langem Studieren und einigem Diskutieren brachte Bihar eine Zahl von etwa fünfzig zusammen.

«Und kennen sich alle die *dharijals* mehr oder weniger untereinander, oder sind sie verwandt, oder kommen sie von Zeit zu Zeit in den Fischerdörfern zusammen?»

«Ja, wir gehören den gleichen paar Familien an.»

«Gut – glauben Sie, daß Sie den Ottern Spritzen geben könnten, wie ich es gemacht habe, wenn ich Medizin schicke?» Wieder wurde lange beraten, aber schließlich befanden sie, es sei machbar. Ich zeigte ihnen, wie man Spritze und Nadel zusammenfügt und wie man eine Ampulle steriler Salzlösung mit einem Fläschchen gefriergetrocknetem Pulver mixt. Zu Demonstrationszwecken benutzte ich Wasser und etwas Leberextraktpulver. «So müßt ihr es auch machen», ließ ich ihnen über Karim sagen, «denn ich werde dafür sorgen, daß ihr eine Spezialmedizin bekommt, Wasser und Pulver, die vor dem Einspritzen zu vermischen sind, und das wird alle eure Otter schützen.»

«Es gibt keine Postboten in den Sundarbans», wandte Karim ein. «Wie sollen sie die Medizin erhalten?»

«Ich schicke sechzig Portionen an das Postbüro in Khulna auf Ihren Namen, Karim», antwortete ich. «Wenn Sie dann Ende März zum Honigsammeln hierherkommen, können Sie sie abliefern.»

Mein Freund mit dem Pekinesengesicht lächelte: «Und schicken Sie mir auch eine englische Krawatte?»

«Eine Krawatte – wozu brauchen Sie denn eine Krawatte?»

«Die Offiziere in der Armee. Sie haben sie getragen, Sir, abends in der Messe. Ich hätte sehr gern eine – mit Streifen!»

«Abgemacht!» lachte ich, «Sie bekommen *zwei* Krawatten, Karim, mit Streifen, und wenn Sie mich nach

Khulna zurückbringen 1000 Rupien, und dazu eine Prämie für die Auslieferung der Medizin.»

Als später die Sonne wie ein Goldbarren zum Abkühlen in eine dichte Wolkenbank am Horizont sank und die erste Fledermaus sich aus den Mangroven hob, kam die Zeit der Ebbe, und die beiden Boote mit ihrer Besatzung von Männern und drei Ottern stachen in den Fluß; die Männer sangen, die Otter tummelten sich an ihren Leinen im Wasser. Etwa hundert Meter flußabwärts begannen sie zu fischen. Zuerst ließen die Männer ihre viereckigen, in einem leichten Bambusrahmen hängenden Netze ins Wasser, dann gab es ein Gesprudel, als die Otter tauchten und einen unsichtbaren Schwarm von Fischen über die Netze trieben. Als sie die Zeit für richtig hielten, schnellten die Männer das Netz hoch, und eine glitzernde Kaskade sardinengroßer Fische ergoß sich auf das Deck. Rasch tauchten sie das Netz wieder ein. Eintauchen, hochschnellen. Eintauchen, hochschnellen. Männer und Otter, die letzteren zweifellos fiebrig von ihrer Infektion, arbeiteten ruhig und gleichmäßig, bis es fast dunkel war.

«Heute abend wollen die Fischer Ihnen einen Festschmaus geben, Sir», sagte Karim, als die beiden Boote endlich für die Nacht vertäut waren und die Otter, nach wie vor an ihren Seilen, unter den Booten für sich selber Schalentiere jagen oder, wenn sie lieber wollten, sich auf Deck ausruhen konnten. Im Schein eines Mangrovenholzfeuers, mit ganzen Wolken von Moskitos über unseren Köpfen und Fledermäusen, die durchs Licht der Flammen huschten, speisten wir: Reis mit Gewürzen und Trockenfisch, von unseren *dharijal*-Gastgebern stolz zu einem Kedgeree zubereitet. Als ich mich später bis auf die Unterhosen auszog, um mich unter den Moskitonetzen in unserem Boot schlafen zu legen, fand ich einen aufgeblähten Landblutegel, der ziemlich sicher bei unserem Fußmarsch durch den Urwald unter den Saum meines Hosenbeins gekrochen war, fest an meinem Knöchel verankert. Es war meine erste Begegnung mit einem dieser raffinierten, ungeheuer interessanten Schmarotzer. Ich löste ihn, indem ich mit dem Daumennagel an seine

Mundpartien stieß, und er fiel ins Wasser. Die hübsche Y-förmige Wunde feuchtete zwei Tage lang hartnäckig, bevor sie endlich verkrustete.

Drei Tage später war ich wieder im betriebsamen, heruntergekommenen Khulna. Ich bezahlte Karim aus, der irgendwo ein Dutzend Dosen warmes Bier zu meiner Stärkung auf die Weiterreise auftrieb, übergab ihm seine Prämie und nahm ein Taxi zur pakistanischen Grenze.

«Vergessen Sie die Krawatte nicht, Sir!» rief er, als ich zum Abschied winkte.

Ich vergaß sie nicht. Pentland Hick sorgte für den Versand von fünf Dutzend Epivax-Staupenimpfpackungen per Luftpost-Expreß an Karim, bald nach meiner Ankunft in England. Ich legte zwei gestreifte Krawatten mit in das Paket. Wo immer er jetzt in den Sundarbans sein mag, falls der Große Herr oder wildgewordene Wildbienen oder Krokodile ihn nicht erwischt haben und er sich nicht selbst in der Wildnis ausgesetzt hat, kann er mindestens *behaupten,* sowohl ein Ex-Mitglied der königlichen Kavallerie als auch ein Ex-Etonstudent zu sein – sofern dies unter den Arbeitern im Mangrovendschungel etwas zählt. Soviel ich weiß, haben die Fischotter der Gegend größtenteils überlebt; sicher fischen sie noch immer fleißig an der Seite der freundlichen *dharijals.*

DRACHEN UND EINHÖRNER

«Höre auf Stimmen in den Lüften über dir, verlier nicht deinen schlichten Glauben ans Geheimnisvolle» – Longfellow. Mancher ist fasziniert vom Gedanken an Geheimnisse, an unentdeckte Tiere, und niemand mehr als ich. «Ach, wißt ihr», sagen Leute wie ich, wenn die uralten Sagen von Drachen und Zentauren und Männern mit Hundeköpfen wieder einmal zitiert werden, «kein Rauch ohne Feuer!» Und vielleicht haben wir sogar recht. Es ist noch gar nicht lange her, seit ein großes Säugetier, das Okapi, in den dichten Regenwäldern des Kongo entdeckt wurde. Neuere Berichte von Dinosauriern, die ebenfalls in dieser Region gesichtet worden sein sollen, ließen Wissenschaftler der Internationalen Kryptozoologischen Gesellschaft (für Studium und Erforschung unentdeckter Tierarten), in der ich Mitglied bin, hinreisen, um der Sache nachzugehen. Lachen Sie nicht! Erinnern Sie sich: Die massige Stellersche Seekuh wurde 1741 entdeckt und durch Menschenhand bis 1768 ziemlich sicher ausgerottet. Aber Berichte über Tiere, die *möglicherweise* einige dieser größeren Verwandten des Manati und Dugong sind, stammen von russischen Matrosen in den einsamen Gewässern um das Kap Navarin aus dem Jahr 1963. Die aus «Alice im Wunderland» bekannte Dodo oder Dronte, die komisch aussehende flugunfähige Riesentaube, wurde anfangs des 16. Jahrhunderts gefunden und war ungefähr hundert Jahre später ausgestorben. Latimeria dagegen, der Komoren-Quastenflosser, ein Fisch mit primitiven Beinen, der für die Entwicklungsgeschichte von großer Bedeutung ist, wurde 1938 erstmals aus dem Meer gefischt. Seither wurden viele weitere gefangen – es galt nur zu wissen, wo und wie tief man suchen mußte! Die Takahe, ein flugunfähiges Teichhuhn, galt als ausgestorben, bis man 1948 in einem abgelegenen Berggebiet Neuseelands gleich hundert dieser Spezies wiederentdeckte. Ein Mitglied der Zebrafamilie namens Quagga lebte bis 1861 in Afrika und bis 1883 noch in europäischen Zoos. Aber wurden im südwestafrikanischen Ovamboland 1920 vielleicht einige Exemplare gesichtet? Vor ein paar Wochen erreichte uns die Bestätigung, daß der australische Beutelwolf, den man endgültig ausgerottet glaubte, in Tasmanien lebt und gedeiht. Jahr für Jahr stoßen die Zoologen auf buchstäblich Hunderte von Arten kleinerer Tiere, Insekten und anderer Wirbelloser (eine Riesenbiene wurde 1984 in Südamerika gefunden), die der Wissenschaft nicht bekannt sind, von denen der Durchschnittsbürger keine Ahnung hat und die auch in der Tagespresse keine Schlagzeilen machen.

Mit schöner Regelmäßigkeit kursieren irgendwelche Monstergeschichten in Großbritannien: streunende Pumas in den Wäldern von Surrey oder die Bestie von Dartmoor – heimische und etwas bescheidenere Gegenstücke zum «Big Foot» in Nordamerika und zum Yeti im Himalaja. Leider – und ich beteiligte mich etliche Male an den Nachforschungen, lag mit dem Narkosegewehr auf der Lauer und nahm Gipsabdrücke von Fußspuren – erweist sich das britische Raubtier stets als Deutsche Dogge oder Dobermannpinscher. Und von den zahlreichen Meeresungeheuern, die ich an einsamen Gestaden entlang unseren Küsten untersuchte, stellte sich ausnahmslos heraus, daß es sich um die bizarren Verfremdungen handelte, die der Verwesungsprozeß an den Kadavern von Haien, Walen und, aber nur selten, Heringskönigen bewirkt. Trotzdem glaube ich immer noch an unbekannte Tiere. Wenn man die Häufigkeitskurve der Entdeckung neuer Arten der vergangenen Jahre in die Zukunft weiterzieht, steht für mich statistisch fest, daß es in den riesigen unerforschten Teilen der Weltmeere, in den Urwäldern Südamerikas, in entlegenen Zonen des Fernen Ostens, in den Gebirgen und

Wüsten Sowjetisch-Asiens und im Himalajagebiet Tausende von bisher ungesehenen und unbenannten Wirbellosen, Hunderte von Fischen, Dutzende von Vögeln und Kleinsäugern und ein oder zwei große Säugetiere und Reptilien geben muß, die noch auf uns warten. Monster an der nächsten Ecke!

Und ebensosehr freut mich das Wissen, daß Großbritannien selbst immer noch wilde Tiere besitzt, die, weil sie nur in einem bestimmten Umfeld leben, dem breiten Publikum kaum bekannt sind. Der Surrey-Puma ist tot – es lebe die schottische Wildkatze! *Felis sylvestris,* dieser feurige, verborgene Jäger – keine verwilderte Hauskatze wie die Streuner in Venedig oder in verlassenen Altstadtgebieten, sondern eine ebenso echt wilde, herrliche Katze wie der Tiger oder Jaguar –, ist noch immer in den stillen Wäldern des schottischen Hochlands heimisch. Und ich habe meine Freude an den Einwanderern in unserem Wildleben, die sich in neuerer Zeit erfolgreich in Großbritannien häuslich niedergelassen haben und sich erstaunlicherweise in unserem für sie fremden Klima wohlfühlen und fortpflanzen. Auch diese werden von den Menschen, die über Land gehen oder fahren, kaum je entdeckt. Die zurückgezogensten und mir willkommensten sind die Wallabys, australische Känguruhs, die heute im Peak-Distrikt von Derbyshire wie zu Hause sind.

Als kürzlich jemand Fabeltiere ins Gespräch brachte, wurde mir plötzlich klar, daß ich als reisender Zootierarzt das einmalige Glück habe, Einhörner, Drachen, Meerjungfern und Vampire zu meinen Patienten zu zählen. Gar nicht zu reden von dem ausgestopften «Big Foot», zu dem ich nach Blackpool gerufen wurde, um meine Meinung abzugeben (ein Schwindel!), und der großen Jagd nach dem Ungeheuer von Loch Ness 1969, bei der mir das chemische Ködern und Biopsie-Pfeilschießen oblag, falls es der Expedition gelungen wäre, unsere Nessie an die Wasseroberfläche zu zwingen. Die weltweit bekannten Fabeltiere entstammen vielfach frühen Begegnungen des Menschen mit Tieren aus Fleisch und Blut und übertriebenen Beschreibungen dieser Tiere – die heute noch leben! Und die gelegentlich ärztliche Hilfe benötigen.

Das Einhorn ist wohl das berühmteste Geschöpf in der phantastischen Fauna. Es war (oder ist!) ein Tier mit magischen Kräften, das gemäß klassischen Schriftstellern leicht einzufangen ist: Man braucht nur eine Jungfrau allein im Wald zu lassen. Dann taucht mit der Zeit unweigerlich das Einhorn auf, legt sanft sein Haupt in ihren Schoß und läßt sich willig festhalten. Marco Polo hat nach der Rückkehr von seinen Reisen in den Fernen Osten gar behauptet, ganze Mengen Einhörner gesehen zu haben. Seine Beschreibung der «häßlichen Biester mit Büffelhaar und Elefantenfüßen» unterscheidet sich allerdings stark vom traditionellen Bild dieser wundersamen Pferde mit dem Horn auf der Stirn. Was Marco gesehen hat, dürfte das indische oder Sumatra-Nashorn gewesen sein. Natürlich ist das magischste Stück des Einhorns eben dieses Horn – und heute noch glauben Millionen Asiaten an die Zauberkräfte des Rhinozeros-Horns. Afrikanische Wilderer erlegen Rhinos, nur um das Horn zu stehlen, und verkaufen es an Händler in Hongkong oder Bangkok. Man sieht solche Hörner in den meisten Apotheken des Fernen Ostens zu horrenden Preisen zum Verkauf ausgestellt. Das Horn wird abgeraspelt wie Muskatnuß und das so entstandene Pulver als sicheres Heilmittel bei sexuellen Problemen mit Wasser oder wenig Wein eingenommen.

Ich habe schon viele Nashörner behandelt, überall in der Welt – sie sind widerstandsfähige Tiere in zoologischen Gärten und Safari-Parks, und das Weiße oder Breitmaul-Rhinozeros wird bald einmal umgänglich wie eine Milchkuh; es läßt sich liebend gern die Haut kratzen und schnuppert an einem herum nach mitgebrachten Leckerbissen. Die hauptsächlichen Gesundheitsprobleme der Nashörner sind Magenverstimmungen und Hautverletzungen. Häufiger als für irgend etwas anderes werde ich gerufen, weil Nashörner sich die Hörner beschädigt haben. Nach einem Streit oder Unfall ist ihr Horn gespalten, teilweise oder gar vollständig an der

Wurzel abgebrochen. Bei einem zahmen Tier kann ich mit Meißeln und Feilen ein Horn wieder zurechtformen. Dafür sind keine Beruhigungsmittel notwendig, denn im Horn selbst sind keine Nerven. Ist dagegen das Horn ausgerissen oder an der Basis teilweise abgetrennt, dann muß ich diesen lebenden Kampfpanzer zuerst betäuben. Das bedeutet, eine Nadel in sein Hinterteil zu stecken, mit Hammerschlägen sicherzustellen, daß sie die sehr dicke, zähe Haut ganz durchdringt (die viel widerstandsfähiger ist als die eines Elefanten), und dann ein wenig M99 zu injizieren. Wenn das Horn amputiert werden muß, wächst es später langsam wieder nach, allerdings kaum je zur früheren Größe. Zoos und Safariparks, das betone ich mit Freude, verkaufen abgebrochene Hörner oder solche von toten Rhinos *nicht* in den Fernen Osten – niemand will dem abergläubischen Handel mit tierischen Körperteilen Vorschub leisten. Aber daß das Nashorn am Ursprung der Einhorn-Legende steht, glaube ich nicht.

Einhorn-Hörner galten im Arzneibuch jedes europäischen Arztes noch bis zum Beginn des 19. Jahrhunderts als Artikel von unschätzbarem Wert. Kein Apotheker, kein Doktor hatte nicht wenigstens ein kleines Stückchen davon. Sie waren das Dreifache ihres Gewichts in Gold wert, sahen jedoch überhaupt nicht wie Rhinozeros-Hörner aus! Sie waren sahnig weiß, spiralförmig gedreht und oft mehrere Fuß lang. Man kann ein solches Horn heute noch in der medizingeschichtlichen Abteilung des Naturwissenschaftlichen Museums in London besichtigen. Woher stammten diese kostbaren Hörner? Sie waren und sind unzweifelhaft keine Fälschungen, sondern Teile der natürlichen Anatomie eines Tieres. Die Antwort liegt in den eisigen Gewässern der Arktis, denn hier lebt zwar kein Sagenungeheuer, wohl aber ein echt wunderbares, wenig bekanntes Säugetier: der Narwal. Dieser Zahnwal wird etwa 4 Meter lang und ernährt sich hauptsächlich von Tintenfischen, verzehrt aber auch Kabeljau, Plattfische und Schalentiere. Er besitzt nur zwei Zähne im Oberkiefer, von denen der eine (aus irgendeinem Grunde meist der linke) wie ein Korkenzieher gedreht bis zu zwei

Metern und mehr waagrecht herausragt, also fast halb oder gar zwei Drittel so lang ist wie der Leib des Tieres. In der Struktur bestehen also wesentliche Unterschiede zwischen dem soliden Keratin etwa eines Hirschgeweihs, der haarähnlichen Substanz eines Rhinozeros-Horns und dem Elfenbein eines Narwalzahns. Aber wozu dient eigentlich dieser erstaunliche Stoßzahn? Wir wissen es nicht. Er ist bestimmt ein sekundäres Geschlechtsmerkmal, gehört wohl zum rituellen Arsenal und kann zuweilen eine ganz nützliche Waffe sein. Vielleicht ist er auch einfach ein spektakuläres Schaustück, mit dem der Narwal-Dandy bei den Weibchen Eindruck schindet. Interessanter finde ich, daß einige Wissenschaftler glauben, das Horn könne auch eine Art Sonargerät zum Auffangen von Schallwellen sein. Von der Existenz von Schalleitwegen durch den Schädel vom Kinn bis zum Innenohr bei anderen Vertretern der Wal- und Delphinfamilie wissen wir ja bereits.

Narwale sind praktisch noch nie in Marinelands zur Schau gestellt worden. Wir haben oft darüber gesprochen, aber die Gefahr, das recht spröde Narwal-«Horn» auf dem Transport zu zerbrechen, ist beträchtlich. Ich hatte nie einen Narwal als Patienten; immerhin war es mir vergönnt, einen zu sehen, den mein Kollege Dr. Jay Hyman vom New Yorker Aquarium von einer Alaska-Expedition zurückbrachte. Er wurde als Waisenkind von Jay gerettet, starb aber leider trotz der größten Sachkenntnis und Hingabe, mit der versucht wurde, ihn von Menschenhand aufzuziehen. Am nächsten kam ich einem Narwal, abgesehen von diesem, in einem denkwürdigen Augenblick im November 1969 in Narssassuak, Grönland. Ein Familienverband von sechs Narwalen, darunter ein prächtiges männliches Tier mit einem anderthalb Meter langen «Horn», kreuzte nahe der Küste vorbei, gerade als ich dort war. Dieses Einhorn wie mit einer Lanze durchs eisige indigoblaue Wasser stechen zu sehen, vor dem Hintergrund eines schneebeladenen, zinnfarbenen Himmels, das war, ja, das war wirklich magisch.

Doch die antiken Mythen vom Einhorn scheinen aus

dem Osten zu stammen. Da kann ich nicht glauben, daß der Narwal dahintersteckt. Freilich, einhornige Tiere, mit richtigen Hörnern, existieren nicht und haben, soweit wir das aufgrund von Fossilienfunden beurteilen können, auch nie existiert. Wissenschaftlern ist es schon gelungen, die Hornansätze kleiner Kälber auf die Kopfmitte zu transplantieren und damit chirurgisch ein Einhorn herzustellen, das dann jeweils – Belege deuten darauf hin – von seinen zwiegehörnten Artgenossen als Leittier der Herde anerkannt wurde. David Attenborough hält es für möglich, daß diese ja nicht allzu komplizierte Methode schon den Menschen der Antike bekannt war und daß sie damit «Einhörner» schufen, um mit ihrer Hilfe Tierherden unterwerfen und ausbeuten zu können. Vielleicht, aber ich bezweifle es. Auch dafür gibt es keine fossilen Hinweise. Ein glaubwürdigerer Kandidat auf den Titel des «Mister Einhorn» ist die arabische Weiße Oryx, die wunderhübsche Antilope mit der schwarzen Zeichnung im weißen Fell und den herrlichen, spitz zulaufenden Spießhörnern. Wenn man dieses Tier von der Seite sieht, besonders in der flirrenden Hitze der Wüsten Arabiens, scheinen sie oft nur ein einziges Horn zu haben, so exakt symmetrisch ragen ihre tödlichen Lanzen hoch. Ich habe viele solcher «Einhörner» im Arabischen Golf zu betreuen, in Sammlungen von Qatar über Abu Dhabi bis Dubai, darunter eines namens Ibn Soorah, das *vielleicht* der letzte männliche Wildfang war, denn die Weiße Oryx ist, trotz gelegentlichen anderslautenden Berichten von Beduinen im «Unbewohnten Land», in ihrem ursprünglichen Verbreitungsgebiet wahrscheinlich ausgestorben. Meine Beschäftigung mit dieser Antilope hat viele Facetten: Ich werde geholt wegen epidemischer Pasteurella-Infektionen, die durch Tauben von Ziegenherden der Nomaden übertragen werden, wegen Verdachts auf einen Ausbruch der gefürchteten Rinderpest, um Tiere unter Narkose von A nach B zu transportieren, um hinkende oder verstümmelte Tiere zu behandeln und um Oryxweibchen zu entbinden, die bei einer Geburt Schwierigkeiten haben, und ich hege eine tiefe Bewunderung für dieses starke, edle Tier, das in der Hitze und Öde der wasserlosen, futterarmen Wüste zu überleben vermag.

In Qatar wurde ich letztes Jahr gebeten, die private Oryxherde eines Scheichs zu untersuchen; alle Tiere hatten graublaue kahle Flecken im normalerweise makellos weißen Fell. Unter Schwierigkeiten gelang es mir, in diesen immensen Wüstengehegen ein einzelnes Tier mit Hilfe des Pfeilgewehrs zu betäuben. Als es schlief, betrachtete ich die kahlen Stellen mit der Lupe, konnte jedoch nichts von Belang erkennen. Mit dem Rücken einer Skalpellklinge schabte ich ein paar kleine Stückchen der obersten Hautschicht ab, legte sie in ein Reagenzglas und nahm sie mit nach London, wo ein befreundeter Veterinär-Parasitologe in Weybridge die Hautschuppen mikroskopisch untersuchte. Die starken Linsen brachten Scharen winziger zigarrenförmiger Tierchen ans Licht, Balgmilben der Gattung *Demodex*. (Der gleiche Schmarotzer lebt in den Wimperhaarfollikeln der meisten Menschen!) Wie soll man Oryxantilopen in einem riesigen umzäunten Dünenwüstengebiet gegen Räude behandeln? Sie wie einen Hund oder ein Schaf zu shampoonieren, einzustäuben oder in ein Bad zu tauchen ist unmöglich. Glücklicherweise war gerade zu dieser Zeit ein neues Injektionsmittel, das Ivermectin, gegen Räude bei bäuerlichen Haustieren entwickelt worden. Ich beschloß, es bei den Oryx auszuprobieren, nicht mit Spritzen – zu heikel –, sondern oral. Um die Tiere dazu zu bringen, das nicht gerade lieblich schmeckende Ivermectin zu schlucken, verdünnte ich es mit feinstem Olivenöl und schickte es nach Qatar mit der Anweisung, es mit Vollgerste zu vermischen und der befallenen Herde zu verfüttern. Das wurde getan, und nach drei Wochen bekam ich ein Telex: die Behandlung sei offenbar perfekt gelungen, die Oryx hätten ihre kahlen Stellen überwunden! Ich wollte, das ginge bei mir auch so leicht! Nashorn, Narwal, Arabische Oryx – Sie haben die Wahl. Ist eines von ihnen das echte Einhorn, oder gibt es am Ende …?

Wenden wir uns nun dem makabren Thema Vampire zu. Schatten von Bela Lugosi, Boris Karloff, Graf Dracula.

Opfer mit abgezapftem Blut, Monster, die bei Sonnenaufgang im Sargbett sein müssen, Holzpfähle durch untote Herzen gestochen – das alles ist herrlich gruselig in der hintersten Reihe des «Odeon» oder im TV-Spätfilm. Aber heimliche nächtliche Blutsauger *gibt es wirklich!* Ich meine natürlich nicht die kriminellen, psychopathologischen Einzelfälle, bei denen ein perverses Verlangen, das Blut anderer Menschen zu trinken, zutage tritt, und auch nicht die vielen wirbellosen Blutsauger wie Flöhe, Läuse, Wanzen, Moskitos, Fadenwürmer und den berühmten heilkräftigen Blutegel. Nein: *Der* Vampir, nachts fliegend, tags schlafend, verstohlen und nur überlebensfähig, wenn er warmes Blut trinkt, ist eine Fledermaus. Die Vampir-Fledermaus des tropischen Amerika und der Karibik.

Die echten Vampire ernähren sich ausschließlich vom Blut warmblütiger Tiere, auch des Menschen; selten, wenn überhaupt, trinken sie Wasser, ihre blutigen Mahlzeiten liefern ihnen genügend Flüssigkeit. Sanft landen sie auf ihrer Beute, fächeln mit den Flügeln vielleicht ein kühlendes Lüftchen auf die Stelle, an der sie mit zwei sehr scharfen, V-förmigen oberen Schneidezähnen die Haut durchtrennen. Der Schnitt ist so fein, fast wie von einem Rasiermesser, daß er nur sehr langsam durch Gerinnung verkrustet, und die Fledermaus hilft dem Blutfluß noch nach, indem sie immer wieder an der Wunde leckt. In ihrem Speichel sind, wie bei den Blutegeln, gerinnungshemmende Chemikalien. Eigentlich saugt der Vampir das Blut nicht heraus, sondern leckt es auf; die Einschnitte seiner Zähne bluten meist noch stundenlang. Als ich im Bellevue-Zoo zu arbeiten begann, hielt sich die nahegelegene Medical School der Universität eine kleine Kolonie von Vampiren zur Erforschung einzelner Aspekte des koagulationshemmenden Speichels, und ich wurde jeweils hingeholt, wenn es nötig war, um sie gesund und fit zu erhalten. Die Fledermäuse lebten in strikter Quarantäne. Daß diese Tiere von Gesetzes wegen unter strengen, dauernden Quarantänebedingungen untergebracht werden müssen, weil immer die Gefahr besteht, daß sie das Tollwutvirus im Körper haben, ist ja auch der

Hauptgrund dafür, daß es zurzeit im Vereinigten Königreich überhaupt keine Vampire in Gefangenschaft gibt. Gefüttert wurden die Fledermäuse hier mit Rinderblut aus dem Schlachthaus, das man mit einem Küchenschneebesen kräftig schlug, um Klumpenbildung zu verhindern, und dann in flache Glasschüsseln goß. Den Tieren, die täglich die Hälfte bis zwei Drittel ihres eigenen Gewichts an Blut tranken, schien es egal zu sein, ob ihnen die Mahlzeiten warm oder aus dem Kühlschrank serviert wurden. An meine erste Gegenüberstellung mit einem Vampir, der ärztliche Betreuung benötigte, erinnere ich mich gut.

Das Labor befand sich im Untergeschoß eines Krankenhauses an der Oxford Road. Man führte mich in den Raum, wo die Fledermäuse in einem großen Glaswürfel mit Doppeltür hausten. Auf der äußeren stand mit großen roten Lettern: GEFAHR: VAMPIR-QUARANTÄNE: ZUTRITT STRENG VERBOTEN! Das Innere des Würfels war schwach erhellt von einer dunkelroten Glühbirne; ich sah etwa zwei Dutzend ziemlich dunkle Fledermäuse von einem falschen Dach aus Maschengitter herunterhängen. Sie waren viel kleiner, als ich sie mir vorgestellt hatte, vielleicht 30 Gramm schwer und mit einer Flügelspannweite von nicht mehr als 25 Zentimetern. «So», sagte der Laborant, der für sie verantwortlich war, nachdem ich einen Gummioverall und Gummistiefel angezogen hatte, «ich nehme an, Sie wollen sich jetzt einen oder zwei herausgreifen.» Er warf mir ein Paar dicke Lederhandschuhe zu. «Nehmen Sie die. Die kleinen Kerle beißen wie verrückt. Sie werden wohl keine Hydrophobie wollen.» Nein, sicher lag mir nichts daran, Tollwut zu bekommen, mit der man sich über den geringfügigsten Hautkratzer anstecken kann, wenn Speichel einer Fledermaus, die Träger sein kann, ohne selber Symptome zu zeigen, damit in Berührung kommt. Zu jener Zeit war ich noch nicht dagegen geimpft, und das damals auch meist nur im Falle eines Verdachts bei Menschen angewandte Impfsystem war das alte, höchst unangenehme, das aus einer Serie von Injektionen in den Bauch bestand.

«Moment noch!» hielt ich ihn auf. «Was soll ihnen denn eigentlich fehlen?»

«Hat Ihnen das der Professor am Telefon nicht gesagt?»

«Niemand hat mir Einzelheiten genannt. Nur, daß einige der Fledermäuse angegriffen sind.»

«Tz, tz, tz», der Laborant schüttelte den Kopf. «Ja, also – diese Gruppe kam vor einer Woche aus Mexiko. Sie waren zuerst munter, richtige Blutsäufer und alles in Ordnung, aber in den letzten zwei Tagen fressen sie nicht mehr und sehen viel dünner aus. Verstehen Sie etwas davon?»

Ich hatte noch nie einen Vampir gesehen, geschweige denn behandelt. Aber ich hatte einiges über ihre üblicheren Krankheiten gelesen, und ich hatte schon mit anderen Fledertieren zu tun gehabt, besonders mit fruchtessenden Flederhunden. Da ich vor dem Laboranten nicht als völliger Grünschnabel dastehen wollte, antwortete ich mit einem hoffentlich weise aussehenden Kopfnicken: «Das eine oder andere!» Ich ging durch die Doppeltür, wobei die Stiefel in einem antiseptischen Bad desinfiziert wurden, und dann stand ich da und blickte zu den kopfüber hängenden Fledermäusen auf. Sie zwitscherten nervös bei meinem Erscheinen und strebten unbeholfen von mir weg. Es roch scheußlich da drin. Nachdem ich nachgeprüft hatte, ob die Handschuhe keine Löcher hatten, ergriff ich eines der zunächst hängenden und besonders mager aussehenden Tiere. Es quiekte wütend und biß entschlossen in die Handschuhfinger, während ich mit der anderen Hand die Krallen vom Gitter löste und es auf einen praktischen Sims im Inneren des Würfels herunterholte, wo ich es im Schein einer Spotlampe, die der Laborant draußen durch das Glas richtete, untersuchen konnte. Ich setzte die Fledermaus ab und trat etwas zurück, um sie zu betrachten. Leider muß ich sagen, daß ihr Aussehen und Benehmen wirklich dem schlechten Ruf, der einem Vertrauten von Dämonen anhaftet, gerecht wurde. Sie stand geduckt auf allen vieren, das heißt auf den Hinterbeinen und den Daumen der Flügel, mit einem Ausdruck funkelnder Bosheit im winzigen flachnasigen Gesicht. Die relativ großen schwarzen Augen fixierten mich, das halboffene Maul mit den gerade noch sichtbaren berühmten Schneidezähnen knurrte. Sogleich krebste sie dem Sims entlang von mir weg, zuerst in einem Schaukelschritt, der mich stark an eine Vogelspinne erinnerte, dann schwerfällig hüpfend, die Flügel gespreizt. Genau wie im Horrorfilm! Bevor sie sich aufschwingen oder vom Sims fallen konnte, ergriff ich sie wieder. Sanft streckte ich sie aus und spähte über den pelzigen, graubraunen Körper. Außer ein paar schwarzen Flöhen, die in Deckung eilten, bemerkte ich eigentlich nichts. Atem und Puls, die unter meinen Fingerspitzen rasten, während das Tier sich in Panik sträubte, vermittelten auch keine Informationen. Der Vampir war tatsächlich mager, die Augenlider schienen mir etwas unnatürlich schlaff, und unter dem Bauchpelz war ein leichter Hautausschlag. Sonst konnte ich nichts Auffallendes finden. Ich ließ ihn frei und ging hinaus.

«Ich nehme einen Blutabstrich von einem der Tiere», sagte ich zum Laboranten. «Sie müssen mit hinein und es solange festhalten.» Er schlüpfte in sein Gummizeug und kam mit mir in den Glaswürfel. Während er eine andere der mageren Fledermäuse festhielt, schnitt ich ihr die äußerste Spitze einer Vorderklaue ab und ließ einen Tropfen Blut heraussickern. Den strich ich auf ein Mikroskop-Glasplättchen und ließ ihn zu einem dünnen Film eintrocknen.

«Ha», kicherte mein Begleiter, «jetzt können Sie sich Vampir eines Vampirs nennen, was?»

«Sie können ihn loslassen», sagte ich. «Ich möchte einen Blick auf dieses Plättchen werfen, bevor ich entscheide, was wir tun sollen.» Ich hatte den Abstrich statt einer richtigen Blutprobe gewählt, weil ich damals noch nicht wußte, wie man einer Fledermaus Blut entnimmt, ohne das Herz zu punktieren, was für ein so nervöses kleines Geschöpf verhängnisvoll hätte sein können. Als ich die erste Fledermaus in den Händen hielt, konnte ich durch die dicken, unförmigen Handschuhe hindurch die Halsschlagader nicht hochdrücken. Und als junger Veterinär hatte ich keine Lust, mich vor einem Laboranten zu blamieren, wenn ich mit zahllosen Nadelstichen nach einem verborgenen und möglicherweise gar nicht existierenden Blutgefäß fummelte! Vampir-Anatomiebücher sind, wie Sie sich leicht vorstellen können, seltener als Shakespeare-Erstausgaben. Vielleicht aber gab der Blutabstrich etwas her; immerhin machte er eine Differentialzählung der weißen und Untersuchung der roten Blutkörperchen möglich. Im krankenhauseigenen Labor färbte, spülte und trocknete ich den Abstrich auf die gewohnte Weise, gab einen Tropfen Spezialöl darauf und schob ihn unters Mikroskop. Ich stellte das Instrument scharf ein und blickte durch das Okular auf das mit roten Scheibchen und weißen und blauen Amöbenformen übersäte Lichtfeld: das typische Bild des Blutfilms von einem Säugetier, ob Mensch oder Fledermaus. Alles sah völlig normal aus, bis ich auf einmal, als ich an den Knöpfen drehte, die das Bild höher und tiefer, nach links und nach rechts bewegten, einen wunderschönen purpurfarbenen Schleier erspähte. Er war nicht groß, aber er lag da, elegant gedreht und geschwungen, als hätte eine feine Dame ihren Seidenschal fallen gelassen, über einer Handvoll roter Zellen. Aufgeregt schob ich das Plättchen herum und fand denn auch bald zwei weitere hübsche Purpurschärpen.

«Kommen Sie, und sehen Sie sich das an!» rief ich dem Laboranten zu. Er spähte durch das Mikroskop. «Wissen Sie, was das ist», fragte ich, «diese purpurroten Fetzchen?»

«Nein.»

«Das, mein Freund, sind Trypanosomen – Schlafkrankheit!»

Die verdrehten Farbbändchen waren Blutparasiten von der Art, die Schlafkrankheit beim Menschen und ähnliche Seuchen bei anderen Spezies auslöst. Die Fledermäuse hatten, bevor sie Südamerika verließen, bei etwas oder jemandem mit Trypanosomen im Blut Nahrung aufgenommen. Es konnten Pferde mit der Krankheit «Mal de caderas» gewesen sein, die in jenen Ländern, nicht aber in Großbritannien vorkommt. Die Parasiten im Blut bewiesen noch nicht, daß sie die Ursache der Erkrankung der Vampire waren; diese konnten auch bloß Träger sein – vielleicht seit Jahren schon, denn Vampire können so alt wie Haushunde werden. Möglich war aber, daß die Belastung durch Gefangennahme, Transport und neue Umgebung aus dem latenten Zustand eine aktive Krankheit hatte werden lassen. Eine andere Erklärung für den Ausbruch fand ich nicht, also beschloß ich, den Trypanosomen mit Medikamenten, die man normalerweise bei Menschen gegen Schlafkrankheit einsetzt, zu Leibe zu rücken. Vampire – Schlafkrankheit – das längst verstorbene Ungeheuer, das Jahr um Jahr in seinem Sarg schläft, äffte die Wirklichkeit wieder einmal den Mythos nach?

In diesem Augenblick sah ich auf meine rechte Hand, und mein Magen schien einen Salto zu drehen. Ich blutete ganz leicht aus einem winzigen Kratzer an der Daumenwurzel. Die Handschuhe – es mußte ein Loch darin gewesen sein, durch das die Zähne einer der Fledermäuse mich erwischt hatten! Wer weiß, ob das Tollwut-Virus bereits in meinem Fleisch saß! Schwitzend griff ich nach den Handschuhen, die ich gerade weggelegt hatte, und suchte fieberhaft nach irgendwelchen Öffnungen im Leder. Ich fand keine, aber als ich den rechten von innen nach außen kehrte, entdeckte ich einen Bluttupfer auf einer kantigen Naht des schlecht gepflegten, harten Leders, genau dort, wo der Daumen an die Handfläche stieß. Kein Loch. Ich seufzte vor Erleichterung laut auf.

Der Abteilungsleiter bekam beinahe einen Herzanfall, als ich ihm erzählte, was ich unter dem Mikroskop gefunden hatte, und ihm den Blutabstrich zeigte, aber er war einverstanden, daß wir eine Behandlung versuchten; die Tiere waren ja in der Quarantäne sicher verwahrt. Er ließ auch sofort einen Vorrat des neuesten Medikaments gegen Trypanosomen aus der Liverpooler Fakultät für Tropenmedizin herüberschicken. Als sie eintraf, mußte ich die richtige Dosis abschätzen. Ich rechnete, daß das Gewicht einer Fledermaus ungefähr ein Viertausendstel des Gewichts eines erwachsenen Menschen ausmachte, und hoffte, daß sich die Vampir-Physiologie hinsichtlich der Droge nicht speziell von der des Menschen unterschied. Ich gab jeder der Fledermäuse eine Spritze mit dem neuen Heilmittel und wiederholte die Dosis nach vier Tagen. Zu meiner Erleichterung reagierte keines der Tiere schlecht auf die Behandlung, und was noch besser war: Sie begannen schon einen Tag nach der ersten Injektion ein wenig zu essen. Danach kehrten sie ganz langsam zu ihrem normalen Gewicht und Verhalten zurück. Als ich zwei Monate später neue Blutabstriche machte, war nirgends mehr auch nur eine einzige Purpurseidenschärpe zu finden! Mit der anscheinend erfolgreichen Austreibung der Trypanosomen war meine erste professionelle Begegnung mit Vampiren zufriedenstellend abgeschlossen. Ich denke oft an sie, höchst passenderweise, wenn ich eine dralle gedünstete Lancashire-Blutwurst zum Nachtessen genieße und deren dunkle Außenseite, wenn der Wind pfeift …

«Zahm ward der Leu, der Leviathans-Riese entstieg der Flut, um auf dem Strand zu sitzen», als Orpheus' Laute erklang – so steht's bei Shakespeare in «Die beiden Veroneser» geschrieben. Leviathan, das Seeungeheuer, der Kraken, Dinge, die im Meer verschlungen werden – was hat es damit auf sich? Nun, Leviathan, der nicht nur bei Shakespeare, sondern auch in der Bibel und bei zahlreichen Dichtern der Antike erwähnte Meeresriese, scheint sich auf den Wal zu beziehen, und an Walen habe ich eine ganze Reihe in meinem Patientenverzeichnis. Sie lieben Musik tatsächlich, und wir setzten diese manchmal als therapeutische Hilfe bei der Rekonvaleszenz ein. Keine Blau- oder Pottwale, bis jetzt, wohl aber Belugas, Grind- und Schwertwale und Unechte Schwertwale – richtige Leviathane auch sie, jedoch nicht länger als etwa 10 Meter – habe ich behandelt und an anderer Stelle über sie und ihre Verarztung geschrieben. Es gibt indessen noch andere Tiefseemonster: Schlangen, meergängige Krokodile, die großen Haie, und ferner einen, der bestimmt der echte lebende Krake aus der Sagenwelt ist, nämlich der Riesenkalmar, *Architeuthis*. Diese gigantische Ausgabe der bescheidenen Calamares, die mit Knoblauch und heißem Öl und kaltem Retsina-Wein so fein schmecken, kann bis 18 Meter lang sein, mit 10 Meter langen Fangarmen, und zwei Tonnen wiegen. Bis jetzt warte ich immer noch gespannt auf meinen ersten Ruf zu einem *Architeuthis;* immerhin habe ich mit einem seiner Verwandten, selber einem Riesen, beruflich zu tun gehabt: mit *Octopus apollyon,* dem Roten Pazifischen Riesenkraken. Dieses imposante Weichtier stammt aus den kalten Gewässern des Nordpazifik und läßt unsern kleinen getarnten Octopus des Mittelmeeres im Vergleich schlicht fad erscheinen. Die rotgesprenkelte Haut, die noch röter wird, wenn das Tier erregt ist, die großen schwarz-gelben Augen und die Körpergröße (53 Kilo sind der Rekord, bei 9 Meter langen Tentakeln) machen diesen Kraken zu einem dramatisch wild aussehenden Kerl.

Ich brachte 1960 einige Exemplare von Seattle nach Großbritannien und mußte mich mit den Schwierigkeiten herumschlagen, die Tiere kalt genug zu halten und aufzupassen, daß sie sich, in einem Plastikbeutel zusammen mit etwas Meerwasser und viel Sauerstoff eingeschlossen, nicht mit ihren eigenen Ausscheidungen vergifteten. Nach dem langen Flug von Seattle, auf dem ich nicht an sie herankam, weil sie im Frachtraum eingesperrt waren, mußte ich so schnell wie möglich nach ihnen sehen, sie wiederbeleben und erfrischen. Kaum landeten wir in Heathrow, packte ich sie eilends aus, ließ das Wasser aus den Beuteln, füllte frisches ein und blies ihnen kühlen Sauerstoff zu. Mit Kraken dieser Größe ist verständlicherweise schwierig umzugehen; nicht, daß sie brüllend und beißend auf einen losgehen würden (dazu sind sie viel zu intelligent und feinfühlig), aber sie sind so glitschig und labberig. Es ist, als versuchte man, einen halben Zentner Quecksilber mit bloßen Händen hochzuheben. Sie fließen einem buchstäblich durch die Finger, und die Frachtarbeiter in Heathrow waren im allgemeinen abgeneigt, zu helfen – besonders, nachdem einer von ihnen glaubte, ich hätte ihn um Haaresbreite dem Tod zu Handen (zu allen acht Handen) des «Untiers der Schwarzen Lagune» ausgeliefert.

Es geschah beim zweiten Octopus, den ich importierte. Der TWA-Flug hatte sich wegen eines langen technischen Zwischenhalts in New York verzögert, und als der Krake in London eintraf, war ich äußerst besorgt über den möglichen Aufbau von Giftstoffen in seinem Kreislauf. Sobald er in den Frachtschuppen gebracht wurde, brach ich die Kiste auf, entfernte die schützenden Papierpolster und schlitzte den dicken Plastikbeutel auf, um mich einem sehr, sehr roten, sehr entnervten Riesenkraken gegenüberzusehen. Da ich das hochentwickelte Nervensystem und das unglaublich menschenähnlich beschaffene Auge dieser Tiere kenne, begann ich sanft und beschwichtigend auf ihn einzureden, so, wie man in dieser Situation einen Hund oder ein Pony beruhigen würde. Was immer er von meinen Schmeicheleien halten mochte, er sagte es nicht, sondern erhob sich fließend aus dem Beutel und glitt über den Rand der Kiste – rund 70 Pfund muskulöser Gallerte, die für mich und die ganze Welt eine einzige, blendend klare Botschaft hatten: Nur weg von hier! Mein erster Gedanke jedoch war, als seine mächtige zinnoberrote Hülle auftauchte und ein feuchtes Auge mich mit kalter Ungeduld anblickte, daß seine Farbe nicht nur zornig, sondern daneben ziemlich ungesund aussah. Was der Octopus jetzt dringend brauchte, war, ruhig zu liegen, während ich Sauerstoff über ihn hinströmen ließ und ihn mit meiner tragbaren Meerwasser-Sprayflasche abduschte. Und ich wollte in einen der Tentakel Vitamin-B-Komplex spritzen, um die angesammelten Giftstoffe abbauen zu helfen. Er jedoch hatte anderes im Sinn, als er gleich einem feuerfarbenen Schaum über den Boden des Lagerhauses wegzusickern begann. Eine Gruppe Frachtarbeiter stand in der Nähe und feuerte mich an, aber unbegreiflicherweise blieb jeder wie angewurzelt auf seinem Platz, während ich mich vergeblich abmühte. Teile des verschwimmenden Tieres in den Behälter zurückzudrängen, zurückzuschlürfen wäre vielleicht das beste Wort.

«Kann mir *bitte* jemand helfen?» rief ich mit meiner besten Nichts-zu-befürchten-ha-ha-ha-ist-er-nicht-ein-Kerl-Stimme. Panik auslösen ist ein anderer Ausdruck dafür. «Ich will, äh, Melvin hier eine Spritze mit Medizin geben und ihn wieder dort hineinstopfen.» Allgemeines Gelächter.

«Stopft Melvin hinein!» rief eine Stimme. Aber es meldeten sich keine Freiwilligen. Der frischgetaufte Melvin war jetzt zu neun Zehnteln draußen und lief – wie noch nicht dick gewordener Gelee läuft – weg, um Deckung zu suchen. Apoplektisch bis in die Spitzen seiner Greifarme, auf denen die Verteilung der roten Pigmentflecken wie vom Winde verweht ständig wechselte, heftete er das eine Auge, das nicht mich überwachte, auf ein Rennrad, das etikettiert, aber unverpackt an einem Pfeiler lehnte. Der Octopus schwappte darauf zu und daran hinauf.

«Der fährt uns davon, Jungens!» schrie jemand höchst erheitert. Einen Augenblick lang sah es tatsächlich so aus. Ich hatte eine kurze Vision von einem Roten Pazifischen Riesenkraken, der mit zwei Armen hurtig die M4 entlangpedalte, mit zwei anderen lenkte und mit zwei weiteren alle möglichen Richtungszeichen gab. Den letzten beiden war es vorbehalten, mir, der ich hinterherkeuchte, ein mächtiges rotes V entgegenzustrecken. Aber nein, Melvin floß weiter, durch das Hinterrad hindurch. Knacks! Er spannte nur ein bißchen seine Muskeln, und eine glänzende Speiche sprang ab.

«So helft mir doch, um Gottes willen!» brüllte ich, als der einzige Octopus, der nie die Tour de France gewann, einen Teil seiner selbst zwischen Kette und Rahmen zwängte. Gleich würde man, um einen Kraken von einem Fahrrad zu trennen, die Rennmaschine zerlegen müssen. Ein Mann mittleren Alters mit rotem Gesicht und großzügigem Bierbauch löste sich aus der wachsenden Schar von Arbeitern. Seine Kollegen jubelten ihm zu, blieben jedoch stehen.

«Brav, Wally!» johlten sie. Wally trat einfältig grinsend zu mir.

«Halte selber Tropenfische», sagte er. «So 'n Ding da ist zwar eine andere Nummer!»

«Sehen Sie, ich versuche jetzt die Greifarme zu entrollen und herauszuzupfen. Und Sie ziehen den Leib des Tieres rückwärts!» erklärte ich. Wally rollte die Ärmel hoch und glitt widerstrebend mit beiden Händen in Melvins zornrote Masse. Ping! Eine weitere Speiche war weg, aber das verschaffte mir mehr Platz, und es gelang mir, einen der Tentakel zu lösen. Gleich klammerten sich die Saugnäpfe an meinem Handgelenk unverrückbar fest, und ich mußte einhändig weiterarbeiten. «Wegziehen!» sagte ich. Wally begann Melvin gegen die Kiste zu schleifen, aber plötzlich gab er einen fürchterlichen Schrei von sich, sprang rückwärts und ruderte mit einem Arm durch die Luft.

«Aaaaaaaaaah! Er hat mich erwischt!» brüllte er. «Zum Teufel, er hat mich erwischt!» Ich schaute hin. Blut tropfte von einem von Wallys Fingern herab. Melvin hatte ihn tatsächlich gebissen. Mit einemmal käsebleich, sackte Wally in den Knien ein und knallte auf den Boden – glücklicherweise nicht auf meinen Kraken. Die anderen Männer hörten auf zu lachen und kamen herbeigerannt.

«Was ist passiert? Wie hat er das gemacht? He, passen Sie auf, Doc! Kommt, bringen wir Wally weg, bevor er noch eins abkriegt!»

Sie umgingen den bebenden Melvin in großem Bogen und zogen ihren Kameraden aus der Gefahrenzone. Ich rang allein mit dem Octopus weiter und versuchte die Arbeiter zu beruhigen. «Er muß mit der Hand in die Nähe des Schnabels geraten sein. Die können recht hart zubeißen!»

«Sie hätten ihn warnen sollen!» brummte einer der Männer und klatschte dem Pechvogel auf die Wangen. Ein anderer inspizierte den verletzen Finger.

«Es ist nur ein kleiner Riß», erklärte er. «Nichts Schlimmes.» Wally kam zu sich und setzte sich auf, während ich, keuchend vor Anstrengung, auf dem Hosenboden über den Boden rutschte, vom größten Teil Melvins feucht umarmt.

«Oooh!» stöhnte der Verwundete, als er seinen Finger betrachtete. «Tut doch etwas, Jungens! Es brennt höllisch. Holt die Ambulanz, um Gottes willen. Er hat mich gebissen!»

«Reg dich nicht auf, Wally», tröstete einer seiner Kameraden. «Es ist nur eine Schramme!»

«Es ist das Gift – das wird mich umbringen! Das Gift! Ruft 999 an! Holt den Doktor!» Er schloß die Augen, wurde wieder blaß und sank hintenüber.

«Ruft lieber die Ambulanz, wie er sagt», meinte einer, und ein anderer lief los.

«Stimmt es, Doc, daß sie giftig sind?»

«An sich schon», antwortete ich, «aber bei dieser Art sollte es höchstens zu einer schmerzhaften Schwellung kommen.» Dem Himmel sei Dank, dachte ich, daß Wally nicht von dem kleinen, bildhübschen blaugeringelten Octopus gepiekt worden ist, den man in australischen Gewässern findet. Er hat ein Gift, von dem man weiß, daß es einen Mann nach einem winzigen Biß in den Nacken innerhalb von zwei Stunden tötete. Die roten Riesen gehören nicht in jene Klasse. Bis die Ambulanz kam, war Wally wieder bei Sinnen, starrte finster auf seinen blutenden Finger und beriet leise mit seinen Kollegen, die im Kreis um ihn herumsaßen, ob auch ein Priester für die letzte Ölung hergerufen werden sollte. Mit Melvin auf dem Schoß hockte ich nebenan auf dem Boden und beteuerte vergeblich, Wally sei nicht in Gefahr, geschweige denn dem Tode nah. Wenigstens war der Octopus jetzt vom Fahrrad weg, aber ohne Hilfe bekam ich ihn unmöglich in seinen Beutel und die Kiste zurück. Niemand hatte auch nur die geringste Absicht, mir beizustehen. Ihre gelegentlichen Seitenblicke auf mich waren vorwurfsvoll. In ihren Augen war ich der Irre mit dem tödlichen, giftgeladenen Ungeheuer am Leibe. Wenn einer blöd genug war, mit halb übergeschnappten Kraken auf Frachtschuppenböden herumzukrabbeln, dann sollte er ruhig allein weitermachen. Als die Ambulanz eintraf, nahm

Wally mit Tränen in den Augen Abschied und wurde auf eine Tragbahre gebettet.

«Heikle Arbeit, wie?» sagte einer der Sanitäter, als Wally verstaut war, und kam herbei, um Melvin und mir zuzusehen, wie wir nicht vom Fleck kamen. «Was machen Sie jetzt mit diesem Horror?»

«Tja», antwortete ich resigniert, «wir haben uns entschlossen, hier sitzenzubleiben, bis einer von uns vor Erschöpfung oder Hunger eingeht.»

«Sie machen wohl Witze!» meinte der Sanitäter mit aufgerissenen Augen. «Soll das ein Sit-in oder so was sein?»

«Mit einem Octopus?» knirschte ich. «Nein! Alles, was ich brauche, ist etwas *Hilfe!*» Der Sanitäter rief seinen Kollegen.

«He, George, bring die zweite Trage her!» Was für ein gescheiter Bursche. Als die Trage neben mir lag, schaffte ich es irgendwie, Melvin draufzuladen.

«Um Himmels willen, ihr werdet doch diesen Bastard nicht mit ins Spital nehmen?» ächzte Wally, der uns aus dem Krankenwagen heraus zuschaute.

Als Melvin mehr oder weniger auf der Bahre war, trugen die beiden Männer sie zur Kiste hinüber, und ich schabte, stemmte, schmeichelte, schwatzte, schubste, drückte und goß das Biest in seinen Behälter. Die Ambulanz fuhr davon, und ich machte mich mit Injektion und Sauerstoff an meinem Patienten zu schaffen, während Wally seinem Schicksal entgegenrollte.

Melvin überstand die Zerreißprobe, und Wally ebenfalls. Der Frachtarbeiter wurde nach einer Stunde Rast mit heftpflasterbedecktem Finger aus dem Spital entlassen. Vom Speichel des Octopus war wenig oder nichts in die Wunde gedrungen. Ich schickte ihm eine Flasche Whisky in Anerkennung seiner Tapferkeit gegenüber Melvin und mit meiner Entschuldigung und erhielt einen reizenden Brief zurück, in dem er schrieb, seine Frau habe ihn furchtbar ausgezankt, als er an jenem Abend nach Hause gekommen sei. Sie habe ihm, nachdem er seine glaubhafte Geschichte erzählt hatte, vorgeworfen, im Suff hingefallen zu sein. Man stelle sich aber auch vor, wie sich so etwas anhört: «Du wirst nie erraten, was mir heute bei der Arbeit zugestoßen ist, meine Liebe. Denk nur, ich bin von einem großen roten Tintenfisch gebissen worden ...»

Die Glamour-Nische in der Welt der marinen Märchenzoologie nimmt zweifellos das wunderschöne Fisch- oder Flossenweib ein, die Meerjungfrau, die Sirene – eine verführerische junge Dame mit silberheller Stimme, oft mit einem Kamm und einem Spiegel in den Händen zu sehen. Maria Stuart, die Königin von Schottland, bekam wegen ihrer großen Schönheit den Beinamen Sirene, und Shakespeare bezieht sich auf sie und ihre Heirat mit dem Dauphin von Frankreich, wenn er im «Sommernachtstraum» Oberon sagen läßt: «Weißt du noch wohl, wie ich einst saß auf einem Vorgebirge und 'ne Sirene, die ein Delphin trug, so süße Harmonien hauchen hörte, daß die empörte See gehorsam ward ...» Im Vergnügungsteil des Bellevue war, kurz bevor er geschlossen wurde, auch eine Meerjungfern-Schaubude mit einem Geschöpf, das seit dem 18. Jahrhundert bei Jahrmarktfahrern beliebt gewesen ist. Ein pickliges Mädchen aus Oldham mit ewig triefender Nase, das in früheren Saisons auch schon die «Spinnenfrau» und der «sprechende Kopf» gewesen war, lag in einem Glaskasten, den unteren Teil ihres Körpers in einen Schlangenhautschlauch gequetscht, der in eine Cellophan-Schwanzflosse auslief. Ihre langes Perückenhaar stets keusch über den Busen drapiert, verbrachte sie ihre Zeit damit, *Titbits* zu lesen und den jungen Burschen unter den leichtgläubigen Scharen, die brav ihre 25 Pence bezahlten, um hineingehen und glotzen zu können, freche Grimassen zu schneiden.

Die wirkliche Meerjungfrau aber, wer ist sie? Lieblich anzuschauen, aus dem Wasser aufsteigend und sanfte Töne von sich gebend – die beiden einleuchtendsten Anwärter unter meinen Patienten sind der Seehund und der Delphin. Mit ihren freundlichen Augen und ihrer Gewohnheit, sich ruckartig aufzurichten, wenn sie an die

Oberfläche kommen, erfüllen diese neugierigen Tiere viele der Anforderungen, auch wenn sie weder fließendes grünes Haar besitzen noch Kämme und Spiegel bei sich zu tragen pflegen. Seehunde und Delphine haben Stimmen, natürlich, und Jäger wie die Eskimo haben seit urdenklichen Zeiten den Unterwassergesängen der Robben gelauscht, indem sie ein Ruder ins Wasser tauchten und das Ohr daran hielten. Siebzig Prozent meiner Berufszeit verbringe ich damit, nach den Delphin- und Robbenfamilien zu sehen, und insofern könnte ich mich einen «Meerveterinär» nennen. Warum nicht? Die Leute glaubten schließlich in alten Zeiten nicht nur an Meerjungfrauen, sondern auch an «Meerbischöfe» und «Meermönche». Die medizinische Betreuung der Cetaceen, der Wal- und Delphinfamilien, ist wohl die größte Herausforderung in der Wissenschaft exotischer Tiere. Als ich mit meiner Sekretärin Edith Gillon auf dem Weg war, meinen ersten Delphin anzusehen und zu berühren (im Marineland von Morecambe, ungefähr 1965), war noch wenig über diese berühmten Tiere bekannt. In den vergangenen zwanzig Jahren aber sind wir, hauptsächlich dank den von der US-Navy eingeführten gewaltigen Forschungsanstrengungen, in unserem Verständnis soweit fortgeschritten, daß manchmal gesagt wird, wir wüßten mehr über Delphine als über jedes andere Tier, außer dem Menschen und dem Hund!

Seehunde, so niedlich sie dem unkundigen Beobachter erscheinen mögen, sind in Wirklichkeit recht patzige Burschen, die garstig beißen können und es auch tun. Lassen Sie sich nicht täuschen von den prächtigen Kulleraugen! Ich gehe mit dem größen Respekt mit diesen Tieren um. Das meiste, was ich bei ihnen zu tun habe, hauptsächlich bei der gewöhnlichen grauen Unterart, die auch vor den britischen Küsten lebt, betrifft die Bekämpfung ihrer Anfälligkeit für Parasiten, besonders für einen dünnen schwarzen Lungenwurm, der die Tiere verseuchen und eine tödliche Pneumonie verursachen kann, sowie die wichtige Aufgabe, verwaiste oder gestrandete Seehundbabys von Hand aufzuziehen. Einer meiner geretteten Seehundpatienten gehört Brigitte Bardot, die heute eine sehr engagierte Tierschützerin ist, und lebt in dem Marineland unweit ihrer Villa in Saint-Tropez. Der Schlüssel zur Aufzucht der jüngsten Seehunde liegt darin, daß ihre Nahrung in *keiner* Form Kuhmilch enthalten darf – sie bringt ihre Verdauung lebensgefährlich durcheinander, weil ihnen die notwendigen Enzyme für die Verarbeitung des Milchzuckers fehlen. Statt dessen pürieren wir mit einem elektrischen Mixer Heringsfilet, Lebertran, Vitamine und Wasser zu einem Seehund-Muttermilchersatz, der mit einem Magenschlauch eingegeben werden kann. In den letzten Jahren sind wir zunehmend dazu übergegangen, die Jungen sehr früh zu entwöhnen und schon nach den ersten zwei Lebenswochen langsam auf feste Nahrung in Form ganzer Sprotten umzustellen. Sie lernen es schnell, die Fischchen freiwillig zu schlucken.

Die wahrscheinlichsten Kandidaten auf den Titel der «originalen, einzig ächten» Meerjungfrauen aber sind die *sirenia,* die Seekühe. Das scheue, harmlose, wenig bekannte Tier ist in zwei Familien geteilt: der Dugong (Gabelschwanz-Seekuh) lebt in Ostafrika, Asien, Fernost und Australien, der Manati (Rundschwanz-Seekuh) bewohnt die Gewässer außerhalb Westafrikas sowie Teile Südamerikas und der Karibik. In den sanften Riesen (bis 900 Kilo schwer), die einen gemeinsamen Vorfahren mit dem Elefanten haben und Seetang grasen (das lange grüne Haar der Legende?), würde man auf den ersten Blick eigentlich kaum die Sirenen vermuten, denen die Seeleute begegneten, auch wenn diese oft jahrelang fern der Heimat und ohne weibliche Gesellschaft waren und eine fruchtbare Phantasie besaßen. Tatsächlich aber ragen die Seekühe oft aufrecht aus dem Wasser und halten ihre Jungen zum Saugen an die Brust, ganz wie Menschenfrauen. Die Milchdrüsen der Manatis und Dugongs liegen zwischen den Vorderflossen in der gleichen Position wie bei Menschen und bei Elefanten. Ihre Gesichter mit den kleinen Äuglein mögen nach Miss-World-Maßstäben nicht schön sein, aber ich finde sie reizend. Man darf nicht vergessen: Jene Matrosen waren jeweils schon eine lange Zeit auf See! Die äußeren Geschlechtsmerkmale ähneln denen einer Frau, und Fälle von Sodomismus zwischen Männern und Seekühen sind belegt. Als ich in Pakistan Fischerdörfer in der Nähe von Karachi besuchte, wollten die einheimischen Männer zuerst nicht über Dugongs in der Gegend reden. «Wir müssen aufpassen», sagten sie, als ich die Auskünfte schließlich aus ihnen herausholte. «Es ist ein heikles Thema. Unsere Frauen sind eifersüchtig auf die Seekühe und fürchten, einige von uns nähmen sie als Geliebte.»

Der Manati in der Nähe von Florida ist, wie die andern Seekühe auch, vom Aussterben bedroht. Die größte Gefahr für sein Überleben, abgesehen von der chemischen Wasserverseuchung, sind die Touristen, die in Booten herumkreuzen, um die gefährdeten Tiere zu suchen, und damit nicht nur ihr friedliches Zusammenleben stören, sondern was noch schlimmer ist, sie unbeabsichtigt mit ihren Wasserfahrzeugen verletzen. Ich habe viele Manatis gesehen, die von Bootsschrauben schwer verwundet oder gar getötet worden sind. Bei einem meiner häufigen Besuche in der Everglades in den frühen siebziger Jahren fuhr ich mit Jesse, einem der Tierärzte des Seeaquariums von Miami, hinaus, um zu sehen, was man für einen Manatibullen tun könnte, der mit schweren Verletzungen in einem Bach in der Nähe von Collier City lag. Als wir am Schauplatz eintrafen, stand eine etwa vierzigköpfige Menschenansammlung am Ufer und schwatzte aufgeregt darüber, was man mit der dunkelgrauen Riesenwurst, die zitternd auf einer Lehmbank lag, umspült von Wasser, in dem leere Getränkedosen und anderer Müll trieben, tun oder nicht tun sollte. Quer über die Rückenmitte des Manati zogen sich zwei tiefe Schnitte, wie von Säbelhieben. Blut quoll langsam aus ihnen hoch und lief breit über eine Flanke des Tieres. Es atmete schwer und ächzte ungefähr jede halbe Minute einmal leise auf. Mein Kollege und ich sprangen in das seichte Wasser (für mich, wie gewöhnlich, ein Unterhosen-Job) und wateten zu dem Verletzten hinüber. Während Jesse Watte aus den Jackentaschen zog und die Wunden auszutupfen begann, ging ich zum Kopf des Manati und streichelte die breite weiche Schnauze mit den empfindsamen Schnurrhaarstoppeln. Sich vom warmen, zarten Maul einer Seekuh die Hand kosen oder gar suckeln zu lassen, gehört zu den kleinen Wonnen des Lebens. Doch der Bulle war nicht in der Verfassung, irgend jemanden zu kosen. Er fühlte sich kalt an und stand offensichtlich unter schwerem Schock.

«Ich hole die Instrumente», sagte Jesse. «Schauen Sie: Der verdammte Propeller hat ihn bis zu den Wirbelfortsätzen hinunter aufgeschnitten!» Er watete zurück und ging zu seinem Wagen, während ich die klaffenden Wunden inspizierte, in deren Tiefe man leuchtend weiße Knochen sehen konnte.

«Was wollen Sie jetzt tun, Doc?» rief jemand aus der Zuschauermenge.

«Zunähen!» rief ich kurz angebunden zurück.

«Bitte ziehen Sie die Wunde mit den Fingern auseinander und schauen Sie lächelnd auf diese Seite, damit ich reinzoomen kann, Doc!» krähte eine dicke Frau mit violettem Bikini und gigantischer Sonnenbrille und zeigte auf ihre Kamera. Ich ignorierte sie. «Sagen Sie, können Sie mir eins von den Walroß-Schnauzhaaren ausrupfen, Doc?» rief ein Mann. «Die Kinder daheim sind verrückt nach Tieren!» Der Manati auf seinem Schlammdamm kann Gott danken, daß er von Wasser umgeben ist, dachte ich. Diese Kreaturen hätten ihn schon in Souvenirs zerlegt, wenn sie an ihn herangekommen wären. Jesse kam mit dem Chirurgenbesteck zurück, und während er an der einen Wunde arbeitete, vernähte ich die andere, nachdem sie ausgespült und das umgebende Gewebe mit Spritzen lokal narkotisiert war. Wir brauchten eine geschlagene Stunde, um den verstümmelten Rücken des Manati zu flicken, und als wir fertig waren, prangten da 204 verknotete Nylonstiche in zwei langen Reihen. Fäden, die nie herausgezogen würden. Wir gaben Antibiotika und Cortison, und dann kam das anstrengendste Stück Arbeit: Mit Schieben und Heben, nur unterstützt vom Kreischen und

Rufen der Zuschauer, gelang es uns nach und nach, den mächtigen Leib von der Lehmbank herunter und ins Wasser zu befördern. Reglos trieb er eine Weile darin, wir standen da, beobachteten ihn und befürchteten das Schlimmste. Dann aber bewegte er zu unserer Erleichterung das runde Schwanzpaddel, glitt hinunter und weg. Aber ein eigentliches Abschiedwinken war es nicht, denn gerade als der Bulle im Begriff war, im dunklen Wasser zu verschwinden, drehte er sich plötzlich um 180 Grad, schwamm zu meinem Entzücken geradewegs auf mich zu – und drückte seine Schnauze mehrere Sekunden lang an meine linke Kniescheibe! Nein, nein – die Vermutung, er habe bloß kurz die Orientierung verloren, akzeptiere ich nicht, denn danach kehrte er wieder um und entfernte sich ruhig aus unserer Sicht. Die Leute am Ufer jubelten begeistert. Ich fühlte mich, als hätte ich eine Million Dollar gewonnen. Immerhin hatte ich soeben von einer echten, lebenden Sirene einen Abschiedskuß bekommen!

Irgendwo in der Bibel heißt es, daß «die Wildesel auf den Bergen standen und den Wind hochschnaubten wie Drachen». Ich wurde schon geholt, um in Israel nubische Wildesel zu behandeln, aber auch mit Drachen hatte ich zu tun.

Ob die Legenden um feuerspeiende Drachen wohl ferne Erinnerungen bergen an eine Zeit, in der erste Menschen vielleicht Dinosauriern einer Art begegneten, die beim Anbruch des Zeitalters der Säugetiere noch nicht ausgestorben war? Bestimmt ist das Krokodil, obwohl in mancher Hinsicht drachenähnlich und ein Überlebender aus den Tagen, als die Großreptilien die Erde beherrschten, nicht Ausgangspunkt der Fabel. Der Mensch hat das Krokodil schon immer gekannt, gefürchtet und zeitweilig verehrt. Doch der geheimnisvolle Drache war buchstäblich etwas anderes. Nur: was? Vor siebzig Jahren hörte die westliche Welt erstmals von einem echten Drachen, der auf indonesischen Inseln leben sollte. Bis zu viereinhalb Meter lang, Schweine und Hirsche jagend und verzehrend und in unterirdischen Gängen wohnend – das hörte sich wirklich wie der echte Drache an, obwohl keine flammenschlagenden Nüstern erwähnt wurden, und eine Welle der Erregung lief durch die zoologische Gemeinde. Das große Reptil, die größte der bekannten lebenden Echsen, ist der Komodo-Waran, volkstümlich meist Komododrache genannt. Nur wenige dieser erstaunlichen Tiere, die von der indonesischen Regierung klugerweise streng gehütet werden, sind in zoologischen Sammlungen zu sehen. Im Lauf der Jahre habe ich sechs Komodo-Warane als Patienten betreut und finde die Arbeit an ihnen, im Vergleich zu allen anderen großen Echsen wie Nashornleguanen oder Bengalenwaranen, ein Erlebnis, das mich mit Ehrfurcht erfüllte.

Der imposanteste der sechs ist der 2,7 Meter lange Komodo im Madrider Zoo, der männliche Teil eines Paares, eines Geschenkes der indonesischen Regierung. Die beiden trafen 1982 ein, direkt aus der Wildnis und voller Zecken. Sofort setzten meine Kollegen Liliana und Antonio-Luis, die Madrider Zootierärzte, und ich ein fieberhaftes Programm an Spezialnahrung und Präventivmedizin in Gang, um die Tiere zu stärken, von Schmarotzern zu befreien und womöglich später zur Fortpflanzung zu bringen. Es ist eine merkwürdige Sache, daß seltene Tiere so oft an seltenen Krankheiten leiden. Mein Assistent Chris Furley hatte 1980 im Al-Ain-Zoo zwei junge «Drachen» wegen einer wenig bekannten, tiefsitzenden Pilzinfektion verloren. Wir waren fest entschlossen, das Madrider Paar wenn irgend möglich von solchen Pestilenzen freizuhalten, brachten es hinter Glas in einem angemessen warmen und feuchten Habitat unter und achteten peinlich auf Hygiene, sowohl bei der Futterzubereitung als auch bei der täglichen Reinigung des Lagers.

1983 jedoch begann das Männchen, ein kräftiger Bursche mit dunkelgrauer Haut und traurigen, klugen Augen, sich zu erbrechen. Keine Nahrung, weder tote eintägige Küken noch mein berühmtes Beefsteak tatare, zum leichteren Schlucken mit Lebertran eingeölt, wollte in seinem Magen bleiben, und er nahm zusehends ab. Zuerst hatte ich wenig Anhaltspunkte, außer seinen

Exkrementen. Viel Interessantes fand ich nicht darin; immerhin waren unter dem Mikroskop einige Hefezellen zu sehen und eine Anzahl zappelnder Trichomona-Protozoen (die gleichen Erreger, die bei Frauen irritierende Genitalbeschwerden auslösen), und ich fragte mich, ob diese vielleicht bei der Krankheit eine Rolle spielten. Medikamente wie Magenberuhigungsmittel und Anti-Trichomonen-Präparate einzugeben, die nach wenigen Minuten wieder ausgewürgt worden wären, war reine Zeitverschwendung, also entschloß ich mich zu einer Spritzenkur. Ein Ringkampf mit einem so großen, gefährlichen Tier hätte weder ihm noch uns besonders gut getan. Der Biß eines Komodo kann schlimmen Schaden anrichten, ein Zupacken der starken Kiefer leicht eine Hand abtrennen. Diese Superechsen, deren Zähne wirklich wie Drachenzähne aussehen, alle gleich und bösartig nach hinten gebogen, werden schließlich mit ausgewachsenen Schweinen und Ziegen fertig und sollen, bei seltenen Gelegenheiten, sogar Menschen getötet haben. Antonio-Luis ist ein erstklassiger «Einspritzer» bei schwierigen Tieren. Mit Hilfe eines breiten Holzbrettes zum Schutz unserer Beine gelang es uns, den Komodo in eine Ecke seines Lagers zu drängen, so, daß nur der lange, dornige Schwanz herausragte. Mein Freund packte ihn, bewegte sich mit dem wütend schlagenden Schwanz und drückte die Spritze hinein, während ich mich abmühte, den Körper des Drachen von uns fernzuhalten. In den folgenden Tagen setzte Antonio-Luis die Injektionen fort; manchmal schlich er sogar den schlafenden Waran an und jagte ihm kühn eine Spritze in den Schwanz, bevor das Reptil reagieren, herumwirbeln und zuschnappen konnte. Doch die Medikamente, die wir verwendeten, Chemikalien zur Unterdrückung des Brechreizes, Antibiotika und Parasitenkiller, zeigten wenig Wirkung. Der Drache gab weiterhin das Futter wieder her und wurde immer magerer. Etwas Drastisches hatte zu geschehen. Ich *mußte* mir seinen Magen von innen ansehen. Und das bedeutete Anästhesie und die Einführung eines Magenspiegels durch den Rachen. Was für eine Narkose vertrug wohl ein Komodo-Waran? Wieder, wie zuvor beim Panda Chang-Chang in Madrid, mußte ich bei der Wahl der Droge eine Entscheidung treffen. Niemand wußte etwas über die Betäubung von Waranen. Ich mußte es riskieren, ein Medikament und eine Dosis wählen, die einen gewissen Bezug hatten auf meine Erfahrungen mit kleineren, bescheideneren Echsen, wie den Grünen Leguanen, die ich schon oft wegen verletzten Zehen, geschwollenen Beinen und Hautgeschwülsten aller Art operiert hatte.

«Keine Bange», munterte Hanne mich auf, als ich ihr von meiner Sorge wegen der Anästhesie erzählte, «es war Sankt Georg und nicht Sankt David, der den Drachen erschlug. Du wirst es schon schaffen!» Im Vertrauen auf den Beistand meines Schutzheiligen entschloß ich mich also, den unschätzbar wertvollen Drachen mit Ketamin zu betäuben.

Wiederum im Schutz unseres Holzschildes, gaben wir ihm die Spritze in den Schwanz und warteten. Nach einer halben Stunde schlief der große Kerl endlich ein. Vorsichtig kroch ich näher und stupste ihn in die Rippen. Er regte sich nicht. Das Ketamin funktionierte, und ich hatte erstmals Gelegenheit, meine Hände über die größte Echse gleiten zu lassen, die ich außer in dem alten Film «The Lost World» je gesehen hatte. Es war ein ganz besonderer Augenblick. Den langen flachen Kopf zu berühren und dann die knubbelige, kühle Haut, den harten Muskel, der den Schwanz ausfüllte, und die stählernen Krallen, das war köstlich. Wir luden den bewußtlosen Waran in eine lange Kiste und fuhren sie in die Zoo-Klinik hinüber. Im Operationsraum überprüfte ich seine Hauptfunktionen und stellte mit einiger Erleichterung fest, daß sein dreikammeriges Reptilherz die richtigen Geräusche von sich gab und seine Lungen zwar langsam, aber kräftig pumpten, obwohl keine Spur von Feueratem zu sehen war! Nachdem der Waran von Nasenspitze bis Schwanzspitze geröntgt war, steckte ich ihm einen Gummikeil ins Maul und hatte eine prächtige Sicht auf die Reihen bösartiger Zähne, als ich den eingeschmierten Schlauch des Endoskops über die gelbe Zunge und in den Rachen schob.

Durch das Okular beobachtete ich, wie in einem seltsamen «Liebestunnel» auf dem Jahrmarkt, die Fahrt eine enge, rosarote Höhle hinunter. Unvermittelt tauchte ich, besser gesagt, die Linse als mein Stellvertreter, im Magen auf, und ich bewegte mit Hilfe der Hebel an meinem Ende des Endoskops die Spitze des Instruments rundum, um einen guten Einblick in diese mysteriöse Grotte zu gewinnen. Sogleich sah ich, daß die nassen Magenwände eine unnatürliche schmutzigrote Farbe aufwiesen, mit einigen hochrot entzündeten Flecken da und dort. Irgendwelche Geschwüre waren nicht auszumachen, und außer mir war nichts und niemand da unten! Der Zustand der Magenwände beunruhigte mich, daher nahm ich eine lange Kabelschere und schob sie durch einen der Kanäle des Instruments, bis ich sie «neben mir» sehen konnte, wenn ich durch das Okular schaute. Dann öffnete ich ihre Minikrokodilschnauze, zwickte ein winziges Stückchen von der Magenwand ab und zog sie durch den Schlauch wieder herauf. Das Gewebefragment, eine Biopsie, mußte mikroskopisch untersucht werden. Während Liliana das besorgte, nahm ich Blutproben und Halsabstriche und drückte und klopfte den ganzen Drachenbauch nach Anzeichen von vergrößerten Organen ab. Außer deutlichen Spuren der Dehydration aber war da nichts. Als der Komodo plötzlich blinzelte und mich anschaute, gab ich ihm noch einmal etwas Ketamin, und weg war er wieder. Um die Austrocknung zu bekämpfen, spritzte ich ihm Glukose/Salzlösung, angereichert mit Vitaminen, unter die Haut und fütterte ihn über einen Magenschlauch mit etwas, das wie Gazpacho aussah und aus Fleischbrühe und rohen Eiern bestand. Nach zwanzig Minuten brachte Liliana ihr Mikroskop in den Operationsraum und forderte mich auf, das Stückchen Magenwand, das sie präpariert hatte, anzuschauen.

«Mire!» sagte sie, «sehen Sie sich die kleinen Kerlchen an, David!» Ich spähte durchs Mikroskop. Da waren die typischen Schleimhautzellen einer Echsenmagenwand, aber unter ihnen, Erinnerungen an meine erste Biologiestunde in der Grundschule in Manchester, waren die ein-

fachen, jedem Schulkind vertrauten Umrisse von Amöben. Hunderte davon. Das hier waren allerdings nicht die harmlosen Amöben, nach denen ich an Sommernachmittagen in Tümpelwasser suchte.

«Der Waran hat eine Amöbeninfektion», sagte ich zu meinem Freund. *«Entamoeba invadens,* verdammt noch mal! Darum kotzt er so! Bringen Sie ihn nicht auf sein Lager zurück, bevor es mit Permanganat desinfiziert ist!»

Das Tier hatte die Parasiten ziemlich sicher schon aus Indonesien mitgebracht, aber jetzt tobten sie sich in der Magenwand erst richtig aus. Ich beschloß, wiederum ohne genaue Kenntnis der Wirkung bei einem Waran, es mit Emetin zu versuchen, einem altmodischen Mittel, das gewöhnlich gegen solche Amöben recht gut hilft. Tägliche Injektionen waren nach meiner Rückreise nach England noch eine Zeitlang notwendig. Wieder hatte ich Glück. Das Emetin, nicht eben ein mildes Medikament, erzeugte bei dem Komodo keine Nebenwirkungen, und Antonio-Luis verabreichte es getreulich jeden Tag, wobei er des öfteren beinahe, aber nie ganz gebissen wurde. Langsam ging das Erbrechen zurück und hörte dann auf. Der Appetit des Patienten blühte auf, er nahm wieder an Gewicht zu. Offenbar hatten wir den Amöben noch rechtzeitig den Garaus gemacht. Es war kein komplizierter Fall gewesen, und Amöbenattacken auf Reptilien sind keine Seltenheit. Für mich aber zählte nur, daß wir das überlieferte Ende der Sage auf den Kopf gestellt, das schreckliche Ungeheuer gerettet statt erschlagen und etwas wenn auch noch so Geringes zur Erhaltung so bedrohter, phantastischer Tiere beigetragen hatten.

Leider gibt es andere Monster, denen ich nie über den Weg gelaufen bin: die Chimäre, die nach Homer einen Ziegenkörper, Löwenkopf und Drachenschwanz hatte; der von Chaucer erwähnte Chichivache, der nur von guten Frauen lebte und spindeldürr war, weil er fast nichts zu beißen hatte; der Basilisk, der mit seinem Blick tötete; die Echidna, und zwar nicht der komische kleine Ameisenigel aus Australien, der im Clore-Pavillon im

Londoner Zoo zu besichtigen ist, sondern ein Wesen halb Frau und halb Schlange, sowie die Fußmonster der italienischen Sagenwelt, deren Füße so groß waren, daß sie sie als Schirme über dem Kopf trugen. Um ehrlich zu sein, die alle vermisse ich nicht. Die Tiere aller Arten und Formen und Größen aus Fleisch und Blut, die mein Leben erfüllen, schenken mir Spannung und Freude genug, und jedes einzelne ist auf seine eigene, besondere Weise ein Wunder.

Als Postskriptum sollte ich vielleicht noch anfügen, daß, obgleich ich im Innern des Drachen weder Rauch noch Flammen antraf, wohl doch etwas Hitziges in seinem Magen gewesen sein muß, denn mein Endoskop gab nach diesem Einsatz in Madrid nur noch trübe Bilder her. Etwas, wahrscheinlich stark säurehaltige Verdauungssäfte, hatte die Oberfläche der Glaslinsenspitze des Instruments angegriffen. Ich mußte es reparieren lassen. Der Atem des Drachen oder wenigstens sein Speichel brennt also vielleicht in gewissem Sinne doch!

DIPL. LÖWENBÄNDIGER-BÄNDIGER

Am Anfang waren die Löwenbändiger. Die eigentliche Feuertaufe für einen jungen Tierarzt, der in einen Zirkus gerufen wurde, war das Zusammentreffen mit dem Mann, der die Großkatzen «bändigte» – ein unschönes Wort in der damaligen Bedeutung – oder trainierte. Fast ohne Ausnahme betrachteten sich die alten Löwenbändiger als die Stars jeder Zirkustruppe und wurden auch von den übrigen Artisten als solche betrachtet. Hart und knorrig, wie sie waren, hatten diese Macho-Primadonnen wenig Zeit für Tierärzte übrig, und von solchen, denen es hinter den Ohren noch beinahe tropfte, wollten sie schon gar nichts wissen. Sie konnten ausgewachsenen Löwen ohne Beruhigungsmittel Arzneitränke aufzwingen und mit einem Netz und einem Brecheisen Zähne ziehen. Hatten nicht Zirkusse schon Löwen und Tiger gezüchtet, als dies für zoologische Gärten noch schwierig war und kein Mensch an Safariparks dachte? Bis Anfang der sechziger Jahre galt der Löwentrainer, fast immer ein selbsternannter Captain sowieso, als *der* Tiersachverständige im Zirkus, allzeit bereit, Perlen des Wissens über andere Tierarten, etwa Pferde oder Elefanten, und deren besondere Probleme mit Verachtung vor Säue wie mich, Dr. med. vet., zu werfen.

So einer war Captain Eppler vom Zirkus Bishop. Schon physisch stellte er den Inbegriff seiner Art dar. Von mittlerer Größe, drahtiger Figur, mit hartem Gesicht und Kieselsteinaugen unter geröteten, wäßrigen Lidern, trug er einen dünnen, gewichsten Schnurrbart zur Schau und klebte sich das Haar mit Brillantine an den Kopf. Er hatte etwas betont Militärisches an sich, obwohl er nie in der Armee gewesen war. Stets trug er Reithosen; ich hatte den Verdacht, daß er auch darin schlief. Seine Stimme war laut, sein Reden schnell und vollgespickt mit Obszönitäten. Ein Schürzenjäger und Rumtrinker, hatte er eine sanfte, schlampige, füllige Ex-Trapezkünstlerin zur Frau und hauste mit ihr in einem Wohnwagen, der mit halb verblichenen Fotos von ihm mit Katzen – Löwen, Tigern, Leoparden, Jaguaren und Pumas – und mit Leuten wie dem Papst, Gastwirtinnen, Volksschauspielern und vergessenen Filmstars tapeziert war. Typischerweise hatte er auf den ersten Blick eine Abneigung gegen mich.

Zu dem Zirkus, der seine Zelte auf einer schlammigen Wiese nahe dem Zentrum von Bolton aufgeschlagen hatte, war ich gerufen worden, um einen Bären mit einem lästigen Furunkel am Hinterteil zu verarzten. Ich schlenderte in den Kreis von Wohnwagen rund um das Zirkuszelt und sah eine Gestalt in Reithosen und mit einem kurzen Rohrstock unterm Arm auf mich zukommen.

«Guten Abend, können Sie mir sagen, wo ich den Chef finde?» redete ich ihn an. Der Mann blieb breitbeinig stehen und begann mit dem Stöckchen in die nach oben gedrehte Handfläche zu klopfen. Er erinnerte mich an einen Nazikommandanten in einem dieser Fluchtfilme.

«Wer fragt?» bellte er.

«Äh ... ich. Der Tierarzt. Komme wegen des Bären.» Eppler, denn er war es, spuckte gekonnt auf eine Seite und schnaubte dramatisch-verächtlich.

«Tierarzt, so? Dann verstehen Sie also einen Sch...-dreck von Bären?»

Ärgerlich schwang ich die Bereitschaftstasche vor mich hin. «Ich wollte Mr. Bishop sehen, den Chef. Und nicht Worte wechseln mit ...» Ich bremste. «Äh ... Sie sind nicht Mr. Bishop, oder?»

Statt zu antworten, lachte Eppler bitter auf. «Tierärzte!» sagte er. «Die kenn' ich. Brachten schon mehr Katzen um, als ich warme Mahlzeiten hatte!» Dann, wieder im typischen Stil seiner verbalen Ausbrüche, fügte er hinzu: «Der einzige Vet, den ich je an meine Tiger herangelassen habe, war Mr. Fountain. Charlie Fountain. Solche werden heute nicht mehr gemacht. Hat einem männlichen Bengalen, mit dem mein Vater arbeitete, einen brandigen Sch...zeh abgenommen, als ich ein junger Bursche war. Kennen Sie ihn?» Da ich damals noch nicht dreißig war und Fountain, wer immer er sein mochte, inzwischen über neunzig sein mußte, war das wenig wahrscheinlich.

«Der Chef – wo ist sein Wagen?» wiederholte ich.

«Dieser Bär braucht keinen Sch...arzt, Junge», fuhr Eppler fort. «Eiterbeulen am Arsch gibt's bei denen wie Stachelbeeren im Juli. Bißchen Schwefel im Wasser, das ist alles, was der braucht. Ich geb' Ihnen den Rat ...»

«Hören Sie!» unterbrach ich wütend. «Sagen Sie mir jetzt, wo der Boß ist, oder soll ich gehen und den Bären selber suchen? Das ist nicht der einzige Besuch, den ich heute abend zu machen habe!»

Der Löwenbändiger starrte mich wild an, deutete mit seinem Stöckchen auf eine Wohnwagentür. «Klopfen Sie dort an, Jüngelchen», knurrte er, «und kommen Sie dann bloß nicht zu mir gerannt, wenn der Scheißbär Ihnen die ... abbeißt!» Damit marschierte er stramm davon.

Ich fand Bishop, den Zirkuschef, und stellte mich vor. Er schien, im Gegensatz zu dem Kerl, den ich eben getroffen hatte, ein netter, freundlicher Mensch von beträchtlicher Intelligenz zu sein, dem das Wohl aller Tiere in seiner Truppe am Herzen lag. Bei einer Tasse Tee, nachdem ich den Bären in einem Zwangskäfig untersucht, ihm eine Penicillinspritze gegeben, die Haare über dem Abszeß abgeschnitten und Anweisungen für Umschläge mit heißem Wasser und Epsomer Bittersalz hinterlassen hatte, fragte er mich nach meinem Interesse an Wildtieren.

«Wir könnten etwas zeitgemäßere ärztliche Betreuung im Zirkus wirklich brauchen», bemerkte er. «Bei uns verläßt man sich zumeist noch auf die älteren Hokuspokusmethoden. Und die Tierärzte in den Städten, durch die wir kommen, zeigen kein großes Interesse an unserer Menagerie. Nicht, daß ich kein Verständnis hätte für ihre Probleme mit uns Zugvögeln: Sie haben keine Möglichkeit, einen Fall weiterzuverfolgen oder etwas zu lernen, wenn wir heute da und morgen fort sind.»

«Haben Sie immer noch Freude an diesem Nomadenleben?» fragte ich.

Er lächelte wehmütig. «Ich habe mein Leben lang nichts anderes getan. Schon meine Eltern nicht. Aber die Zeiten ändern sich schnell. Wissen Sie, ich denke immer öfter daran, eines Tages aufzuhören, meine Tiere mitzunehmen und einen Zoo oder einen dieser Löwenparks aufzumachen, von denen mein Kollege Jimmy Chipperfield dauernd redet.» (Ein paar Jahre später eröffnete Bishop tatsächlich einen eigenen großen Safaripark.) Bevor ich seinen Wohnwagen verließ, bat mich der Zirkuschef, am folgenden Tag wiederzukommen, wenn es hell sei, und alle Tiere zu inspizieren. «Ich fände es eine gute Idee, wenn ein tüchtiger junger Mann wie Sie sie sich vornähme – vielleicht gibt es etwas, das wir tun sollten und nicht tun», sagte er.

Ich war einverstanden, mich nach der Nachmittagsvorstellung einzufinden; dann ließ ich mir mein Honorar auszahlen («Kredit darfst du in der Zirkuswelt nur den Chipperfields, Bertram Mills, Smarts und Gott gewähren!» pflegte mir mein damaliger Partner Norman White einzuschärfen) und fuhr nach Hause.

Am folgenden Nachmittag war ich wieder dort und sah mit Bishop zusammen alle Tiere nach. Mein erster Eindruck war der von allgemein guter Haltung und Sauberkeit. Ich bewunderte die blendende Verfassung der Dressurpferde, wies auf ein Ekzem an einem Elefantenschwanz hin, das behandelt werden sollte, schlug eine Änderung der Vitamin- und Mineralzusätze im Futter der Großkatzen vor und äußerte meine starken Bedenken in bezug auf die Eignung von Bären als Zirkustiere. Der Besitzer hörte aufmerksam zu und notierte sich meine Anregungen. Dann waren wir bei den Großkatzen. Der wildaussehende Kerl in der Reithose ging mit einigen Löwen in einer Probemanege, die neben den Großkatzenwagen errichtet war, seine Nummer durch. Er hielt eine lange Peitsche in der einen Hand, das Rohrstöckchen in der anderen.

«Bella, komm! Samson runter! Samson RUNTER!»

kommandierte er mit blecherner Stimme, während wir durch die senkrechten Eisenstäbe zuschauten. Als er mich mit dem Boß erblickte, verzog er spöttisch die Lippen, knallte mit der Peitsche und wandte sich ab.

«Irgendwelche Probleme bei den Katzen, Mr. Eppler?» rief Bishop. «Ich habe den Doktor hier, er macht Kontrolle.»

Eppler wirbelte herum und sah aus, als wollte er gleich Feuer und Schwefel speien. «Den Doktor?» schnarrte er schließlich, nachdem er einen Löwen auf mich lossprechen ließ, der eine Handbreit vor meinem Gesicht seinen Schnurrbart an den Stangen rieb. «Was soll meinen Katzen fehlen?»

«Niemand behauptet, es fehle ihnen etwas, Carl», beschwichtigte Bishop. «Aber wenn Dr. Taylor schon hier ist, können wir das gleich benutzen, falls irgendwelche Fragen sind.»

Eppler grinste unlustig. «Einundfünfzig Jahre im Geschäft, Mr. Bishop. Barnham, Ringlands, Krone – bei all denen habe ich gearbeitet. Glaube nicht, daß ich viel lernen kann von einem jungen Veterinär aus diesem Sch...teil der Erde, der noch nie bei etwas Größerem als einem Sch...kampfgockel im Ring gewesen ist.»

«Nur nicht so hitzig, Carl!» sagte Bishop streng. «Wir alle können immer etwas dazulernen, auch wenn wir noch so viel Erfahrung haben.»

«Kann sein – also gut!» erwiderte Eppler und schickte die Löwen wieder auf ihre Hochsitze. «Wenn der junge Bursche soviel weiß, kann er mir sagen, wie man einen Leoparden abrichtet, auf einem Tiger zu reiten? Kann er zerstreute Löwen mit Kampferöl heilen, wie mein Papa?»

Ich wandte mich schweigend und resigniert ab und betrachtete die Tiger, die in ihren Reisewagen ruhten.

«Carl, darum geht's doch nicht!» sagte der Zirkuschef. «Niemand sagt, daß Sie Ihre Katzen nicht kennen, aber ...»

«Aber ...», unterbrach ich laut, «sehen Sie sich diese Wagen an, Mr. Bishop!» Er drehte sich um. «Sie sind schmutzig! Blut, Haare und Fett kleben am Holz! Da ist seit Wochen nicht saubergemacht worden! Und dort drüben sind alte Tigerexkremente, die schimmlig werden. Gesundheitsrisiko, Mr. Bishop – da drin muß es von Salmonellen und noch Schlimmerem nur so wimmeln!» Wir sahen Eppler an. Einen Augenblick lang dachte ich, er werde wie eine Rakete aus seinen schmucken braunen Reithosen himmelwärts steigen. Seine Kieselsteinaugen verwandelten sich in rauchende graue Revolverläufe.

«Was für ein H...zeug reden Sie da, Bürschchen?» spie er.

«Dieser Schmutz, dieser Dreck, diese Schweinerei!» sagte ich langsam. Ich wußte, daß ich auf dem Siegerpferd saß.

«Ich habe Hunderte, Tausende von Löwen und Tigern in diesen Wagen gehalten, ohne Beschwerden. Wie viele Großkatzen haben *Sie* ...»

«Carl!» unterbrach ihn Bishop kalt. «Halten Sie den Mund! Sorgen Sie dafür, daß diese Wagen gereinigt werden, wie's der Doktor sagt!»

«Und benutzen Sie ein Desinfektionsmittel», fügte ich als Gnadenstoß hinzu und frohlockte innerlich. Wir gingen weiter, und ich hörte, wie Eppler hinter uns seinen Frust an den armen Löwen ausließ.

«Bella! Hierher, du ...»

«Tut mir leid, Doc», sagte Bishop. «Eppler ist ein bißchen herrisch, aber es gibt keinen besseren Katzentrainer in England. Ich versichere Ihnen jedenfalls, die Wagen werden noch vor dem Wochenende sauber und desinfiziert sein.» Sonst war in Bishops Zirkus ziemlich alles in Ordnung, und als ich alle Tiere gesehen hatte, gingen wir noch einmal alle Punkte durch, auf die zu achten war. «Wollen Sie nicht hierbleiben und sich die Abendvorstellung ansehen?» fragte er, als wir in seinem Wohnwagen Kaffee tranken. «Wir haben gerade Karah Khavak, den besten Krokodilhypnotiseur auf dem Kontinent, bei uns.»

«Würde ich sehr gern», antwortete ich. «Aber ich muß zurück. Eine Giraffe im Bellevue wird heute nacht wahrscheinlich kalben.»

Drei Tage danach, am Sonntagmorgen beim Frühstück, bekam ich einen aufgeregten Telefonanruf von Bishops Hauptclown. «Wir sind jetzt in Blackburn», stammelte der Bursche, während er hektisch weitere Pennys in den Münzautomaten zwängte, «und einer der Löwen hat gerade einen Herzanfall gehabt! Mr. Bishop sagt, Sie möchten doch bitte sofort herkommen!» Ich nahm schnell noch einen Mundvoll Räucherfisch und zog die Jacke an. Alles, was ich brauchen würde, befand sich im Wagen. Herzanfall bei einem Löwen – also, wenn das stimmte, wäre es wirklich ein höchst interessanter Fall! Während ich über die Moore durch Edenfield und dann Haslingden fuhr, ließ ich in Gedanken die kranken Löwen Revue passieren, die ich in meinen rund sechs Jahren Praxis bisher behandelt hatte. Nicht viele. Löwen scheinen zähe und nicht wehleidige Katzen zu sein; die Risse und Kratzer aus Familienstreitigkeiten nehmen sie nicht tragisch und bekommen selten Infektionen davon. Sie können das grünste, stinkigste Fleisch vom Abdecker fressen, ohne auch nur an Verdauungsstörungen zu leiden. Wie der Dichter und Mystiker William Blake schrieb: «Der Fuchs sorgt für sich selbst, aber Gott sorgt für den Löwen.» Wie gut, daß Gott das tut, denn Löwen – so sehr ich sie liebe – sind faule, phlegmatische Herrschaften, die sich das Essen am liebsten bringen lassen, auch in der Wildnis.

Es regnete in Strömen, als ich in den Park einbog, wo der Zirkus seinen neuen Standplatz hatte. Ich fuhr durch eine Lücke im Ring der Caravans und hielt dicht beim Löwenwagen. Im Innern eines der vergitterten Abteile sah ich Eppler und Bishop bei etwas kauern, was wie ein toter Löwe ausschaute.

«Schnell!» rief Bishop, als ich ausstieg und bis auf die Haut durchnäßt war, bevor ich in den Regenmantel schlüpfen konnte, «er lebt noch!» Ich stapfte durch den Schlamm und kletterte in den Löwenkäfig. Die Luft war so ammoniakgeladen vom nächtlichen Urin eines Dutzends Großkatzen, daß mir die Augen tränten. Aber wenigstens war es hier drin trocken.

«Herzanfall, Junge!» bellte Eppler, als ich neben dem teilnahmslosen Löwen niederkniete, der kaum noch bei Bewußtsein war, und ihm den Puls fühlte. «Mr. Fountain würde ihm Belladonna geben, und verdammt starkes!»

Ich nahm das Stethoskop aus dem Koffer und hörte seine Brust ab. Die Haut des ausgewachsenen männlichen Löwen fühlte sich schrecklich kalt an, und um seine mächtige Schnauze stand Schaum.

«Er hat auch Krämpfe gehabt», sagte Bishop ruhig. «Was, glauben Sie, ist mit ihm los?»

«Herzattacke. Hab' ich schon gesehen, als Ihr Arsch noch so groß wie ein Hemdenknopf war, mein Junge. Belladonna ist das, was die alten Löwenveterinäre gegeben haben!» Eppler spuckte akkurat zwischen zwei Gitterstangen durch. Ich zog ein Augenlid der großen Katze herunter. War es ein Trick des Lichtes, oder war da wirklich ein wenig Gelbsucht-Gelb unter dem Rosa?

«Er hat einen Kollaps und ist fast im Koma», sagte ich. «Könnte verschiedene Ursachen haben, aber das Herz ist es *nicht* – das ist so gesund wie eine Kirchenglocke.»

«Herzattacke!» wiederholte Eppler giftig. «Schade, daß der alte Mr. Fountain in Bath im Ruhestand ist. Hätte ihn anrufen können!»

Ich blickte mich im Wagen um. Der alte Schmutz und die Exkremente waren weg. Offenbar war vor kurzem alles ausgewaschen worden, denn die Wände waren noch feucht. «Mr. Eppler hat es gründlich gemacht, nicht wahr?» sagte Bishop, als er sah, daß ich die Verbesserung registrierte.

«Bahh!» maulte der Löwenbändiger. «Bücherweisheit! War bisher noch nie etwas nicht in Ordnung mit den Sch...wagen. Und jetzt liegt Samson da mit einem Herzanfall. Er ist futsch, da bin ich sicher!»

Ich öffnete den Koffer und nahm Spritzen, Nadeln, etwas Pastrum und eine Flasche Salzlösung für eine Infusion heraus. Als ich die Spritze mit Pastrum füllte, um die Zirkulation anzukurbeln, bemerkte ich, daß ein Wasserbächlein von der frischgewaschenen Wand sich auf einem von Sägemehl freien Flecken des Bodens zu einer Pfütze gesammelt hatte. Die kleine Pfütze war milchig weiß. Instinktiv tauchte ich meinen Finger hinein und hielt ihn an die Nase. Es roch typisch nach Karbolsäure.

«He, Mr. Eppler!» sagte ich scharf. «Was für ein Desinfektionsmittel haben Sie für die Wagen genommen?»

Eppler sprühte vor Wut. «Haben Sie nichts anderes im Kopf als Sch...reinigung und Desinfektionsmittel, Bürschchen? Da liegt ein Sch...löwe vor Ihnen mit einer Sch...herzattacke!»

«Was für ein Mittel?» wiederholte ich laut. «Ich *muß es wissen!*»

Der Löwenbändiger verdrehte die Augen und deutete auf einen Kanister, der draußen auf dem Boden stand. «Das, Bürschlein, das! Schwarzes Desinfektionsmittel, das beste! Fangen Sie jetzt bloß nicht an, daran herumzunörgeln! Ich weiß, was für meine Katzen gut ist!»

Ich sprang vom Wagen herunter und hob die halbleere Büchse auf. Es war ein typisches Landwirtschafts-Desinfektionsmittel auf Phenolbasis. Ausgezeichnet für die Verwendung auf Bauernhöfen, in Ställen und Zwingern, tödlich für Bakterien aller Arten.

«Trödeln Sie nicht herum, Junge! Holen Sie Belladonna!» kreischte Eppler. «Dieses Zeug hat alle Keime hier drin abgetötet, wenn es das ist, was Ihnen Sorge macht. Aber das da ist ein Herzanfall, hören Sie!»

Ich ließ die Büchse fallen und wandte mich, während der Regen über mein Gesicht strömte, Eppler zu. «Mr. Eppler», sagte ich so ruhig, wie ich konnte, «Sie, mit all Ihrer Erfahrung, Ihrem Wissen, Ihrer Lebensweisheit haben einen riesengroßen *Mist* gebaut!»

«Was soll das heißen?» Er spuckte die Worte geradezu aus.

«Sie haben dieses Desinfektionsmittel benutzt und ...»

«Dummes Geschwätz! Es ist das, was mein Vater schon gebraucht hat. Und auch Mr. Fountain, für seine Pferde. Es steht auf dem Etikett: für Tierseuchen aller Art. Hören Sie endlich auf, Sie Grünschnabel!»

«Sie haben recht, Mr. Eppler» fuhr ich fort, «es ist ausgezeichnet für den allgemeinen Gebrauch bei Tieren, aber da ist ein Haken dabei. Wenn man es nicht gut abspült, können Phenolchemikalien durch die Haut in den Körper gelangen – *von Katzen,* und zwar Löwen und Tigern so gut wie Hauskatzen – und sie umbringen!»

Eppler sagte nichts, sondern sah aus wie vom Donner gerührt.

«Sie meinen, der Löwe ist vergiftet?» fragte Bishop, als ich wieder in den Wagen kletterte.

«Ja. Muß in einer Pfütze des Desinfektionsmittels gelegen oder es möglicherweise sogar aufgeleckt haben. Wir haben es mit einem Fall von Phenolvergiftung zu tun. Herrn Epplers Desinfektionsmittel.»

«Was können Sie tun, Doktor?» Zuerst erkannte ich Epplers Stimme gar nicht wieder. Er sprach jetzt leise und auf einmal wie ein alter Mann.

«Besorgen Sie mir ein paar Flaschen Milch, viele Eimer Wasser und eine Menge Tücher!» antwortete ich. «Wir müssen sehen, ob wir alles Phenol aus seinen Eingeweiden und aus seiner Haut kriegen.»

Eppler enteilte gehorsam. Inzwischen richtete ich den Tropf ein und gab das Pastrum intravenös. Als der Löwentrainer mit den bestellten Sachen zurückkam, setzte ich zwei Dinge in Gang, die wohl jedem Beobachter äußerst komisch vorgekommen wären. Zuerst pumpte ich dem Löwen mit mehreren Litern Milch den Magen aus, und dann seiften wir alle drei ihn von Kopf bis Fuß ein. «Reibt kräftig!» befahl ich, «macht eine Menge Schaum!» Und wir bearbeiteten den König des Dschungels, als wäre er ein Filmstar im Schaumbad, umhüllten ihn mit ganzen Schaumwolken. Ich hetzte Eppler aus dem Wagen und zurück mit Eimern voll warmem Wasser zum Spülen. «Jetzt, Mr. Eppler», sagte ich, als wir fertig waren, «reiben Sie ihn mit Tüchern ab, so fest Sie nur können. Trocknen Sie ihn gründlich – wir wollen ja nicht, daß er eine Lungenentzündung bekommt. Und dann legen Sie bitte ein Kabel vom nächsten Wohnwagen bis hierher und machen mit einem Haarfön von den Damen weiter!»

«Wie Sie meinen, Doktor», sagte der Löwentrainer. Als er sein Werk mit dem Haartrockner vollendet hatte, instruierte ich ihn, bei dem Löwen sitzenzubleiben und ihn jede halbe Stunde umzudrehen, um eine Lungenkongestion zu vermeiden. Zur Zeit des Fünfuhrtees hatten wir den saubersten Löwen, den Sie sich vorstellen können, und das warme Wasser und das Rubbeln hatten zusammen mit den Medikamenten bei der Anregung seiner Blutzirkulation Wunder gewirkt. Samson begann kehlige Laute von sich zu geben und gelegentlich mit einem Ohr zu schnippen. «Glauben Sie, er kommt durch?» fragte Eppler, als ich eine neue Flasche an den Tropf hängte.

Ich schaute auf den Löwen nieder und sah, wie sich seine rosarote Zunge kurz um die Oberlippe rollte. «Möglich», antwortete ich. «Sie werden natürlich die ganze Nacht bei ihm wachen müssen.»

«Alles, was Sie sagen, Doc!»

Es war ein langer Weg, aber Samson der Löwe schaffte ihn. Eppler pflegte ihn hingebungsvoll und tat ohne Widerrede alles, was ich von ihm verlangte. Ein paar Wochen später stand ich mit Bishop hinten im großen Zelt und sah mir die Vorstellung an, während Eppler mit einer gemischten Raubtiergruppe von Tigern und Löwen in der Manege arbeitete.

«Hat's gut gemacht, der Löwe, nicht?» bemerkte der Zirkuschef.

«Scheint so», antwortete ich und fühlte mich recht stolz.

«Eppler ist übrigens heute ein richtiger Fan von Ihnen – er läuft überall herum und erzählt jedem, wie er Ihnen alles beigebracht hat, was Sie wissen!»

«Gut», sagte ich, «jetzt bin ich ein diplomierter Löwenbändiger-Bändiger», und wir lachten beide.

UND NOCH EIN TAG

Es sieht aus, als könnte ich ewig weiterschreiben, denn jeder Tag bringt etwas Neues, etwas Unerwartetes in der Welt der Tiere und ihrer medizinischen Probleme. Während ich schreibe, habe ich eben die wunderbare Nachricht bekommen, daß Jane, die Orang-Utan-Mutter, die vor Jahren im Bellevue Depressionen nach einer Geburt hatte, im Zoo von San Diego, wo sie jetzt wohnt, ein gesundes kleines Baby zur Welt brachte. Was habe ich für Erinnerungen an sie und alle ihre Kinder, auch an Amy, das eine, das überlebte und mit der Flasche aufgezogen werden mußte! Meine ältere Tochter Stephanie ist gerade Ärztin geworden und will sich auf Gynäkologie spezialisieren. Es wäre eine phantastische Befriedigung, wenn ich sie eines Tages rufen könnte, um mit mir zusammen an einer anderen Jane zu arbeiten. Vor mir liegt ein Bericht über Schwierigkeiten bei einer Gazellenherde in Abu Dhabi. Wir haben das sogenannte «Maltafieber» bei den Tieren festgestellt, aber ihr Besitzer, der Scheich, glaubt uns nicht und will, daß ein Spezialist der indischen Ayurweda-Pflanzenmedizin beigezogen wird – ich muß hinfliegen, um meinem Assistenten Chris moralischen Beistand zu leisten. Juno, dem in Windsor geborenen Delphinbaby, und einem gleichaltrigen in der Nähe von Hannover, das ich ebenfalls betreue, geht es mit ihren 20 Wochen gut, und bei Honey, einem weiteren Windsor-Delphin, überwachen wir die Schwangerschaft mit einem modernen Ultraschallgerät. Da werde ich voraussichtlich noch in diesem Jahr Hebamme sein. Letzte Nacht rief mich eine Dame aus Wisconsin, USA, an; der Serval, den sie sich als Kuscheltier hält, hat sich ein Bein gebrochen.

Heute früh pflanzte ich einer Tigerin in Chessington eine neuartige Antibabypille unter die Haut ein. Morgen fliege ich nach Italien, um eine Giraffe zu pediküren. Inzwischen gehen die Filmaufnahmen für die zweite Serie von «One By One» weiter, wobei ich in der sechsten Folge mein Debüt als Drehbuchautor gebe und einer von uns immer am Drehort sein muß, sooft Tiere dabei sind. Nächste Woche werde ich vor den «Nature-Trail»-Kameras der Border Television mit Chu-Lin spielen, dem Pandajungen in Madrid, und an seinem Stiefvater Chang-Chang eine Darmspiegelung vornehmen, und sehr bald werde ich in der Samstagmorgensendung «Nummer 73» der TVS wieder den Tierspot moderieren. Mit Sicherheit warten in der nahen Zukunft Tiere aller Arten. Es wird Überraschungen, Freuden, Tragödien und Enttäuschungen geben. Ich werde vieles lernen und immer wieder Dinge sehen, die ich nicht verstehe. Eines steht fest: Ich werde Ihnen alles erzählen – sofern mich die Killerwale, Komododrachen und Königskobras nicht überrumpeln!